上海乡村振兴研究

（2021—2023）

上海市乡村振兴研究中心　编

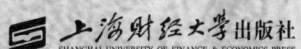

图书在版编目(CIP)数据

上海乡村振兴研究:2021—2023/上海市乡村振兴研究中心编.—上海：上海财经大学出版社,2023.12

ISBN 978-7-5642-4310-4/F・4310

Ⅰ.①上… Ⅱ.①上… Ⅲ.①农村-社会主义建设-研究-上海-2021-2023 Ⅳ.①F327.51

中国国家版本馆CIP数据核字(2023)第239613号

□ 责任编辑　施春杰
□ 封面设计　贺加贝

上海乡村振兴研究(2021—2023)

上海市乡村振兴研究中心　编

上海财经大学出版社出版发行
(上海市中山北一路369号　邮编200083)
网　　址:http://www.sufep.com
电子邮箱:webmaster @ sufep.com
全国新华书店经销
苏州市越洋印刷有限公司印刷装订
2023年12月第1版　2023年12月第1次印刷

787mm×1092mm　1/16　18.25印张(插页:2)　346千字
定价:86.00元

目　录

第一部分　总　览

对上海实施乡村振兴战略的观察与思考　/ 003

上海市率先基本实现农业农村现代化评价指标体系研究　/ 010

上海市第一、二、三批乡村振兴示范村 2022 年度跟踪评估报告　/ 026

关于推进上海乡村振兴向更高水平迈进的研究　/ 034

上海超大城市农业农村现代化的路径探索　/ 045

浙江省"千万工程"的推进经验及对上海的启示　/ 052

第二部分　乡村产业

加强顶层设计　强化政策供给　健全蔬菜产业平稳健康发展长效机制　/ 063

念好"鲜"字诀，着力提升农产品品质　/ 068

长三角地区农业信息化发展水平比较研究　/ 072

上海农业数字化转型面临的挑战与对策研究　/ 082

民营企业参与乡村振兴的新探索——崇明区新安村后续发展的跟踪研究　/ 087

街镇统筹　共同发展——青浦区夏阳街道集体经济高质量发展案例　/ 094

借势花海，走上"五金"增收路　/ 099

拓展科技创新策源功能　开辟上海都市农业全新生存空间　/ 105

关于提升上海都市现代农业可持续发展能力的研究报告　/ 111

银行业支持对农业劳动生产率的影响研究——基于上海市 71 个行政村的调研　/ 118

村企联动　整村运营——岑卜村集体经济高质量发展案例　/ 128

第三部分　乡村建设

关于乡村特色价值保护的思考和建议　/ 135
关于上海市郊农场人居环境的调研报告　/ 138
上海乡村风貌现状特征及相关建议　/ 142
上海市乡村振兴示范村如何彰显美学价值　/ 157
高密度人居环境条件下社区建成环境对老年人健康的影响与干预路径　/ 163
上海国际大都市城乡融合发展的现状分析及对策建议　/ 177

第四部分　乡村治理

上海农村移风易俗现状及问题研究　/ 191
关于本市农村基层干群对乡村振兴工作评价及意见建议的调研报告　/ 206
示范引领　提升能级　上海积极探索多村联动发展新路径　/ 217
农民相对集中居住社区的治理问题及其对策——以上海市为例　/ 225
突发公共卫生事件下上海乡村治理的经验、问题及建议　/ 229
浅谈金山区星火村"数字化治理"的实践路径　/ 236

第五部分　国际借鉴

国际农业现代化的特征、趋势及经验启示　/ 245
发达国家或地区农业品牌发展现状研究　/ 255
上海都市现代农业与发达国家的对标分析与建议　/ 259
巴黎农业空间保护和价值提升的主要做法及经验借鉴　/ 272
荷兰农业的实践与演变及对上海的启示　/ 282

第一部分 总览

对上海实施乡村振兴战略的观察与思考

(杜小强 章慧)

乡村振兴战略是以习近平同志为核心的党中央从党和国家事业全局出发、着眼于实现"两个一百年"奋斗目标、顺应亿万农民对美好生活的向往作出的重大决策。以习近平同志为核心的党中央坚持把解决好"三农"问题作为全党工作的重中之重,不断推进"三农"工作理论创新、实践创新、制度创新,推动农业农村发展取得历史性成就、发生历史性变革,乡村振兴工作取得显著成效。

一、乡村振兴工作回顾及成效

党的十八大以来,以习近平同志为核心的党中央从全局和战略高度看待"三农"工作,下决心调整工农关系、城乡关系,采取了一系列举措推动工业反哺农业、城市支持农村。2017年10月18日,党的十九大作出实施乡村振兴战略的重大决策部署,明确提出"产业兴旺、生态宜居、乡风文明、治理有效、生活富裕"二十字方针,把农业农村发展放在优先位置,乡村振兴工作得到强有力的推进,呈现宏观设计重长远、中观落实有力度、微观实践显成效的良好局面,农村人气、商业气、烟火气逐步提升。

(一)从宏观层面来讲,顶层设计逐步完善

习近平总书记坚持用大历史观看待"三农"问题,亲自谋划、亲自部署、亲自推动"三农"工作,提出了一系列重要思想、重大论断,形成了习近平总书记关于"三农"工作重要论述,进一步深化了对"三农"工作的规律性认识,科学回答了"三农"工作的一系列重大理论和实践问题。按照习近平总书记的指示要求,全国从上到下非常重视,从顶层设计角度来说,2018年中央一号文件从总体上对乡村振兴进行了谋划部署,并陆续推进乡村振兴战略规划、乡村振兴促进法、党的农村工作条例出台,各部门针对土地、产业、金融、生态、治理、人才等乡村建设发展瓶颈,陆续出台了系列政策,从国家层面,对乡村振兴的热点、难点问题,针对性地出台了系列政策文件,有力地回应了基层诉求。比如,针对土地问题,2020年中央一号文件第二十四条明确"破解乡村发展用地难题。新编县乡级国土空间规划应安排不少于10%的建设用地指标,重点

保障乡村产业发展用地。省级制订土地利用年度计划时,应安排至少5%新增建设用地指标保障乡村重点产业和项目用地。农村集体建设用地可以通过入股、租用等方式直接用于发展乡村产业"。再比如钱的问题,2020年,中共中央办公厅、国务院办公厅印发的《关于调整完善土地出让收入使用范围优先支持乡村振兴的意见》提出,到"十四五"期末,以省(自治区、直辖市)为单位核算,土地出让收益用于农业农村比例达到50%以上。

(二) 从中观层面来讲,落实措施非常给力

上海对"三农"工作高度重视,着眼贯彻落实习近平总书记"三农"重要论述,立足超大城市的特点和发展规律,不断提高思想认识,作出了务实部署,采取了管用措施。一是思想认识有高度。上海市委、市政府主要领导、分管领导高度重视,靠前指挥,明确了上海乡村振兴的奋斗目标、实现路径,理顺了推进落实的体制机制。时任上海市委书记李强强调"上海必须做好乡村振兴这篇大文章",推进乡村振兴要凸显"三个价值"(经济价值、生态价值、美学价值)、优化"三个空间"(新城、镇域、乡村)、认清"三个趋势"(空间稳定、地位凸显、功能复合)等。二是谋划推动有特色。注重顶层设计,紧密联系实际,全市成立了市、区两级实施乡村振兴战略工作领导小组,明确以推进"三园"(美丽家园、绿色田园、幸福乐园)工程等为抓手,构建了"1+1+35"的政策体系一套,2018年出台的《上海市乡村振兴战略规划(2018—2022年)》和《上海市乡村振兴战略实施方案(2018—2022年)》提出了上海乡村振兴工作推进的时间表和路线图。三是狠抓落实有力度。注重加强机制创新,农业农村部门加强统筹协调,各部门各司其职,每年制定年度乡村振兴重点任务,实施"挂图作战",采用绿灯、红灯标识推进进度,实现常态化管理。围绕重点工作开展督促检查,构建"月报告、季通报、年考核"的工作机制。针对工作中发现的问题,及时形成问题清单和制度清单,切实推动问题解决。

(三) 从微观层面来讲,发展实践成效显著

本市郊区各级党委、政府,紧密联系实际,发挥主观能动性,积极探索实践,形成了一批标志性成果,获得社会各界广泛认同。一是"美丽家园"建设促使农村面貌焕然一新。郊区环境面貌持续改善,乡村振兴示范村和美丽乡村示范村建设稳步推进。先后四批创建了88个乡村振兴示范村,农村人居环境整治三年行动计划按时高质量完成,实现1577个行政村全覆盖,农村基本公共服务设施配置水平明显提升,村容村貌显著优化。宅基地退出路径逐步清晰,农民建房资格认定工作有新进展,目前全市已累计完成农户签约退出宅基地使用权约2.3万户。二是"绿色田园"建设促进农业转型升级。积极开展国家级和市级各类示范、创建活动,持续推进都市现代农业提质

增效,引进了一批高质量的主体促进转型升级。生产力布局进一步得到了优化,完成了农业"三区"划定,农业结构不断优化,科技创新支撑进一步突破,农业品牌培育持续推进。三是"幸福乐园"建设增强农民获得感。农村基础设施建设、公共服务水平得到大幅提升,农村综合帮扶力度进一步加强,帮扶渠道进一步拓宽,郊区生活困难农户精准帮扶实现全覆盖。农村基本经营制度和产权制度改革进一步深化,土地承包经营权确权登记颁证率已接近100%,集体经济造血能力进一步提升,集体收益分配的长效机制初步建立。

二、乡村振兴需要研究破解的重点问题

农业农村对一个超大城市来讲不可或缺,无论从保障城市安全的角度,还是从生态和社会文化角度,都需要一定程度的保有量。从上海要加快建设具有世界影响力的社会主义现代化国际大都市的目标来看,农业农村工作如何成为上海城市核心竞争力的新支撑,还面临许多问题和挑战。

(一)农业农村发展资源要素问题

当前制约农业农村发展的瓶颈之一是资源要素配置问题。农业农村遇到的资源要素配置问题大多是由于工业和城市优先发展导向导致的,因此能否处理好工农关系、城乡关系,能否获得优先发展权,至关重要。一是农业农村发展资源要素长期处于"失血""贫血"状态。长久以来的城乡"二元分割"格局,总体上呈现资源要素从农村向城市单向流动的状态,一段时间内采取的"城市偏好"政策更加速了该过程。例如,在土地方面,上海的耕地面积在一段时期内呈现逐年减少的趋势,为城市发展提供了空间。自新中国成立后到改革开放前为缓慢下降阶段,1949年到1978年,耕地面积从37.5万公顷下降到36.01万公顷,30年减少了约4%;改革开放后30年,从1979年到2008年,随着城市化进程加快,耕地面积加速减少,从35.58万公顷下降到20.50万公顷,减少了约42%。二是乡村振兴对发展的资源需求难以得到满足。在乡村振兴战略的指引下,农业农村呈现非常好的发展势头,基层干部充满激情谋划发展,部分企业家满怀情怀进入乡村,但由于发展空间和资源要素的缺乏,制约了乡村相关产业配套项目落地。另外,减量化指标如何就地平衡发展;土地收益如何取之于农、用之于农需突破。

(二)发展的不平衡性问题

乡村振兴战略实施以来,在缩小地区、城乡和收入差距方面,有很大改善,但发展不平衡的问题依然突出,表现在:一是城市与乡村之间的差距。虽然乡村在振兴,农民收入在增加,但农村民生保障的短板制约仍然突出,不论从养老收入、公共服务还

是基础设施,乡村与城市存在一定的差距。二是远郊与近郊的差距。在近郊的村集体通过物业出租获得了大量收益,远郊的村庄却为了完成粮食、蔬菜保供任务,产业发展受限,村级集体经济收益差距巨大。三是村与村之间的差距。规划保留村可以评选乡村振兴示范村、美丽乡村示范村,获得大量资源要素支持,而规划不保留村成为各项建设的"盲点",各级投入相对较少。四是村庄内部的差距。示范村建设解决了诸多公共服务和基础设施上的问题,但有的示范村仅围绕核心区开展建设,核心区内外村民的获得感差异较大。五是城乡居民收入的差距。上海农村居民可支配收入增速连续高于城镇居民,并高于全国平均增幅,2021年,上海农村居民人均可支配收入达38 521元,相比上年增幅为10.3%,城乡居民可支配收入比下降到2.14,但上海农村居民收入与城乡居民收入差距的绝对值却逐年拉大(见图1)。

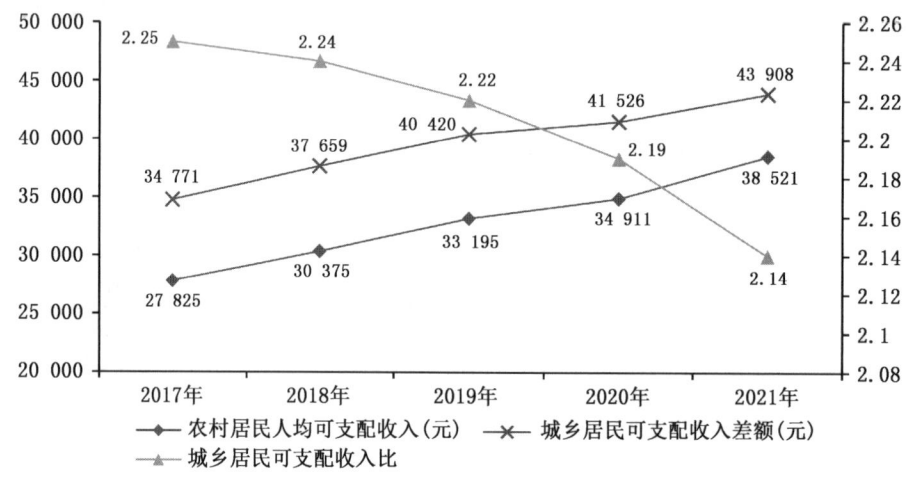

图1 近五年上海城乡常住居民人均可支配收入情况

(三)乡村建设可持续性问题

乡村建设发展需要遵循发展规律,促进乡村建设长期可持续发展。一是特色价值保护问题。在乡村建设过程中,需要高度重视乡村特色价值的保护和传承,突出地域特点,保留乡村特色风貌。个别地方在导入新主体、新要素的同时,对乡村原始风貌、生物多样性、人文历史气息的设施、纪念性遗产、农村方言或特殊产业保护做得不够。二是发展成本收益问题。有的地方政府投入大量资金和人力改善了乡村环境面貌,引入的经营主体利用乡村良好的生态环境和公共基础设施发展农旅产业,政府承担了环境改善和公共基础设施建设的成本,村集体承担了维护成本,企业获得了利益,却没有与村集体和村民构建良好的利益联结机制。三是可持续发展问题。在乡村建设发展过程中,个别地方投、建、管、用不是一个主体,重建轻管,或重建轻用,导致后续开发利用和持续性发展遇到问题。乡村公共基础设施管护和生态环境的维护都需要投入资金和人力,而个别村集体自身缺乏造血机制,未来可持续发展压力增大。

(四)都市现代农业转型升级问题

近年来,上海在推进农业资源要素集聚、打造农业品牌、促进产销对接、改变生产方式、推动绿色发展、强化科技兴农、提升技术装备水平、发展数字农业等方面取得显著成效,但围绕"两个对标"(最高标准、最好水平)的要求,仍然有一些需要引起重视的问题。一是农业总产值近年来呈下降趋势。受各种资源要素制约,农业总产值在2014年达到高点后,不断下降,2021年上海农业总产值为268.93亿元,较2014年降幅达22%(见图2)。二是农业竞争力不强。上海都市现代农业与荷兰、以色列、丹麦、美国等国相比较,在农业劳动生产率、土地产出率、单位耕地面积的化肥农药使用量方面仍然有较大差距,缺乏全产业链理念,大部分新型经营主体规模偏小、劳动能力不强。同时,大市场、大流通,也让本市地产农产品难以与外省市耐储存、适合长距离运输的农产品相竞争。三是"小、散、弱"的问题依然突出。2020年农业"一张图"分析显示,上海农业实际生产用地238万亩,地块数量有568 573块,种植业散户有28 849家,蔬菜经营主体经营面积小于10亩的有14 699个,"小、散、弱"问题导致都市现代农业发展难以采用现代化的技术、装备,难以有效应对自然气候、质量安全、市场、供应链等方面的风险挑战,难以做好稳产保供工作,农业比较效益不高,难以留住农民,产生农业劳动者老化、弱化、外地化的问题。

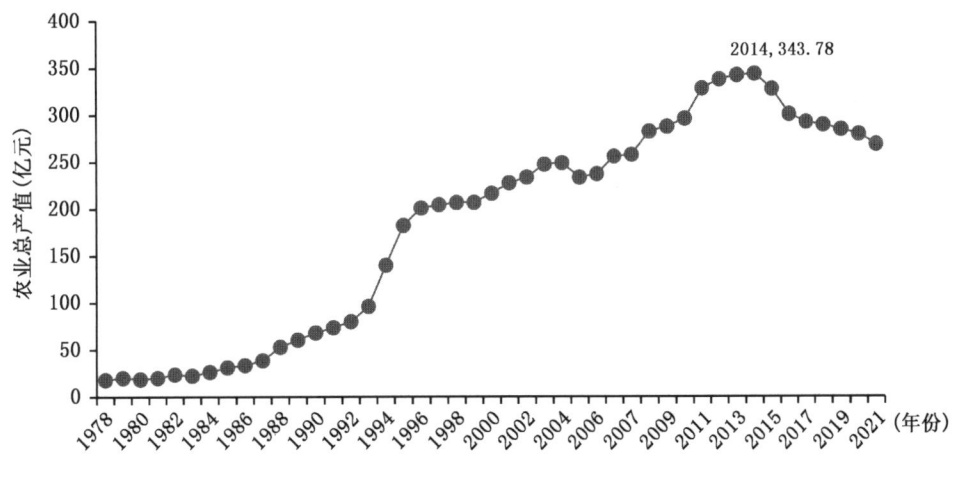

图2　1978—2021年上海农业总产值情况

三、下一步乡村振兴工作展望

上海市十二次党代会确立的宏伟目标展示了上海未来的美好前景,鼓舞人心、振奋人心。时任上海市委书记李强在报告中对上海乡村振兴工作作出了部署,"十四五"规划也描绘了令人期待的乡村美好蓝图,未来上海乡村的经济价值、生态价值、美学价值将不断得到彰显,农业农村地区将成为上海城市核心竞争力的新支撑。

(一)都市现代农业功能作用更趋多样

以农业转型升级、高质量发展为突破口,以推进农业数字化转型为抓手,破解都市农业发展瓶颈,不断提升农业质量、效益和竞争力,发挥多种功能作用。一是保障供给功能。不因农业占 GDP 比重小而轻视农业,也不因大市场、大流通而忽视农业,要总结疫情防控中的保供工作经验,维持一定的地产农产品保有量,拓展稳产保供内涵,进一步细化明确地产农产品数量、种类、质量方面的保供目标,以及需要的资源要素,明确各方责任,强化政策支持,形成保供合力。二是特色价值润化功能。依托乡村田、水、林、湿等各类自然资源,以及具有特色的生产方式,发挥水土保持、水源涵养、环境净化、生物多样、文化传承等功能作用,完善彰显上海特色、体现乡村气息、承载农村价值、适应城乡需求的产业体系,吸引各类创客、游客,促进农民就业,帮助农民持续稳定增收。三是示范引领功能。都市农业发展遇到的资源要素瓶颈,要以增强城市核心竞争力、提高政治站位、提升发展能级来破解。要加快农业产业结构调整,使农业产业化、产品品牌化、产业特色化、功能生态化。要培育区域主导特色产业,以市场为载体,延长产业链,创建资源与市场联结型产业集群发展模式。要引进具有影响力、竞争力的行业知名主体,提高农业的综合质量效益、竞争力和抗风险能力。强化都市农业发展的系统集成、整体突破,在农业领域率先实现质量变革、效率变革、动力变革。积极探索新路径、新模式,展现上海理念;在生物育种、智慧农业、碳达峰和碳中和等重点领域,展现上海样板。

(二)上海乡村宜居宜业魅力更趋增强

上海的乡村建设要践行"人民城市人民建,人民城市为人民"重要理念,顺应农民群众对美好生活的向往,在外在形态风貌上以及内在经济实力上,都要与上海形象地位相匹配,使得农村的人为之骄傲自豪、城市的人羡慕向往,农村魅力不断增强。一是优化提升农村风貌形态。以人居环境优化提升为抓手,准确把握超大城市乡村振兴特点,充分彰显都市乡村"三个价值"(经济价值、生态价值、美学价值),在实施农村人居环境优化工程的基础上,进一步聚焦村容风貌提升、生态系统治理、乡村景观美化、公共基础设施提档、长效管护机制落实等重点任务,全面提升农村人居环境质量和水平。二是继续推进示范创建活动。要做好已建成乡村振兴示范村成果巩固深化工作,力争让示范村持续发挥示范引领作用,对新创建的示范村,积极探索以示范村为引领的区域联动发展新路径,使示范村由"盆景"向"风景"转变。三是大力推动乡村产业发展。各级对推动乡村产业重要性的认识非常到位,下一步需要进一步改善农村的营商环境,加大招商引资的力度,聚焦资源集约共享,注重产业组团发展、功能错位布局,不断增强乡村的造血能力。

(三)和谐有序的治理格局更趋明显

积极构建共建共治共享的乡村治理新格局,总结上海疫情防控中的相关做法,健全党委领导、政府负责、民主协商、社会协同、公众参与、法治保障、科技支撑的现代乡村社会治理体制,健全党建引领下"三治合一"的乡村治理体系。一是深化村民自治。把自治作为乡村治理的灵魂,强化村规民约的草根宪法作用,结合新形势,不断完善村规民约,积极探索采用积分制等方式,激发村民参与乡村治理的积极性、主动性和创造性。二是强化法治保障。发挥出法治在发展现代农业、维护农村和谐稳定和保障农民权益方面的作用,完善农业农村立法,加强涉农执法司法,开展法制宣传教育,健全乡村矛盾纠纷调处化解和公共法律服务体系。三是注重德治引导。把德治作为法治与自治之间的过渡,实化德治,加强思想文化引领,开展道德载体建设,推进移风易俗。四是采用现代化的技术和管理方式为乡村治理赋能增效。通过数字化转型,为基层减负增能。加强数字科技和现代管理理念在各领域的运用,织牢网格化管理体系,提供精细化、便利化的保障服务。

(四)迈向共同富裕的基础将更加牢固

努力缩小城乡、区域、农民之间的差距,提升农村居民的获得感、幸福感、安全感。一是促进农民收入持续稳定增长。不断提升农民的工资性、经营性、财产性等方面的收入水平,重点关注薄弱地区、弱势群体的增收工作,创新方式方法,充分利用好上海各类优势,拓展农民增收渠道,加大政策支持力度,努力缩小城乡居民收入差距。二是促进农村集体经济高质量发展。坚持农村集体所有制,在巩固和完善农村基本经营制度的前提下,推进农村集体经济组织建立适应市场经济的现代企业制度,通过盘活资源资产,提升发展能级,参与市场竞争,力争实现稳定可持续的增长,促进集体经济高质量发展。同时,要构建与农民紧密的利益联结机制,强化分红。三是不断提升基本公共服务和社会保障水平。针对农村民生领域的突出短板,不断改善农业农村生产生活条件,强化基础设施建设,提升公共服务水平,逐步实现城乡基本公共服务均等化。要完善农村教育、医疗、养老等社会保障体系,降低村民负担,重点织密筑牢低收入和特殊困难群体的兜底保障政策网,让全体人民共享改革发展成果。

(原载于《上海农村经济》2022年第9期)

上海市率先基本实现农业农村现代化评价指标体系研究

(徐力 刘旭辉 李璐璐 李攀 陈怡君)

党的二十大报告提出,以中国式现代化全面推进中华民族伟大复兴。农业农村现代化是全面推进中国式现代化的必然选择。在乡村振兴战略指引下,上海农业生产水平不断提升、农村环境面貌不断改善、农民生活幸福感不断增强。新时代背景下,上海农业农村发展面临着新的挑战。为了落实本市2025年率先基本实现农业农村现代化的目标,市乡村振兴研究中心开展上海市率先基本实现农业农村现代化评价指标体系研究,提出上海农业农村率先基本实现现代化的目标和指标,并基于此对上海农业农村现状水平作出比较和研判,提出上海市率先基本实现农业农村现代化的具体建议。

一、上海市率先基本实现农业农村现代化评价指标体系

我国农业农村现代化经历了"农业现代化"—"农村现代化"—"农业农村现代化"—"三农现代化"的认识发展过程。在中国式现代化目标引领下,上海农业农村现代化应优先关注农业农村发展的高质量和农民群众的幸福感,应囊括生产、生活与生态环境的融合,实现"三生共赢"。

在深入剖析中国式现代化目标指引下农业农村现代化的发展内涵、借鉴发达国家发展理念和分析上海农业农村工作重点及优势特色的基础上,我们构建了上海农业农村现代化的评价指标体系。首先将农业现代化、农村现代化、农民现代化作为3项一级指标,在此基础上初步构建形成10项二级指标。然后从国家、本市以及相关省市的既有工作以及公开统计数据中广泛选取三级指标,并从四个方面进行调整和修正:一是广泛征询行业内资深专家意见,对指标进行补充或删减;二是广泛查询各类统计资料,确保各项指标的数据可得性;三是充分考虑上海与其他省市的可比性;四是充分结合上海当前的发展基础,对于已达到或者接近较高发展水平的指标内容,不再作为未来发展的重点目标。经过指标筛选,共保留形成26项三级指标。之后按照等权重法对农业现代化、农村现代化和农民现代化三个一级指标的权重进行设置,

并采用专家打分法,确定二级指标和三级指标的权重。

本次研究将2025年作为上海率先基本实现农业农村现代化的目标年份,将2035年作为上海全面实现农业农村现代化的目标年份。为了能用"无量纲法"来测度农业农村现代化水平,我们从四个方面确定了2025年和2035年26项指标的目标值:一是与既有工作中提出的目标指标相衔接;二是对标国际,以发达国家当前的发展水平作为参考;三是对标国内最好水平;四是尊重经济和社会发展规律,按照已有的历史数据,对指标目标值进行推算。研究形成的上海市率先基本实现农业农村现代化评价指标体系如表1所示。

表1　　　　上海市率先基本实现农业农村现代化评价指标体系

一级指标	一级指标权重	二级指标	二级指标权重		三级指标	单位	三级指标权重	2025目标值	2035目标值
农业现代化	0.333 3	生产水平	0.094 3	1	劳均粮食产量	吨/人	0.023 4	7.00	12.00
				2	农业劳动生产率	万元/人	0.022 5	11.00	32.00
				3	农业科技进步贡献率	%	0.023 4	83.00	90.00
				4	地产绿叶菜自给率	%	0.025 0	83.00	90.00
		技术装备	0.075 5	5	高标准农田面积占耕地总面积之比	%	0.065 6	79.00	99.00
				6	主要农作物耕种收综合机械化率	%	0.009 8	98.00	100.00
		产业融合	0.075 5	7	农产品加工业与农业总产值之比	—	0.038 9	3.25	4.00
				8	农林牧渔服务业总产值占农业总产值之比	%	0.036 6	8.90	11.90
		绿色发展	0.088 0	9	地产绿色优质农产品占比	%	0.022 7	75.00	82.00
				10	农田化肥和农药亩均施用量	公斤/亩	0.011 2	23.00	13.00
							0.011 2	0.71	0.21
				11	畜禽粪污综合利用率	%	0.020 7	98.00	100.00
				12	农产品质量安全例行监测合格率	%	0.022 3	100.00	100.00

续表

一级指标	一级指标权重	二级指标	二级指标权重	三级指标		单位	三级指标权重	2025目标值	2035目标值
农村现代化	0.333 3	基础设施	0.115 6	13	农村生活污水治理率	%	0.032 0	90.00	100.00
				14	农业农村信息化发展水平	%	0.028 9	72.00	82.00
				15	农村生活垃圾回收利用率	%	0.030 1	52.00	65.00
				16	农村居民平均每百户年末家用汽车拥有量	辆	0.024 6	76.00	164.00
		公共服务	0.106 7	17	乡镇(街道)范围具备综合功能的养老服务机构覆盖率	%	0.053 3	100.00	100.00
				18	乡村义务教育学校专任教师本科以上学历比例	%	0.053 3	93.00	100.00
		治理有效	0.111 1	19	村务公开率	%	0.058 6	100.00	100.00
				20	年经营性收入50万元以上行政村占比	%	0.052 5	76.00	100.00
农民现代化	0.333 3	收入水平	0.128 2	21	农村居民人均可支配收入	万元	0.065 7	6.00	15.00
				22	城乡居民人均可支配收入比	—	0.062 5	1.81	1.50
		生活水平	0.102 6	23	农村居民恩格尔系数	%	0.102 6	27.00	25.00
		素养水平	0.102 6	24	农村居民医疗保健现金支出占现金消费支出比例	%	0.034 9	4.83	4.50
				25	农村居民平均受教育年限(15岁以上人口)	年	0.033 5	10.86	12.00
				26	农村居民平均预期寿命	岁	0.034 2	84.00	86.00

二、上海市农业农村现代化水平现状评价

依据上述指标体系,以2020年上海农业农村各项指标数据为基期值,对上海市农业农村发展水平进行评价。将各项指标对照目标值进行无量纲化标准化处理,即采用目标比值法进行分析,以体现每项指标的实现程度。

(一)对标2025年发展目标的上海农业农村现代化水平评价

对照2025年率先基本实现农业农村现代化的发展目标,上海2020年农业农村现代化发展水平得分为82.02(总分100)。其中,农业现代化发展水平为81.21,农村现代化发展水平为87.94,农民现代化发展水平为76.91。二级评价维度中,农村公共服务、治理有效,农业技术装备,农民健康素养发展水平最高,达到90分以上;农业

绿色发展、产业融合达到了较高水准,得分在 80 分以上;而农业生产水平以及以农村居民恩格尔系数为表征的农民生活水平对标发达国家还有一定的增长空间。三级指标中,农业劳动生产率、农村居民平均每百户年末家用汽车拥有量、劳均粮食产量得分最低,需要不断努力提升。

(二)对标 2035 年发展目标的上海农业农村现代化水平评价

对照 2035 年全面实现农业农村现代化的发展目标,上海 2020 年农业农村现代化发展水平得分为 69.71(总分 100)。其中,农业现代化发展水平为 66.18,农村现代化发展水平为 78.86,农民现代化发展水平为 64.08。二级评价维度中,农村公共服务发展水平最高,达到 90 分以上;农村治理有效、农民健康素养达到了较高水准,得分在 80 分以上;而农民收入水平、农业生产水平以及农业产业融合评分最低,还有较大的增长空间。三级指标中,农业劳动生产率、农田农药亩均施用量、农村居民平均每百户年末家用汽车拥有量得分最低。

三、上海与全国及其他省市农业农村现代化发展水平比较

(一)总体发展水平比较

依据评价指标体系,上海市 2020 年农业农村现代化总体水平得分为 82.02/69.71(对标 2025 年发展目标值的得分/对标 2035 年发展目标值的得分,下同),领先于江苏省(77.89/65.90)、浙江省(77.37/66.36)和北京市(73.54/63.49),且明显高于全国平均水平(62.39/53.59)。

(二)农村现代化水平比较

两省两市中,上海市农村现代化发展优势最强,评分为 87.94/78.86,高于浙江省农村现代化水平(81.18/73.46)、北京市农村现代化水平(80.33/71.31),并明显高于江苏省农村现代化水平(74.17/65.91)、全国农村现代化水平(54.08/49.56)。二级评价维度中,上海农村公共服务水平(98.39/95.00)明显高于北京市(87.63/85.00)和浙江省(87.25/83.98),并远高于江苏省(63.01/60.00)和全国平均水平(59.47/57.20)。上海市农村治理有效(91.29/82.03)、基础设施(75.07/60.92)也处于前列,仅低于江苏省和浙江省。三级指标中,上海市乡镇(街道)范围具备综合功能的养老服务机构覆盖率、村务公开率已达到发展目标,得分为 100.00;乡村义务教育学校专任教师本科以上学历比例在两省两市中也处于最高水平,其他指标均处于上游。

(三)农业现代化水平比较

两省两市中,上海市农业现代化水平发展较好,得分为 81.21/66.18,略低于江苏省农业现代化水平(84.39/67.60),但高于浙江省农业现代化发展水平(71.52/

58.96)、全国农业现代化发展水平(65.12/52.20),并明显高于北京市农业现代化水平(62.27/53.07)。二级评价维度中,上海农业技术装备水平(90.40/74.47)明显高于其他省市,并远高于全国平均水平(55.36/45.89);上海农业生产水平、产业融合水平、绿色发展水平均处于前列,仅略低于江苏和浙江。三级指标中,上海农业科技进步贡献率指标得分遥遥领先,达 95.30/87.89;上海高标准农田占比得分(89.19/71.17)领先于其他省市和全国平均水平(52.80/42.13)。畜禽粪污综合利用率、农林牧渔服务业总产值占农业总产值比例也处于领先地位,得分分别为 98.72/96.75、86.07/64.37。从另一方面看,上海市农业劳动生产率得分仅为 36.27/12.47,仅略高于北京市(35.18/12.09);农产品加工业与农业总产值之比得分为 76.92/62.50,仅略高于全国平均水平(73.85/60.00)。相对来讲,这两项是上海农业发展中的弱项指标。

(四)农民现代化水平比较

两省两市中,上海市农民现代化处于中等水平,得分为 76.91/64.08,低于浙江省(79.40/66.66)、北京市(78.04/66.09),但高于江苏省(75.11/64.19)、全国平均水平(67.96/59.01)。二级评价维度中,上海市农民健康素养水平遥遥领先,得分为 93.36/87.75,明显高于浙江省(84.00/78.90)、北京市(82.81/77.80)、江苏省(79.84/74.98)和全国平均水平(76.99/72.33);农民生活水平得分仅为 69.98,处于最低。三级指标中,农村居民医疗保健现金支出占现金消费支出之比得分为 96.60/90.00,农村居民平均预期寿命得分为 99.61/97.29,均处于最高水平。另外,尽管上海市农民收入水平总体维度低于浙江省,但其中的三级指标农村居民人均可支配收入处于最高水平,为 58.17/23.27,大大高于其他省市和全国平均水平(28.50/11.40)。农村居民恩格尔系数、农村居民平均受教育年限两项指标得分在两省两市中处于最低。

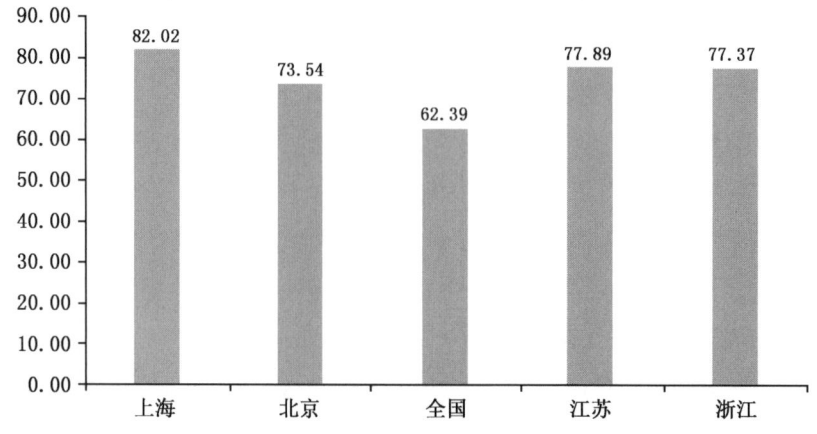

图 1 农业农村现代化发展水平比较(总体水平,对标 2025 年)

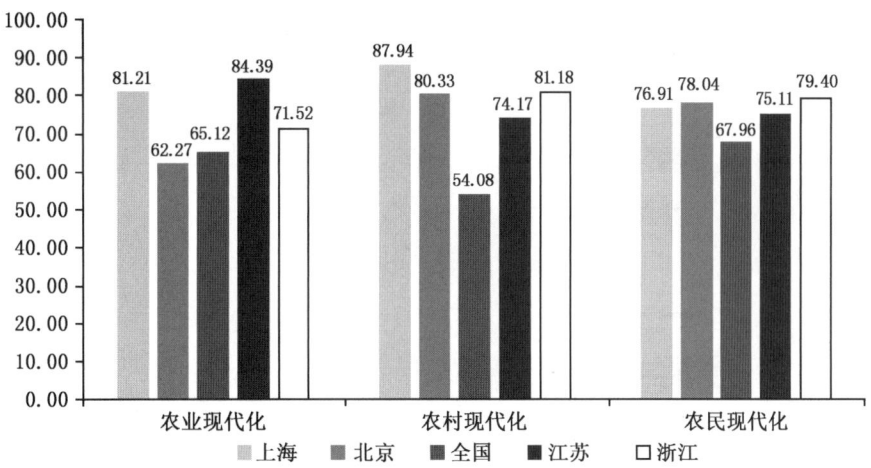

图 2　农业农村现代化发展水平比较（一级指标，对标 2025 年）

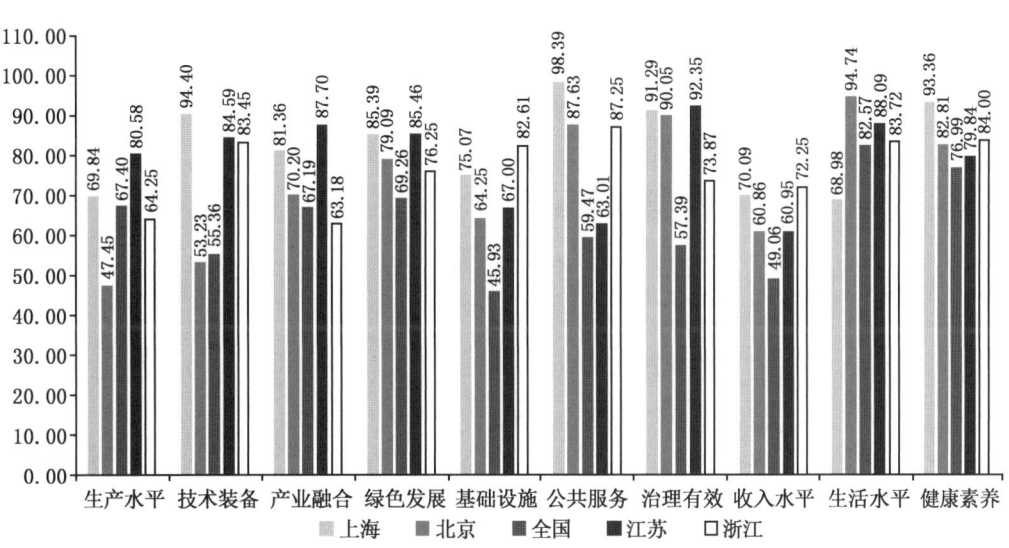

图 3　农业农村现代化发展水平比较（二级指标，对标 2025 年）

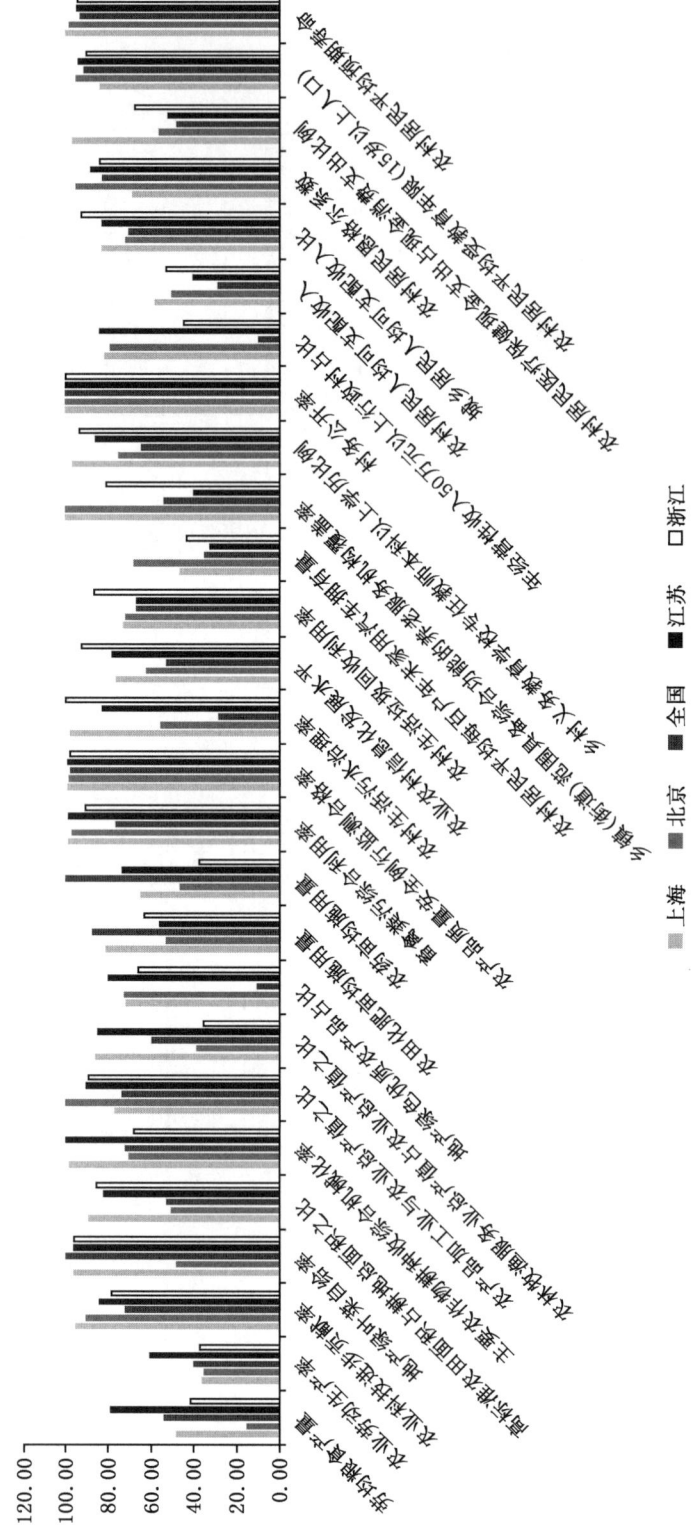

图4 农业农村现代化发展水平比较(三级指标,对标2025年)

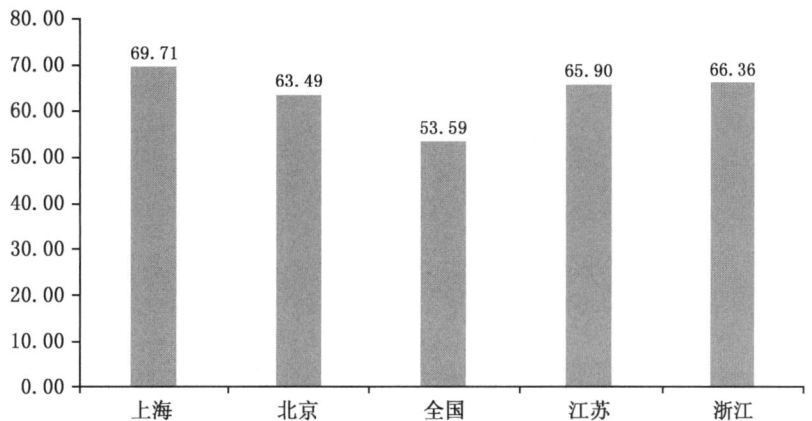

图 5 农业农村现代化发展水平比较(总体水平,对标 2035 年)

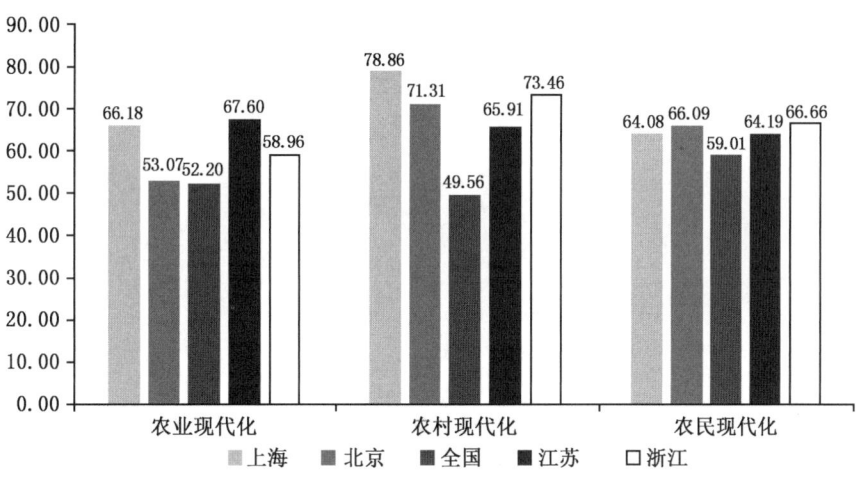

图 6 农业农村现代化发展水平比较(一级指标,对标 2035 年)

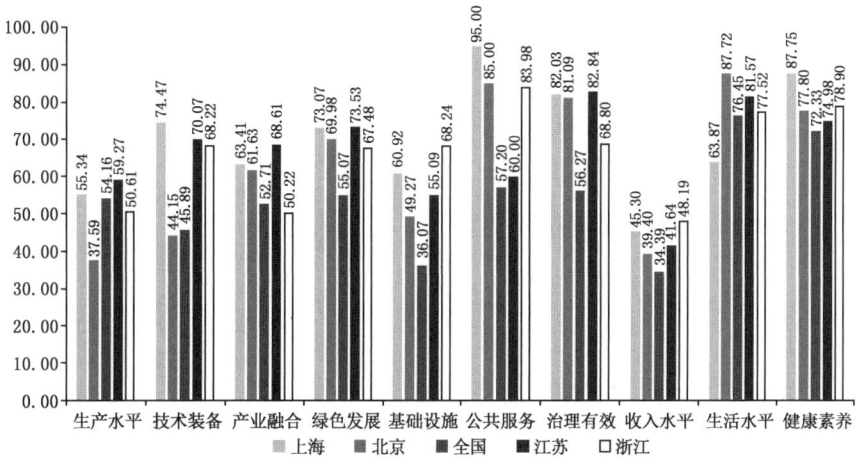

图 7 农业农村现代化发展水平比较(二级指标,对标 2035 年)

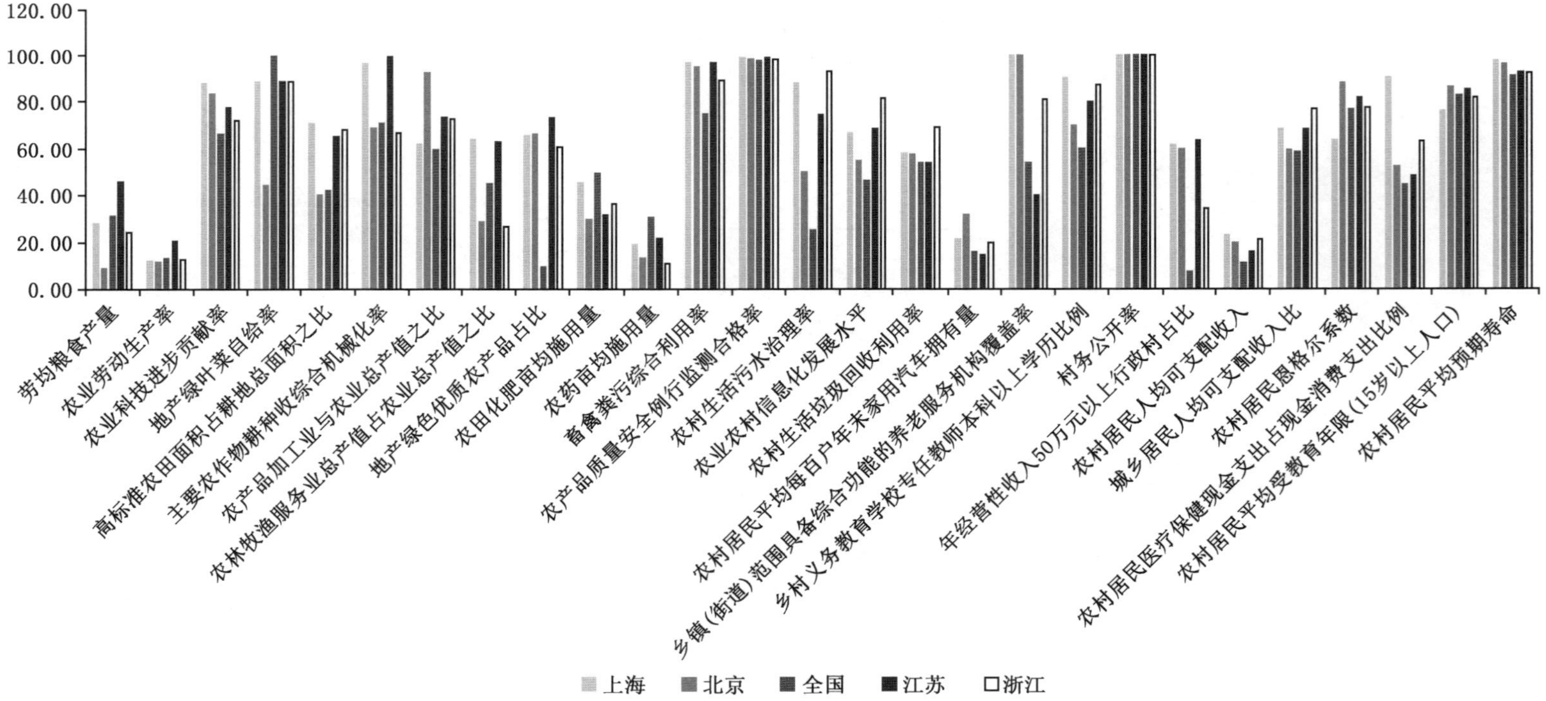

图8 农业农村现代化发展水平比较（三级指标，对标2035年）

四、主要发现

(一) 上海农业农村发展的优势和成效

一是以公共服务提升和基础设施改善为主要内容的上海农村现代化水平处于领先地位。在养老服务等公共服务供给、农村污水治理和生活垃圾回收利用等基础设施建设、乡村治理等方面，很多指标已达到或者接近 2035 年全面实现农村现代化的发展目标。无论是对标发达国家还是与相关省市相比，上海市农村现代化发展水平（以 2020 年为基期）都处于领先水平。

二是以技术装备和产业融合为主要优势的上海农业现代化发展水平较高。首先，农业技术装备水平高是上海农业发展的突出优势。上海一直注重农业科技投入，近几年农业科技进步贡献率逐步提升，2020 年达 79.1%，高于北京市、江浙两省和全国平均水平。同时，上海近年来持续加大高标准农田建设力度，高标准农田占比逐年攀升。其次，上海多措并举，促进乡村产业融合发展。2020 年，上海农林牧渔服务业总产值占农业总产值的比重达 7.66%，领先于江苏省、北京市和浙江省。此外，上海注重农业生产绿色发展，2020 年畜禽粪污综合利用率、农产品质量安全例行监测合格率指标分别为 96.75%、99.00%，均接近现代化发展目标值。

三是上海农民健康素养处于较高水平。据统计资料，上海市 2020 年户籍人口的平均预期寿命为 83.67 岁，已超过大多数发达国家和地区，持续保持全球领先水平。与此相对应，上海农村居民医疗保健现金支出占现金消费支出比例在各省市中处于最低水平。

(二) 上海农业农村现代化的短板和不足

一是上海农业生产水平还需要进一步提升。2020 年，按照第一产业增加值计算的上海农业劳动生产率仅为 3.99 万元/人，低于江苏省 6.70 万元/人、全国平均水平 4.40 万元/人，并低于浙江省 4.10 万元/人。2020 年，上海市劳均粮食产量 3.38 吨/人，低于江苏省 5.52 吨/人和全国平均水平 3.78 吨/人。据粮农组织网站（fao.org）和中国农村统计年鉴数据，2020 年美国劳均粮食产量约 120 吨/人、德国劳均粮食产量约 70 吨/人，均大大高出我国当前生产水平。

二是上海农村居民收入水平还有较大增长空间。2020 年，上海农村居民人均可支配收入为 3.49 万元，高于浙江省 3.19 万元、北京市 3.01 万元、江苏省 2.42 万元，并达到全国平均水平 1.71 万元的两倍多；但与发达国家相比，仍然有较大差距。同时，2020 年上海城乡居民人均可支配收入比为 2.19，而西方发达国家的城乡居民可支配收入比约为 1.5。因此，继续提高农村居民收入水平、有效缩小城乡居民收入差距,仍然是今后上海农业农村发展的重要任务。

三是部分维度的具体工作指标有待均衡推进。例如,上海农业绿色生产总体在国内处于较好水平,但其中农药亩均施用量为1.09公斤/亩,与发达国家相比还有一定差距。又如,上海农业产业融合水平总体评分较好,农林牧渔服务业总产值占农业总产值的比重也相对较高,但2020年农产品加工业与农业总产值之比仅为2.50,低于北京市、江苏省和浙江省。未来上海在一二产业融合发展以及在产业链延伸拓展方面,须进一步努力。

四是上海农村居民恩格尔系数反映的农民生活水平相对较低。2020年,上海农村居民恩格尔系数为39.14,高于北京市、江苏省、浙江省和全国平均水平。曾有研究指出,上海居民恩格尔系数较高是由于上海居民的储蓄率偏高,其中一部分为被动储蓄,而上海人用在食物上的实际支出比例并不比全国其他地方高很多;另一方面恩格尔系数较高是由于上海的物价水平较高[①]。另有研究显示,2011—2016年上海农村居民饮食趋向丰富,在饮食中更加注重营养均衡[②],这种食物结构的升级一定程度上抑制了恩格尔系数的较快下降。

五、下一步工作建议

作为国际化大都市,上海农业农村发展根据上海的发展目标,结合自身资源特点,要进一步加强前瞻性思考、全局性谋划、战略性布局、整体性推进,以更高的站位、更大的力度、更实的举措,实现率先基本实现农业农村现代化的目标。

(一)建标杆,塑形象

在上海全市发展大格局中思考谋划乡村振兴工作,通过建标杆、塑形象,使得上海农业农村与国际化大都市形象和地位相匹配。一是谋划引进一批标杆性的企业。结合13个都市现代农业先行片区和乡村振兴示范村连片建设的趋势,大力开展农业农村招商工作,引进具有全球影响力的企业。二是建设一批标志性的工程。抓住上海城市数字化转型的机遇,开展农业新基建,对全域农业基础设施实行数字化改造,强化应用场景建设,强化数字化赋能。同时,围绕农业强国建设,寻找上海的定位和贡献,建设一批具有世界水准的实验平台,引进一流的科研团队,力争形成一批颠覆性的农业科技创新成果。三是推出一批风向标式的改革。适应形势发展需要,对农业农村支持保护政策进行整体性思考、系统性改革,尤其是围绕实现共同富裕,通过

---

① 王耀军. 上海城镇居民恩格尔系数的分析研究[J]. 科技经济市场,2007(4):182-183.
② 薛军民,靳媚. 消费升级还是消费降级:来自上海市农村居民数据的测算——兼论恩格尔系数衡量居民生活水平的有效性[J]. 上海经济,2019(2):56-67.

改革提升农民的财产性收入。四是构建农业农村现代化引领性的标准。在全国省级层面,力争率先推进农业农村现代化的评价标准体系。

(二)补短板,强弱项

针对农业农村现代化评价中发现的短板和弱项,采取针对性的措施。一是继续夯实农业基础。围绕耕地和种子,强化制度供给。深入推进转变农业发展方式,培育有生命力和竞争力的新型市场主体,不断提升农业的质量、效益和竞争力。二是补齐农村发展短板。破解制约城乡要素双向流动和平等交换的障碍,强化城乡等值,承接好城市溢出功能,大力发展非农特色产业,优化乡村人口结构。三是促进农民持续稳定增收。采取有效措施,遏制城乡居民收入差距拉大的势头。四是关注农民的精神生活。提供更加丰富的商业、文化、娱乐等公共服务设施,为增加村民生活的丰富度提供载体和支撑,满足居民多样化需求,不断提高农村居民生活品质。

(三)守底线,重生态

从农业生产、环境维护、乡村建设等各个方面出发,确保完成粮食和蔬菜生产任务,并将绿色发展理念落到实处。一是持续进行绿色技术改造升级,推动绿色生产;二是加大生态系统保护、修复等环保技术的研发与实施,进一步做好农村基础设施建设,推进生态修复、固废资源利用;三是持续做好质量安全监管;四是通过政策体系优化,不断进行制度创新,为绿色发展提供动力。

附件:

1. 两省两市2020年农业农村发展现状数据表
2. 两省两市对标2025年发展目标的农业农村现代化水平评价与比较表
3. 两省两市对标2035年发展目标的农业农村现代化水平评价与比较表

附件 1

两省两市 2020 年农业农村发展现状数据表

一级指标	二级指标		三级指标	单位	2020 年基期值				
					上海	北京	全国	江苏	浙江
农业现代化	生产水平	1	劳均粮食产量	吨/人	3.38	1.09	3.78	5.52	2.91
		2	农业劳动生产率	万元/人	3.99	3.87	4.40	6.70	4.10
		3	农业科技进步贡献率	%	79.10	75.00	60.00	70.00	65.15
		4	地产绿叶菜自给率	%	80.00	40.00	100.00	80.00	80.00
	技术装备	5	高标准农田面积占耕地总面积之比	%	70.46	40.00	41.71	65.00	67.68
		6	主要农作物耕种收综合机械化率	%	96.51	69.20	71.00	99.57	67.25
	产业融合	7	农产品加工业与农业总产值之比	—	2.50	3.70	2.40	2.94	2.90
		8	农林牧渔服务业总产值占农业总产值之比	%	7.66	3.31	5.35	7.54	3.16
	绿色发展	9	地产绿色优质农产品占比	%	54.00	54.67	8.00	60.00	50.00
		10	农田化肥和农药亩均施用量	公斤/亩	28.40 / 1.09	43.47 / 1.53	26.34 / 0.68	40.87 / 0.96	35.96 / 1.89
		11	畜禽粪污综合利用率	%	96.75	95.00	75.00	96.70	89.00
		12	农产品质量安全例行监测合格率	%	99.00	98.30	97.80	99.09	98.00
农村现代化	基础设施	13	农村生活污水治理率	%	88.00	50.00	25.50	74.60	92.50
		14	农业农村信息化发展水平	%	55.00	44.90	37.90	56.50	66.70
		15	农村生活垃圾回收利用率	%	38.00	37.50	35.00	35.00	45.00
		16	农村居民平均每百户年末家用汽车拥有量	辆	35.30	51.80	26.40	24.70	33.00
	公共服务	17	乡镇(街道)范围具备综合功能的养老服务机构覆盖率	%	100.00	100.00	54.00	40.00	80.95
		18	乡村义务教育学校专任教师本科以上学历比例	%	90.00	70.00	60.40	80.00	87.00
	治理有效	19	村务公开率	%	100.00	100.00	100.00	100.00	100.00
		20	年经营性收入 50 万元以上行政村占比	%	62.00	60.00	7.50	63.70	34.00

续表

一级指标	二级指标		三级指标	单位	2020年基期值				
					上海	北京	全国	江苏	浙江
农民现代化	收入水平	21	农村居民人均可支配收入	万元	3.49	3.01	1.71	2.42	3.19
		22	城乡居民人均可支配收入比	—	2.19	2.51	2.56	2.19	1.96
	生活水平	23	农村居民恩格尔系数	%	39.14	28.50	32.70	30.65	32.25
	素养水平	24	农村居民医疗保健现金支出占现金消费支出比例	%	5.00	8.60	10.10	9.30	7.10
		25	农村居民平均受教育年限（15岁以上人口）	年	9.08	10.31	9.91	10.21	9.79
		26	农村居民平均预期寿命*	岁	83.67	82.43	77.93	79.32	79.20

数据来源：《上海农村统计年鉴2021》《上海统计年鉴2021》《中国农村统计年鉴2021》《中国统计年鉴2021》《北京统计年鉴2021》《浙江省统计年鉴2021》《江苏省统计年鉴2021》，以及相关官方网站等。

* 由于数据来源限制，对于居民平均预期寿命年限指标以城乡居民平均预期寿命数值作为替代指标，表征农村居民的总体健康素养。

附件2

两省两市对标2025年发展目标的农业农村现代化水平评价与比较表

一级指标	二级指标		三级指标	三级指标现代化水平					二级指标现代化水平					一级指标现代化水平					总体现代化水平			
				上海	北京	全国	江苏	浙江	上海	北京	全国	江苏	浙江	上海	北京	全国	江苏	浙江	上海	北京	全国	江苏	浙江
农业现代化	生产水平	1	劳均粮食产量	48.29	15.57	54.00	78.86	41.57	69.84	47.45	67.40	80.58	64.25										
		2	农业劳动生产率	36.27	35.18	40.00	60.91	37.27															
		3	农业科技进步贡献率	95.30	90.36	72.29	84.34	78.49															
		4	地产绿叶菜自给率	96.39	48.19	100.00	96.39	96.39															
	技术装备	5	高标准农作物良种覆盖率	89.19	50.63	52.80	82.28	85.67	90.40	55.59	84.59	83.45	63.18										
		6	主要农作物耕种收综合机械化率	98.48	70.61	72.45	100.00	68.62															
	产业融合	7	农产品加工业与农业总产值之比	76.92	100.00	73.85	90.46	89.23	81.36	70.20	67.19	87.70	63.18	81.21	62.27	65.12	84.39	71.52					
		8	农林牧渔服务业总产值占农业总产值之比	86.07	38.49	60.11	84.77	35.47															
	绿色发展	9	地产绿色优质农产品占比	72.00	72.89	10.67	80.00	66.67	85.39	79.09	69.26	85.46	76.25										
		10	农田化肥和农药亩均施用量	80.89	52.91	87.30	56.28	63.96															
		11	畜禽粪污综合利用率	65.14	46.41	100.00	73.96	37.57															
		12	农产品质量安全例行监测合格率	98.72	96.94	98.30	98.67	98.02															
农村现代化	基础设施	13	农村生活污水治理率	99.00	98.30	97.80	97.60	100.00	75.07	64.25	45.93	67.00	82.61	87.94	80.33	54.08	74.17	81.18	82.02	73.54	62.39	77.89	77.37
		14	农业农村信息化发展水平	97.78	55.56	28.33	82.89	92.64															
		15	农村生活垃圾回收利用率	76.39	62.36	52.64	78.47	86.54															
		16	农村居民平均百户年末家用汽车拥有量	73.08	72.12	67.31	67.31	43.42															
	公共服务	17	乡镇(街道)范围具备综合功能的养老服务机构覆盖率	46.45	68.16	34.74	32.50	80.95	98.39	87.63	59.47	63.01	87.25										
		18	乡村义务教育学校专任教师本科以上学历比例	100.00	100.00	54.00	40.00	93.55															
	治理有效	19	村务公开率	96.77	75.27	64.95	86.02	100.00	91.29	90.05	57.39	92.35	73.87										
		20	年经营性收入50万元以上行政村占比	100.00	100.00	9.87	100.00	44.74															
农民现代化	收入水平	21	农村居民人均可支配收入	81.58	78.95	28.50	83.82	53.17	70.09	60.86	49.60	82.25	72.35	76.91	78.04	67.96	75.11	79.40					
		22	城乡居民人均可支配收入比	58.17	50.17	70.70	40.33	92.35															
	生活水平	23	农村居民恩格尔系数	82.65	72.11	82.57	82.65	83.72	68.98	94.74	82.57	88.09	83.72										
		24	农村居民医疗保健支出占现金消费支出比例	68.98	94.74	47.82	88.09	68.03															
	素养水平	25	农村居民平均受教育年限(15岁以上人口)	96.60	56.16	64.95	51.94	90.15	93.36	82.81	76.99	94.01	90.15										
		26	农村居民平均预期寿命	83.61	94.94	91.25	94.01	84.00															
				99.61	98.13	92.77	94.43	94.29															

附件3 两省两市对标2035年发展目标的农业农村现代化水平评价与比较表

一级指标	二级指标		三级指标	三级指标现代化水平					二级指标现代化水平					一级指标现代化水平					总体现代化水平				
				上海	北京	全国	江苏	浙江	上海	北京	全国	江苏	浙江	上海	北京	全国	江苏	浙江	上海	北京	全国	江苏	浙江
农业现代化	生产水平	1	劳均粮食产量	28.17	9.08	31.50	46.00	24.25	55.34	37.59	54.16	59.27	50.61	66.18	53.07	52.20	67.60	58.96	69.71	63.49	53.59	65.90	66.36
		2	农业劳动生产率	12.47	12.09	13.75	20.94	12.81															
		3	农业科技进步贡献率	87.89	83.33	66.67	77.78	72.39	74.47	44.15	45.89	70.07	68.22										
	技术装备	4	地产绿叶菜自给率	88.89	44.44	100.00	88.89	88.89															
		5	高标准农田面积占耕地总面积之比	71.17	40.40	42.13	65.66	68.36															
		6	主要农作物耕种收综合机械化率	96.51	69.20	71.00	99.57	67.25	63.41	61.63	52.71	68.61	50.22										
	产业融合	7	农产品加工业与农业总产值之比	62.50	92.50	60.00	73.50	72.50															
		8	农林牧渔服务业总产值占农业总产值之比	64.37	28.78	44.96	63.40	26.53															
	绿色发展	9	地产绿色优质农产品占比	65.85	66.67	9.76	73.17	60.98	73.07	69.98	55.07	73.53	67.48										
		10	农田化肥和农药综合施用量	45.77	29.91	49.35	31.81	36.15															
		11	畜禽粪污综合利用率	19.72	13.73	30.67	21.88	11.11															
		12	农产品质量安全例行监测合格率	96.75	95.00	75.00	96.70	89.00															
农村现代化	基础设施	13	农村生活污水治理率	99.00	98.30	97.80	99.09	98.00	60.92	49.27	36.07	55.09	68.24	78.86	71.31	49.56	65.91	73.15					
		14	农业农村信息化发展水平	88.00	50.00	25.50	74.60	92.50															
		15	农村生活垃圾回收利用率	67.07	54.76	46.22	68.90	81.34															
		16	农村居民平均每百户年末家用汽车拥有量	58.46	57.69	53.85	53.85	69.23															
	公共服务	17	乡镇（街道）养老服务机构具备综合功能的养老服务机构覆盖率	21.52	31.59	16.10	15.06	20.12	95.00	85.00	57.20	60.00	83.98										
		18	乡村义务教育学校专任教师本科以上学历比率	100.00	100.00	54.00	40.00	80.95															
	治理有效	19	村务公开率	90.00	70.00	60.40	80.00	87.00	82.03	81.09	56.27	82.84	68.80										
		20	年经营性收入50万元以上行政村占比	100.00	100.00	100.00	100.00	100.00															
农民现代化	收入水平	21	农村居民人均可支配收入	62.00	60.00	7.50	63.70	34.00	45.30	39.40	34.39	41.64	48.19	64.08	66.09	59.01	64.19	66.66					
		22	城乡居民人均可支配收入比	23.27	20.07	11.40	16.13	21.27															
	生活水平	23	农村居民恩格尔系数	68.49	59.76	58.59	68.49	76.53	63.87	87.72	76.45	81.57	77.52										
		24	农村居民医疗保健现金支出占现金消费支出比例	63.87	87.72	76.45	81.57	77.52															
	素养水平	25	农村居民平均受教育年限（15岁以上人口）	90.00	52.33	44.55	48.39	63.38	87.75	77.80	72.33	74.98	78.90										
		26	农村居民平均预期寿命	75.67	85.92	82.58	85.08	81.58															
				97.29	95.85	90.62	92.23	92.09															

上海市第一、二、三批乡村振兴示范村 2022 年度跟踪评估报告

(单金　詹志敏　张乐钰)

根据市乡村振兴办《关于进一步提升乡村振兴示范村建设水平的若干措施》(沪乡村振兴办〔2021〕7 号)有关要求,为推动乡村振兴示范村(以下简称"示范村")持续健康发展,市农业农村委村镇建设处会同市乡村振兴研究中心开展了第一、二、三批上海市乡村振兴示范村 2022 年度跟踪评估工作,现形成如下报告。

一、实施情况

本次跟踪评估对象为本市第一批(9 个)、第二批(28 个)和第三批(32 个)示范村,共计 69 个行政村。评估指标共计 31 项,包括基础情况、产业兴旺、生态宜居、乡风文明、治理有效、生活富裕 6 个方面。数据采集全程电子化,由各村点调查员负责数据收集和填报,各区、镇主管部门负责数据审核,市乡村振兴研究中心负责数据整理、汇总和分析。

二、建设成效

评估结果显示,绝大部分示范村通过持续推进建设,正在不断美起来、富起来、强起来,凸显了乡村经济、生态、美学价值,为本市推进乡村振兴战略奠定了基础、树立了样板、建立了模式。

(一)引领了乡村建设

按照"不策划不规划、不规划不设计、不设计不施工"的理念,各示范村全面提升人居环境,完善基础设施,部分示范村通过积分制等创新模式,形成了政府引导激励、村民广泛参与的长效管理机制。示范村的环境更整洁、设施更完善、风貌更美丽。

各示范村积极推进人居环境整治与提升。2020—2021 年期间,三批示范村开展村庄绿化美化共计 619 万平方米,平均每村 9.0 万平方米。开展对农村电力线、通信

线、广播电视线等架空线的序化整治工作累计[①]330公里,平均每村4.8公里。开展农房建筑风貌提升,累计共提升1.3万户,占总户数的18%(见表1)。平均每村提升户数186户,较2020年增加了44%。

表1　　　　　　　　　　2021年示范村农房建筑风貌提升情况

乡村振兴示范村	平均每村累计提升户数(户)	占乡村总户数比例
总体	186(↑44%)	18%
其中:第一批	209(↑47%)	29%
第二批	159(↑3%)	17%
第三批	203(↑98%)	17%

注:数字旁边( )内表示较上年变化,计算公式为:

较上年变化 = $\dfrac{2021年平均每村累计提升户数 - 2020年平均每村累计提升户数}{2020年平均每村累计提升户数}$。

另外,各示范村引导农民开展"小三园"建设,积极投身宅前屋后环境整治,提升农村地区小空间品质,截至2021年底,"小三园"建设覆盖率的平均值达到73%,较2020年提升12%(见表2)。奉贤、宝山等地示范村通过积分制管理,引导农村人居环境参与主体下沉到农户,形成"合理设置、规范执行、奖惩结合、数字监管、广泛参与"的管理模式。村民赚积分、比积分、赢奖励的热情高涨,参与村庄环境整治和维护的积极性显著提高。

表2　　　　　　　　　　2021年示范村"小三园"建设覆盖率情况

乡村振兴示范村	覆盖率平均值	较上年变化
总体	73%	↑12%
其中:第一批	82%	↑2%
第二批	71%	↑4%
第三批	72%	↑22%

(二)促进了乡村发展

大部分示范村依托自身产业基础和资源禀赋,在承载城市核心功能上挖潜加力,探索出了一条"资本导入、资源盘活、产业融合、利益联结"的产业发展路径,推动村级经济提质增效。

一是产业规模扩大,总产值提升。2021年三批示范村总产值共计65.0亿元,较

[①] 自2018年起的累计数据。

2020年增长8%,其中第三批示范村增长最快,达到14%。有9个村(占13%)总产值超过了1亿元,总产值排名前5的示范村基本情况见表3。

表3　　　　　　　　　　2021年总产值前5示范村基本情况

区	村	基本情况
嘉定	北管村	第三批示范村,村域范围内引入一家外企——爱茉莉化妆品有限公司,其注册在马陆镇,属地在北管村辖区。爱茉莉所属的爱茉莉太平洋集团是韩国排名第一、世界排名前20名的国际化妆品集团
金山	星火村	第三批示范村,2021年总产值较上年增长25%,产业以农业和工业为主,村内有61家规模以上企业,其中有两家上市公司——上海永继电气股份有限公司和上海肇民新材料科技股份有限公司
嘉定	向阳村	第一批示范村,村内第二产业产值占99%,以汽车零部件、电线、电缆的企业为主
浦东	大河村	第二批示范村,村内第一产业产值占比92%,引进了国家级龙头企业——上海祥欣畜禽有限公司,主要从事种猪生产
宝山	聚源桥村	第二批示范村,第二产业产值占比99%,主要来自上市企业——上海黄海制药有限责任公司。另外,村内围绕多肉植物产业,打造了集培育、加工、电商销售于一体的特色产业链,未来将进一步发展壮大

二是积极导入社会资本,构建利益联结机制。三批示范村累计引入社会主体650个。2021年内,共计引入社会主体427个,引入社会资本投资金额约10亿元。部分示范村通过引入国有企业、上市公司等有实力的市场主体,发挥其自身优势,推动乡村产业发展壮大,并进一步招商引资,形成良性循环。这样既解决了钱从哪里来的问题,又通过构建完善的利益联结机制,使村集体经济发展实现新旧动能转换,带动了农户增收(见表4)。

表4　　　　　　　　　　累计引入社会主体数量较多的示范村案例

区	村	基本情况
金山	山塘村	第二批示范村,发挥上海郊野公园核心区以及金山现代农业园区核心区的区位优势,积极拓展旅游、民宿、研学等新业态,累计引入社会主体234个。2021年村总收入较上年增长3.68%,村民参与本村务工收入超50万元
奉贤	吴房村	第一批示范村,引入国有企业——上海思尔腾科技集团有限公司,并通过"三园一总部"经济园区招商,累计引入社会主体131个。2021年内,吴房村获得招商引税返税410万元。村民参与园区保洁、保安等工作,在上海东方桃源实业发展集团等单位内务工,年内共计获得收入230万元

三是产业融合发展水平提升,为乡村注入新动能。各示范村新业态不断涌现,目前已形成休闲旅游观光、乡居康养、餐饮民宿、亲子研学、总部经济等乡村新产业新业态10余种。2021年三批示范村二、三产业总产值达到52.4亿元,较2020年增长

9%,涨幅高于一产总产值(约5%)。年内三批示范村接待游客人次数共计约377万人次,平均每村5.5万人次,较2020年增长23%。不仅游客越来越多,各类创客也大量入驻,年内吸引各类创业创新人员共计886人,较2020年增加100%,示范村建设"筑巢引凤"的效应初显。

四是土地资源利用不断加强。各示范村持续推进闲置宅基地和农宅的盘活利用,用途包括农业及新业态发展、物业租赁、公共服务设施等。截至2021年底,各村累计盘活闲置宅基和农宅共计1 104幢,面积21.6万平方米,平均每村16幢,面积约3 128.0平方米。奉贤李窑村盘活力度最大,达到107幢和2.1万平方米,主要用于建设现代农业产业区和休闲旅游区。部分示范村探索开展经营性建设用地作价入股或入市出让,通过优化土地资源配置,进一步推进农村资产资本化、农村资源市场化、农民增收多元化。截至2021年底,已有6个村开展了相关探索,涉及土地共计627亩(见表5)。

表5　　　　　　　　2021年示范村作价入股、入市出让情况

区	村	基本情况
嘉定	联一村	220亩经营性建设用地作价入股,入股合资企业主要经营房地产开发、休闲旅游等
金山	待泾村	113亩经营性建设用地作价入股,与社会资本合作开发经营"花开海上"生态园项目,带动村集体和村民增收
松江	南杨村	76.95亩经营性建设用地入市出让,出让土地主要用于建设酒店、开发文旅项目
松江	黄桥村	2021年首次将68.5亩经营性建设用地入市出让,用来建设科技园,园内主要包括生物医药实验室、办公楼等
浦东	环东村	2亩经营性建设用地作价入股,入股上海浦升混凝土公司,每年获得红利返现
金山	高楼村	1.95亩经营性建设用地入市出让,出让土地用来建设金山区市民农庄游中心,其用途为乡村酒店餐饮

五是大部分村级收入保持增长。三批示范村2021年村级总收入[①]平均值达到971.1万元。其中有44个村(占64%)总收入较2020年有所增长,增幅的中位数达到17%。村级总收入前三的示范村基本情况见表6。

---

① 村级总收入:村经济合作社、村民委员会、村实业公司收入总和。

表 6　　　　　　　　　　2021 年村总收入前三的示范村情况

区	村	基本情况
闵行	民主村	第三批示范村,村收入主要来源于村属企业上海仙鹤园,从事殡葬墓园服务,带动了本村大量村民就业,2021 年村民务工总收入达到 1 200 万元
奉贤	杨王村	第二批示范村,村总收入中经营性收入及投资收入占比高,超过 70%,主要来源于工业园区
嘉定	北管村	第三批示范村,村收入中经营收入约 67%,主要来源于租赁,包括土地费、厂房租金、商业街、公寓租金等

(三)提升了治理水平

各示范村注重深化村民自治实践、建设平安法治乡村、提升乡村德治水平三个方面紧密结合,保持社会和谐稳定。部分示范村进一步创新乡村治理模式,利用科技支撑实现数治,为党建引领下"三治合一"的乡村治理体系赋能增效。

一是深化村民自治共治。各示范村健全完善民事民议、民事民办、民事民管的体制机制。三批示范村均实行了"阳光村务"公开,根据本村实际情况,以信息化的手段及时公开党务、村务或财务事项。2020—2021 年,所有示范村均通过民主决策程序或各类议事协商平台形成了有效决议,中位数为 18 项;68 个示范村(占 98%)通过"一事一议"新增或修改了村规民约,中位数为 8 项,村规民约不断通过民主程序得到修改完善,移风易俗、安全防范、环境卫生等内容被进一步纳入,更加贴近实际、贴近群众。

二是推进平安乡村建设。三批示范村安防监控覆盖村组比例的平均值达到 98%,较上年提升 4%,63 个示范村(占 91%)覆盖率已达到 100%;2021 年有 63 个村(占 91%)未发生刑事案件,刑事案件总数较 2020 年下降 35%。在全面建立治安视频监控系统、落实"雪亮工程"的基础上,部分示范村进一步通过数字化赋能,打造"平安智慧乡村"。如宝山塘湾村引入了智慧人脸识别、车辆识别技术,通过视频监控可实时定位、追踪违法人员与违规车辆的动向,使其无所遁形,村内近几年未发生任何刑事案件。另外,宝山、闵行等地示范村通过房屋租赁数字化管理平台,规范房源发布、出租、签约的流程,实现了对外来人口租赁的精细化管理,避免了"群租"等乱象的发生。

三是积极开展文体活动,弘扬乡风文化。2021 年内,三批示范村均通过观影、宣教、比赛等多种形式,开展了践行移风易俗、弘扬文明乡风、宣传正能量等群体性文体活动,共计 2 079 次,平均每村 30 次,较 2020 年提升了 14%,有效地推进了乡村德治建设。部分示范村将活动与传统佳节、当地文化特色紧密结合,寓教于乐,受到了村民的广泛欢迎。如青浦和睦村结合传统佳节与本地特色,开展了塌饼制作、花灯 DIY 等群体性活动 90 次。另外,各示范村也围绕睦邻点,开展了大量村民喜闻乐见的活动,家门口的服务体系不断完善。2021 年,三批示范村睦邻点活动人次数共计 14.8 万人次,平均每村 2 144 人次,较 2020 年增长 5%。

(四)增进了村民福祉

大部分示范村积极推动多渠道促进村民持续增收,完善公共服务建设,优化公共服务资源配置,不断增强村民的获得感与幸福感。

一是村民增收途径不断拓展。2021 年内,三批示范村村民通过盘活闲置宅基地和农宅的年收入总和共计 7 304 万元,平均每村 105.8 万元,较 2020 年大幅增长 57%;获得村集体分红共计 6 298.2 万元,平均每村 91.3 万元,较 2020 年大幅增长 39%;参与村公共基础设施建设维护及项目务工总收入达 5 683 万元,平均每村 82.4 万元,较 2020 年下降 6%(见表 7)。通过"盘活闲置农宅、吸纳本地务工、提升集体分红"的"三管齐下"模式,村民持续增收,获得感不断增强。

表 7　　　　　　　　　　2021 年示范村村民多渠道增收情况

乡村振兴示范村	盘活闲置宅基地和农宅的年收入(万元/村)	村集体分红(万元/村)	参与村公共基础设施建设维护及项目务工(万元/村)
总体	105.8(↑57%)	91.3(↑39%)	82.4(↓6%)
其中:第一批	147.3(↑129%)	58.5(↑777%)	48.8(↑88%)
第二批	77.5(↑45%)	82.7(↑63%)	66.8(↓35%)
第三批	119.0(↑52%)	108.0(↑13%)	105.4(↑17%)

注:表格数字旁边()内表示较上年变化。

二是公共服务水平不断提升。各村积极推动农村养老服务高质量发展,大力推动综合服务中心、老年活动室、卫生室等公共服务设施的新建、改建。2020—2021 年期间,三批示范村共计新改建公共服务设施 20 万平方米,平均每村 2 924.7 平方米。部分示范村结合集中居住项目,进一步推进枢纽型公共服务设施打造,实现辐射周边、邻村共享。如金山水库村,在"平移"集中居住区选址建设了为老服务中心,委托有资质的第三方进行日常管理,其照护功能可辐射全镇;松江黄桥村实行整村平移集中居住的同时,集中规划布设了枢纽型公共服务中心,用地 1.34 公顷,建筑面积 7 871 平方米,涵盖社区服务站、中心卫生室、文体活动室、日间照料站、幸福老人村、村级文化馆、村民大食堂等功能。另外,老年人送餐、助餐服务覆盖面有所提升。三批示范村中,2021 年内有 41 个村(占 59%)的老人享受了送餐、助餐服务,较 2020 年增加了4个村。平均每村享受送餐、助餐服务的老人数达到82人(见表8)。

表8　　　　　　　　　　2021年示范村享受送餐、助餐服务老人情况

乡村振兴示范村	平均每村人数(人)	较上年变化
总体	82	↑326%
其中:第一批	13	↓6%
第二批	26	↑48%
第三批	150	↑566%

三、存在问题与相关建议

评估结果显示,示范村在引领乡村建设、促进乡村发展、提升治理水平、增进村民福祉等方面取得了一定成效,但在土地资源要素供给与利用、村集体利益联结机制构建、乡村人口老龄化与高流动性等方面,依然反映了一些问题和值得关注的地方。为进一步发挥示范村的示范引领效应,建议从以下三个方面优化提升。

(一)优化要素资源综合利用,推动产业能级提升

一是要加强对示范村发展的用地保障。"巧妇难为无米之炊",乡村产业建设用地的缺乏,将在一定程度上制约示范村社会资本的导入与产业融合发展,进而影响村级收入水平。要进一步聚焦农村发展的重点领域、重点模式、重点项目,加强对示范村的用地保障,支持示范村进一步将产业做大做强。二是要持续推进深化示范村建设连片布局。目前,宝山区长江口乡村振兴"五村联动"创建工作已基本完成,但区域联动在产业和村级经济发展上的成效仍有待后续观察。示范片区的建设和规划要聚焦土地等要素资源的集约共享,在实现空间联通的基础上,注重产业集群化发展、功能错位布局,形成由"盆景"向"风景"的转变。三是进一步深化土地资源的盘活利用,发挥农业的多功能性。进一步鼓励采取自营、出租、入股、合作等多种方式盘活利用闲置宅基地和农宅,发展民宿、休闲农业、健康养老、文创办公等新产业、新业态,持续推动一二三产业融合发展。同时,在示范村继续加大集体经营性建设用地作价入股和入市出让的探索力度,创新集体经营性建设用地市场化路径,并通过村庄规划统筹利用好村内零散的集体经营性建设用地,优化资源配置,激活"沉睡"资源,助力产业发展。

(二)进一步构建共建共治共享的建设格局,推动示范村可持续发展

一是重视构建和完善利益联结机制。鼓励示范村对引入的社会资本设置一定的准入门槛,避免出现大企业把事业搞得有声有色,但与村集体和村民增收关系不大的

情况。推动社会资本在产业发展过程中与村集体组织和村民之间构建紧密的利益联结机制,加快资源资产化、资产股权化、集体与农民股东化进程,拓宽村级经济和村民收入的渠道,打通以产业发展壮大村集体经济、促进村民增收的路径。二是进一步激发村民参与乡村建设的积极性。可借鉴、推广乡村治理积分制等模式,建立村民参与乡村建设的有效机制,把村民能干的事交给村民干,政府为主干的事带上村民一起干,保障好村民的知情权、参与权、决策权、监督权。三是要在持续监测的基础上做好科学评估,实施"一村一策"。示范村完成建设项目验收不是任务的结束,后续依然需要持续不断推进建设,尤其是对于产业发展项目,短期内可能无法体现明显的成效。因此要有历史耐心,长期跟踪评估示范村后续发展,同时根据每个村的具体情况制定未来发展路径和相应扶持办法。对于在后续发展过程中遇到困难的示范村,要给予针对性的支持,巩固前期的建设成果,增强示范村的"造血"能力,助力其长期可持续发展。

(三)加强对老年人口与流动人口的管理和服务

一是进一步提升养老服务水平。加强镇域公共服务的统筹,合理规划养老服务设施,以示范村为中心,积极推进枢纽型"养老服务"资源的区域共享,追求更高"性价比",同时整合第三方社会服务机构,民政、卫生、学校、妇联、团委等部门和群团资源,志愿者组织等各方社会力量,引导多元化社会主体参与,共同做好农村养老服务。二是鼓励示范村通过乡数字化治理平台,加强流动人口管理。可借鉴闵行、宝山等区示范村的治理经验,通过数字化管理平台,精确把握流动人口情况,严格规范房屋租赁管理等活动,精准提供优质主动服务,进一步提高示范村治理精细化水平。

关于推进上海乡村振兴向更高水平迈进的研究

(章慧 魏澜)

2022年是国家和上海实施乡村振兴战略规划(2018—2022年)的最后一年,为谋划上海新一轮的乡村振兴战略规划,不断彰显乡村经济价值、生态价值、美学价值,市乡村振兴研究中心在前期调研和召开专家咨询会的基础上,提出上海乡村振兴向更高水平迈进的总体思路和路径。

一、上海实施乡村振兴战略的成效与亮点

2017年中央做出实施乡村振兴战略的决策部署后,上海市委市政府高度重视,高屋建瓴构建了实施乡村振兴战略的"四梁八柱",明确了乡村振兴的目标愿景,形成了以规划为引领、政策为支撑、项目为基础的实施乡村振兴战略的制度框架体系,并在实践中探索了乡村振兴的路径模式,尤其在乡村振兴示范村建设、农村人居环境整治、推进农业高质量发展等方面,形成了一批标志性成果。总体而言,本市实施乡村振兴战略最主要的成效是调整了城乡关系和工农关系,重新认识和发现了乡村的价值,扭转了乡村持续衰败的势头。

(一)加强思考谋划,顶层设计显科学

2018年以来,上海市以推进"三园"工程(美丽家园、绿色田园、幸福乐园)为抓手,落实乡村振兴的各项关键举措。一是通过创建乡村振兴示范村、推进农村人居环境整治提升行动和规范开展农民相对集中居住等途径,高标准建设"美丽家园",不断推动乡村村容村貌和人居环境取得新提升。二是通过发展绿色农业、推进规模农业、实施科技农业、建设品牌农业等措施,高质量建设"绿色田园",都市现代绿色农业取得新发展,绿色食品认证率达到了30%,农业科技进步贡献率达到了80%,13个"绿色田园"先行片区建设不断取得新进展。三是通过深化农村综合帮扶、促进农民就业创业、加快城乡融合发展、推进农村各项改革和提升乡村治理水平等手段,高水平建设"幸福乐园",农民生活水平取得新进步。大力实施"阳光工程",全市1 507个有条件的村全面推行村干部开放式办公。

(二) 彰显"三个价值",重点工作显特色

上海历届市委、市政府高度重视城乡一体化发展。2021年,时任上海市委书记李强要求准确把握超大城市乡村振兴特点,加快构建城乡融合发展新格局。在价值取向上,要凸显农业农村的"三个价值"。一是全方位彰显"经济价值"。采取多种手段,提升乡村产业发展质量,加快乡村数字化转型,大力发展种源农业,提升农业设施装备水平,促进乡村产业融合发展,发展壮大集体经济。二是持续性彰显"生态价值"。构建郊区生态空间,加强农村基础设施建设,优化人居环境,推进农业绿色低碳发展,涵养各类湿地,保护生物多样性。三是多元化彰显"美学价值"。从自然、社会、文化、生态等方面,不断提升乡村美学水平,在乡村振兴示范村建设、产业发展中注重乡村美学的价值实现,发展乡村休闲旅游,提高农村公共服务水平,加强农村精神文明建设,保护弘扬乡土文化,将海派文化、江南文化、红色文化融入乡村文化。

(三) 完善工作机制,推进落实显高效

为推进乡村振兴战略的实施和确保年度乡村振兴重点任务能保质保量完成,本市建立了乡村振兴考核制度和年度乡村振兴重点任务的"挂图作战"动态督查机制。每年初制定乡村振兴重点任务,并将重点任务分解到九个涉农区,然后在乡村振兴目标管理系统中,采用绿灯、蓝灯和红灯方式来表征各涉农区所承担的各项重点任务的进度状态,以此督促各涉农区推动乡村振兴重点任务的落实。年底由市乡村振兴办组织对各涉农区的乡村振兴工作进行考核打分,对考核结果处于末位的区,实行约谈制度。每年还编制并发布《上海市乡村振兴指数蓝皮书》,推动各涉农区形成比学赶超的良好氛围。

二、当前本市全面推进乡村振兴战略面临的机遇与挑战

(一) 机遇

当前,上海城乡、工农关系得以重新调整,乡村不再是城市附属物,而是上海超大城市的稀缺资源,是未来提升城市能级和核心竞争力的战略空间。

一是城乡空间趋于稳定,奠定了乡村发展基础。解放初,全市建成区不到80平方公里,现在外环线内建成区已达680平方公里,"十三五"期末全市的建设用地总规模达到了3 185平方公里。与此相对应,从2000年到2016年,全市耕地面积减少了约140万亩(933平方公里),但2000年到2015年,全市建设用地年均增长率下降了4.55个百分点,城市扩张速度明显趋缓。按"上海2035"总规,未来上海建设用地增长空间仅有几十平方公里。随着上海城市空间扩张的放缓,乡村空间将逐步趋于稳定,这为未来乡村发展奠定了坚实的基础,乡村将逐渐由被动的、消极的待开发状态,

逐渐转变为积极承担新功能的状态。

二是城市功能逐渐溢出，凸显了乡村价值稀缺。长期以来，上海是中国与世界连接的枢纽和窗口。2021年全市生产总值达到4.32万亿元，人均GDP达到17.36万元（约2.69万美元）。金融市场交易总额突破2500万亿元，全社会研发经费支出占全市生产总值的比例达到4.1%，高新技术企业超过2万家，全市日均新设企业从2016年的1100多户增加到2021年的1800多户。城市综合实力在不断增强的同时，其"溢出效应"也逐渐显现。城市要进一步提升发展能级和核心竞争力，实现突破跃升，亟需乡村从保障供给、生态涵养、休闲空间等更多元更复合的角度提供支撑，乡村价值的独特性和稀缺性愈发显现。

三是多重战略机遇叠加，增强了乡村发展动力。当前，城镇化和乡村振兴战略双轮驱动，大大提升了乡村在国家发展大格局中的地位，为乡村发展提供了包括政策、理念、资源等方面的强大支撑，为乡村加速发展创造了重要机遇。同时，上海自身也承担着一系列国家战略任务，习近平总书记交给上海的"三大任务、一大平台"重大战略任务，既是上海未来发展的战略支撑，也是上海乡村发展的重大机遇，特别是新片区、示范区都布局在郊区，这将极大地增强上海特别是乡村的发展动力。新片区将为农业离岸贸易、引进国际农业投资提供更多空间，示范区建设将为郊区生态绿色发展创造更多可能。另外，打造"四大品牌"、优化营商环境等市重点工作也为打响农业品牌、推进农业"放管服"改革提供了新的契机。

（二）挑战

一是农业农村优先发展的地位未充分显现。长久以来，工业优先、城市优先的发展理念导致城乡"二元分割"格局明显，农业农村赖以发展的资源要素总体上呈现出从农村向城市单向流动的态势，长期处于"失血"状态的乡村要与城市同步走向现代化，需要投入更多的关注和资源才能追赶回长久以来形成的落差。乡村振兴战略实施以来，农业农村呈现非常好的发展势头，但总体来看，乡村的发展现状与上海建设社会主义现代化国际大都市的目标定位仍然不匹配，发展所需的资源要素仍难以得到满足，如部分企业家满怀信心进入乡村谋求发展，但相关产业配套项目却无法落地。部分地区减量化指标未实现就地平衡，土地收益仍未做到取之于农、主要用之于农等。

二是城市重大战略中农业农村板块内容偏少。当前，上海国际经济、金融、贸易、航运中心基本建成，国际科技创新中心形成基本框架，全球影响力不断增强；全球资源配置功能、科技创新策源功能、高端产业引领功能、开放枢纽门户功能不断强化；上海服务、制造、购物、文化四大品牌持续打响；集成电路、生物医药、人工智能等先导产业发展壮大,航天航空、高端装备、新能源汽车等先进制造业突破跃升;城市数字化转型系统推进,城市发展布局更加完善;创新、服务、总部、开放、流量型经济蓬勃发展。而在这些城市重大发展战略中,农业农村板块内容相对欠缺,显示度较低,整体发展缺乏特色和个性,农业发展、农村业态的相对低层次尚不能满足市民高层次的需求。未来,上海乡村的发展亟须充分利用大都市的优势能级,弥补自身不足,加快城乡融合发展。

三是乡村的资源和环境配套与承载更多功能的需求差距明显。要使上海乡村成为城市核心功能的重要承载地和提升城市能级和核心竞争力的战略空间,这对乡村的硬件和软件都提出了更高要求。长期以来,上海更关注中心城区和郊区新城的建设发展,对乡村地区的投入不足,环境风貌、基础设施、公共管理、公共服务仍然是乡村地区最大的短板,道路、桥梁、污水处理等基础设施建后管养维护不足,优质的教育、医疗卫生资源等供给不足,与中心城区的交通通达便利程度较低。许多农村地区长期处于被管控、待开发状态,很多20世纪80年代建造的农民房屋破败不堪,部分地区"脏、散、乱"的情况还比较突出。这些短板导致乡村产业难以做大做强、引领性产业难以落地生根、高素质人才难引难留等系列问题,从而抑制了乡村承担更多更重要的功能。

四是农民财富积累机制尚未有效建立。共同富裕是广大农民的期盼和向往,是乡村社会发展的群众基础。本市农村居民收入增速连续15年快于城镇居民,但两者间收入的绝对差距仍在不断扩大(从2017年的34 771元扩大到了2021年的43 908元)。另外,相关统计分析结果显示(见表1),财产净收入是农民收入结构中的短板。2020年全国农村居民的财产净收入为419元,而城镇居民的财产净收入为4 627元,城乡居民财产性收入比高达11.04。对农民而言,农村集体土地的承包经营权和宅基地的使用权是其最主要财产来源,而上海级差地租明显,"城乡居民财产性收入比"预计远高于全国平均水平。虽然乡村的集体建设用地和农房资源是一种稀缺资源,但由于在融资、税收、社保、土地利用等方面仍然缺乏有效的政策供给,乡村资源仍然未被有效激活,农民的财产性收入增长机制尚未建立。

表1　　　　　　　　　2013—2020年城乡居民收入差距变化

年份	可支配收入	工资性收入	经营净收入	财产净收入	转移净收入
2013	2.81	4.55	0.76	13.09	2.62
2014	2.75	4.32	0.77	12.67	2.57
2015	2.73	4.20	0.77	12.07	2.58

续表

年份	可支配收入	工资性收入	经营净收入	财产净收入	转移净收入
2016	2.72	4.11	0.80	12.03	2.54
2017	2.71	4.04	0.81	11.90	2.51
2018	2.69	3.97	0.83	11.78	2.39
2019	2.64	3.88	0.84	11.65	2.29
2020	2.56	3.78	0.78	11.04	2.22

注：测算方法为城镇居民人均可支配收入/农村居民人均可支配收入。

资料来源：农业农村部农村经济研究中心高鸣等发表的《促进农民农村共同富裕：历史方位和现实路径》。

三、国际大都市郊区乡村发展的经验与启示

自工业革命以来，许多发达国家曾经面临乡村劳动力人口流失、农业发展萎缩、农村整体衰败的局面。而20世纪六七十年代以来，随着城市人口的饱和与乡村资源重要性的提升，这些发达国家都开始了逆城市化的过程，经历了一系列的尝试、反思与调整，通过有力措施，不仅促使乡村生态价值得到更充分的发挥，实现了乡村人口结构的优化，同时，在乡村产业升级发展上也取得了很大成就，为上海乡村振兴提供了诸多可资借鉴的经验。

（一）城乡关系互补融合，乡村成为承载城市功能的重要载体

一是乡村发展战略由农业转向农村。比如，20世纪80年代以前，欧洲人口城市化率达到了50%～70%，其共同农业政策的核心是直接支持农业生产，但80年代后，这一政策导向得到纠正，开始转向推进乡村各项事业的共同发展。比如，1992年的"Mac-Sharry改革"和1996年《库克宣言》都对"二战"后40年的乡村发展政策进行了反思，推动了欧盟乡村发展战略的根本转变。《欧盟2000发展战略》确立了"共同农业政策"（CAP）的第二个主题，把欧盟农业共同发展基金的一部分用于支持建设多功能乡村和降低农业生产强度。大都市郊区乡村地区逐步确立了从"单一提供农产品的传统结构向多功能乡村转变"的政策导向。二是承载起大都市传统核心功能的外溢。在转移时序上，经历了从"睡城"模式（大型住宅区外迁）、"基地"模式（工业制造功能外迁）向大公司总部外迁及与之相伴的生产性服务业大规模外迁的过程，进而联动生活性服务业的发展，形成了具备多样经济形态的郊区新城和社区。三是通过自身传统功能转型和特色功能集聚，与大都市中心城区功能形成有机互补。乡村已由单一农业生产转变为强调高技术展示、高品质供给、前沿产业生态营造、环境保护和

文化传承的多功能、多形态的特色载体。例如,东京都尤为重视都市农业的生态和高科技含量,亩均耕地的农业净产值是日本全国水平的 1.87 倍。另外,东京都通过保持桧原村民间歌舞祭祀等传统文化,引入大地艺术祭等现代文化,建设乡村驿站等基础设施,充实东京地区的社会文化根脉体系。伦敦重视传统乡村景观与贵族生活非遗价值的挖掘,向大众传导精英审美观。巴黎国际农业博览会有"巴黎最大的农场"之称,自 1964 年开办以来,成为法国乃至全球农业经济发展的助推器。

(二)趋近而不趋同,在创造性"破坏"中实现形态和功能重构

在发达国家城市化进入后 50% 阶段后,广大乡村地区尤其是大都市郊区乡村的村庄建设开始向基础设施全面现代化进发,在"趋近而不趋同"的理念指引下,许多大都市郊区的乡村地区不仅具备不亚于中心城区的基础设施条件,而且拥有中心城区所不具备的良好生态环境。一是城乡间基础设施与公共服务均衡配置。在交通系统上,欧洲和日本的许多乡镇都有发达的铁路系统,成为乡村人口导入的助推器。美国的硅谷不仅区域内交通便利,与中心城区、周边发达城区的连接也畅通无阻。在教育资源上,硅谷的教育资源绝不亚于甚至优于旧金山的中心城区,这里不仅有著名的斯坦福大学,还有多所常春藤高校,并且拥有非常优质的基础教育资源。在英国,牛津、剑桥等顶级大学都布局于郊区小镇而非大城市,为小镇的发展带来了大量优质资源。在日本筑波,其居民在镇域内便可享受到从小学到大学的各个成长阶段的高水平教育服务。在医疗资源上,欧美发达国家的医疗资源分布早就超越了城乡二元界限,并非局限于中心城区。二是强化农村社区的主题式发展。欧盟农村发展基金规定,任何农村社区要想获取基金资助,必须从"最好地利用自然和文化资源""改善乡村生活质量""增加地方产品的价值"和"发扬传统技术和创造新技术"四大主题中选择一个主题来制订发展计划和选择开发项目。三是因地制宜提供创新性基础设施解决方案。以村庄家庭生活污水处理为例,欧盟国家创造性地使用"管道+湿地"[①]系统来实现污水就地净化、循环利用与景观增值的三效合一。

(三)上下联动,构建多方参与的共生型发展体制

国际大都市郊区乡村基于中心城市人才集聚的优势,在形成政府、专家、设计团队、社会资本、村民多元参与模式上具备很大优势,更有利于促使乡村发展成为全民参与的社会活动。在许多发达国家,社会组织的参与起到了极其重要的作用。比如,日本的农业协同组合(简称农协)是以农户合作、联合、经营、管理等为主要功能的互

---

① 在欧盟各国,村庄的主污水管道由地方政府和中央政府负担,各户安装自己的家庭污水处理系统,经处理后(一般可达二级水标准)排入村庄主污水管道,再经主污水管道排放到村庄居民区以外的湿地里,使污水得到第二次处理,而湿地也成为村庄整体的一个功能性与景观性合一的有形部分。

助经济组织,它对日本农业现代化起到了积极的主导作用。欧洲农业农村基金有效合并了对农村地区投资的多个项目和基金,对欧盟农村发展资金的投入、实施和审计进行统一管理,有效打破了行业管理的条线分割。此外,欧盟农村地区的所有建设项目都必须以"领导+"的方式,由地方社会团体联合机构主持制定规划方能获得和使用欧洲农业农村基金。

(四)重视"镇域"在促进集聚发展和城乡一体化中的作用

"镇域"是城乡融合发展的关键性联接枢纽地区。英国政府特别重视"集镇"的发展,认为城乡区域的整体性发展有赖于推进更多"中间层"或"次级中心"的发展,集镇的可持续发展被纳入"中央—郡级(次区域)—村镇"三级综合治理框架,逐步形成了区域网络化的整体性治理格局。伦敦郊区有大约20个被称为"新城"(NewTown)的小城镇,它们通常是在经过挑选的旧城镇基础上转型升级为工业发展中心、公共交通枢纽和就业中心的。又如,意大利在人口城市化的后50%时期,直接进入小城镇发展模式,逐步形成了城镇密度较高、交通便捷、中小企业为主、特色传统商业发达、城乡收入和生活质量差距不大的发展特色。

(五)通过立法和政策设计指导和保护乡村发展

在乡村规划上,德国的"乡村更新"规划明确保护传统建筑与风格;法国将生态环境保护和特色价值守护纳入城乡规划;荷兰自2000年以来先后实施了三个7年期《乡村发展规划》。英国政府在开展大规模"中心村"建设运动过程中,通过纳入地方规划、搭建管理信息服务平台、组织专业化社会组织、提供技术服务和强化财政支持系统等方式,加强农村房屋高质量管理。在乡村保护上,环境保护主义和历史保护主义在20世纪80年代后基本成为欧洲共识,农村社区发展普遍遵循四条边界,即将农村建设约束在自然环境可以承受的范围内;约束在基础设施可以允许的条件下;约束在传统建筑环境可以容纳的基础上;约束在社区居民可以认同的前提下。英国自20世纪初以来,已颁布数十部乡村建设法案,在"产业、生态、乡风、生活"等方面有效推进了乡村振兴与城乡的有序治理。进入21世纪后,《英格兰乡村品质生活规划》《英国农村战略》等法规均表明生态宜居、可持续性、农业发展、活力社区成为英国政府在21世纪继续努力的方向。

四、推进上海乡村振兴向更高水平迈进的总体思路

在新时代的奋进征程上,上海的乡村振兴必须以习近平新时代中国特色社会主义思想为指导,深入贯彻党的二十大和市十二次党代会精神,全面推进乡村振兴,发挥上海服务辐射和示范带动作用,将上海的乡村建设成为中国式农业农村现代化的

展示窗口,总目标是率先实现中国式农业农村现代化,让绿色田园高质高效、美丽家园宜居宜业、幸福乐园多元多态,为全面建设社会主义现代化国家和具有世界影响力的社会主义现代化国际大都市做出贡献。农业农村现代化是一个动态的过程,新发展阶段下上海农业农村现代化的推进应从以下五个方面着力:

一是凸显社会主义制度优势。在探索中国式农业农村现代化道路上,必须坚决维护党的全面领导,坚持走中国特色社会主义道路,坚持以人民为中心,以问题为导向,统筹城乡资源要素,系统推进改革创新,不断破解深层次体制机制障碍,不断彰显中国特色社会主义制度优势,以创造性探索,赋予中国式农业农村现代化生动的实践内涵。

二是展现国际大都市特色。充分利用上海社会主义国际大都市的资源优势,将最优质的人才资源、最庞大的消费市场、最前沿的科技水平、最开放多元的文化氛围、最高效的社会治理能力转化为乡村发展的动能。同时,将乡村的生态、空间、文化等多重稀缺资源打开与城市共享,形成各类要素在城乡间自由流动、合理配置的良好格局,让农村的繁荣与城市的繁华交相辉映,努力成为中国式农业农村现代化的排头兵和先行者。

三是创造高质高效的绿色田园。打造比肩全球的农业生产体系、产业体系和经营体系,全面提升土地产出率、资源利用率和劳动生产率。继续夯实农业稳产保供基础,挖掘农业的多种功能作用,探索农业强国的上海贡献,增强农业科技创新策源能力,推动农业技术实体化、商品化,充分发挥市场的功能作用。探索农业产业经营管理新模式,带动小农户跟上现代化的步伐。加强培育新型农业经营主体,探索更多元的利益联结机制。激活市场主体积极性,充分发挥农产品销售市场的巨大潜质。

四是筑造宜居宜业的美丽家园。打造一流的乡村人居环境,构建一流的营商环境,承载好中心城区的溢出功能,让居住在乡村的人引以为傲。畅通城乡要素流动,深化农村土地制度改革,适度放活宅基地和农民房屋使用权,大力推动非农特色产业发展。补齐乡村基础设施和公共服务资源供给短板,打造不输于城市的乡村数字化水平。发挥镇域空间的承载力,打造"中心城区—新城—重点镇—村"四位一体的城乡融合发展格局。

五是营造多元多态的幸福乐园。贯彻好人民城市理念,推动农村的物质生活和精神生活的同步现代化。创造乡村高品质生活,更好满足人民对美好生活的向往。深化农民与土地、集体经济的利益联结,挖掘财产性收入增长潜力,推进农村集体经营性建设用地入市,盘活闲置宅基地与闲置房屋资源,积极发展新型集体经济模式,促进农民收入持续稳定增长。消除农民与市民的福利保障壁垒,赋予农民与市民同等的福利保障。促使农村形成健康的人口结构、多元的生活方式。完善党组织领导的自治、法治、德治、共治相结合的城乡基层社会治理体系。

五、推进上海乡村振兴向更高水平迈进的路径措施

根据国际大都市发展的普遍规律,上海已经到了将发展重心向乡村转移的阶段。要将上海的乡村振兴向更高水平、更高能级推进,须牢牢把握"三个三"。首先要把握上海乡村空间稳定、地位凸显、功能复合的"三个趋势";其次要优化新城、城镇和乡村"三个空间";最后要凸显乡村经济价值、生态价值和美学价值"三个价值"。要解放思想,加强改革创新的系统集成,走出一条具有社会主义国际化大都市特色的乡村振兴之路,在全国走在前列、做出示范。

一是实施核心功能分布及转移行动计划。借鉴国际经验,大都市乡村终会与城市融为一体,承载起城市外溢的核心功能或形成与城市有机互补的功能。因此,首先应梳理出适合上海乡村地区可承载的核心功能,制订分布及转移的行动计划;同步梳理好乡村需重点发展的传统型和特色型功能;最后要构建城乡一体的规划体系,通过科学规划,引领乡村空间重构,全面提升乡村地区的功能作用,彰显地位价值。

二是实施引领产业导入行动计划。国际化大都市的乡村大多凭借其区位优势,承接了大公司总部及与之相伴的生产性服务业,或发展会展农业等非传统产业,而上海乡村可结合城市和自身的资源禀赋特点,聚焦"镇域"导入引领性产业。其一,借力上海全球资源配置功能和开放枢纽门户功能,以及国际贸易、航运中心优势,放大进博会的溢出带动效应,以线上线下展示交易平台建设为契机,集聚更多高能级农业贸易主体,推动进博会贸易便利化等改革创新政策在农业贸易领域落实,努力把上海打造成为国际农业贸易枢纽港。其二,把乡村高能级服务作为"上海服务"的重要方向。重大国际赛事、活动选址承办向郊区倾斜,打造一批具有全球影响力和标识度的乡村地标和服务 IP。积极把握国家扩大服务业开放机遇,争取在康养、文化、体育等领域开展对外开放试点,支持各郊区发展特色服务经济,聚焦休闲体验农业,打造一批体验感强、示范性好的产业融合示范项目。

三是实施全镇域的乡村振兴行动计划。以镇作为统筹盘活资源的基本单元,在全镇域范围整体性实施乡村振兴战略,发挥好乡镇连城带乡的功能枢纽和资源蓄水池作用,推动城乡融合发展。其一,积极推进撤制镇发展,要充分盘活利用撤制镇存量建设用地和存量房屋等资源,重新激发撤制镇的发展活力。进一步提升撤制镇的服务能级,加强承接镇级公共服务下沉的能力,把撤制镇建设成承载农民集中居住的空间和服务农民的中心节点,成为乡村产业园区的集聚地和新型创新产业集聚区。

其二，以镇域为纽带，将五大新城建设和乡村振兴高效衔接，打造新城周边村镇小微都市圈。围绕特色功能区，打造综合服务强镇；围绕优质生态资源，规划建设特色休闲小镇等；围绕镇域空间盘活，落实功能承载，制订一镇一特色具体行动方案，创立一批类似华为小镇、基金小镇等镇域经济发展的典型案例。

四是实施乡村资源要素盘活行动计划。国际大都市郊区乡村宜居程度多优于城市，不仅居住密度远低于城市，风貌环境也优美宜人，吸引了高净值人群扎根乡村，并同步注入发展资源。城乡资源要素的双向自由流动是实施乡村振兴的关键。其一，要积极推动农村集体经营性建设用地入市的实践探索。在《关于深化农村集体经营性建设用地入市试点工作的指导意见》的指导下，通过深化改革，利用集体经营性建设用地入市的契机，以适当方式引入区域开发商，导入优势产业，在保护农民和集体经济的基础上，充分激发市场活力。其二，落实全市当年度土地出让收入按照不低于8%的比例用于农业农村的要求，优先支持乡村振兴，并主要用于农村基础设施建设和社会保障补短板。

五是实施农业科技创新策源行动计划。国际经验显示，竞争和发展，根本出路在于科技创新。上海同样应将农业科创纳入全市科创中心建设，利用上海充满活力的创业投资体系，引入世界一流的研发人才团队，建设一流科创平台，打造良好的科技创新生态链，引导国有创投机构投资农业科技项目，培育一批农业"专精特新"或"独角兽"科技企业。将科创人才的户籍政策向高科技农业重点领域倾斜，吸引农业类顶级人才。将农业科技创新作为重要着力点，加大农业先进技术的引进力度。聚焦种源、智慧农机、农产品精深加工等领域，重点突破，打造农业科创高地，在服务全国农业科技方面做出上海贡献。

六是实施公共基础设施和服务提升行动计划。发达国家城乡间基础设施和公共服务多均衡配置，为城乡融合发展建立了良好基础。上海应落实农业农村优先发展战略，完善农村公共基础设施和服务，补好农村基础设施的短板，在道路、桥梁、污水处理等方面形成可持续的投入机制和管养维护机制。前瞻性加强农村新基建投资，扩大5G、光纤网在农村的有效覆盖，防止城乡之间产生新的"数字鸿沟"。提升乡村公共管理和公共服务水平，特别是教育、卫生、生活配套等方面要缩小与中心城区的差距，真正做到城乡融合。伴随乡村产业发展而形成产业人群和农业产业工人群体，将逐渐成为乡村居住的主体，各地乡村要结合产业特点，提供针对性的、个性化的公共服务。

七是实施人口结构优化行动计划。人才在城乡间自由流动是国际大都市的普遍特点。上海应加强制度供给，打通人才在城乡间流动的"中梗阻"，在教育、住房、医

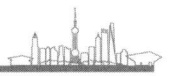

疗、产业等方面实行聚焦、突破,在乡村地区创造与城市相同甚至更优的居住环境和条件。实施更加积极的人才引进政策和激励机制,推进乡村地区人口导入和结构优化。

八是实施农民收入跨越行动计划。发达国家的城乡收入比在1.5倍左右,比利时、英国、德国和荷兰4个国家的城乡居民收入比均小于1。上海应打破常规,采用创新性手段合理调节收入分配,加强制度创新,稳妥有序推进集体经营性建设用地入市、农村宅基地改革,深化农村基本经营制度和集体产权制度改革,盘活闲置"沉睡"资源。例如,落实减量化盘活的新增建设用地指标按照不少于5%的比例专项支持乡村振兴,以及深化农村集体经营性建设用地入市试点工作和农村宅基地制度改革等政策,以增加农民财产性收入,保护农民利益。

上海超大城市农业农村现代化的路径探索

(刘旭辉　李璐璐　李攀)

引言

习近平总书记在党的二十大报告中指出,当前党的中心任务是团结带领全国各族人民全面建成社会主义现代化强国,实现第二个百年奋斗目标,以中国式现代化全面推进中华民族伟大复兴。新时代背景下,中国式现代化不断被赋予新的内涵,其目标要求也不断升华。

加快农业农村现代化是我们党在现代化建设新阶段对"三农"工作作出的重大部署。《"十四五"推进农业农村现代化规划》(国发〔2021〕25号)指出,"十四五"时期是加快农业农村现代化建设的重要战略机遇期,要梯次推进有条件的地区率先基本实现农业农村现代化。上海是我国经济发展的"领头羊",是体制机制改革和创新发展的示范区。作为迈向卓越的全球城市,拥有率先基本实现农业农村现代化的良好基础条件。《上海乡村振兴十四五规划》提出了2025年率先基本实现农业农村现代化的工作目标,围绕中国式现代化的总体要求,上海需要深入研究,进一步制定相应的发展策略。

一、农业农村现代化的基本要求

我国农业农村经历了由分离到统一的过程,党和国家对农业农村的工作部署从单纯重视农业、保障农产品供给,逐渐发展到"农业农村农民问题是一个不可分割的整体"[①]。2021年颁布的《"十四五"推进农业农村现代化规划》强调"要坚持农业现代化和农村现代化一体设计、一并推进",这一创新性提法将中国特色农业现代化的内涵拓展到新的高度,包含了"农业高质高效、乡村宜居宜业、农民富裕富足"的重要含义。

上海曾在2000年提出了"都市型农业、农村现代化"的概念[1],初步涵盖了农业、农村、农民共同现代化的设想。2021年,上海发布了《中共上海市委、上海市人民政府

---

① 习近平总书记2017年12月在中央农村工作会议上的讲话。

关于全面推进乡村振兴加快农业农村现代化的实施意见》(沪委发〔2021〕8号)，提出了高标准建设"美丽家园"、高质量建设"绿色田园"、高水平建设"幸福乐园"，促进各类要素向农业农村倾斜等指导意见。上海农业农村现代化应在持续促进经济增长的基础上，着重关注经济社会发展的高质量、人民群众的幸福感，并应把持续促进农业生产、农村生活与生态环境建设相协调作为重要目标。与此同时，上海农业农村现代化的推进还要充分考虑国际大都市的特殊性，体现上海超大城市的优势和特色。

二、上海农业农村现代化的基础条件

(一)基本情况

上海农业农村有着总量较小、发展空间有限的基础特征。上海农业农村人口占比较小，2021年上海乡村人口占总人口的比重为10.69%，第一产业就业人数占就业人员总数的比重为1.83%[1]；2021年，全市粮食和播种面积分别为117.38千公顷、85.21千公顷，整体空间逐渐趋于稳定。上海农业经济总量呈现缩减态势，2021年上海农业总产值为268.93亿元，农林牧副渔及服务业产值"四降一升"，除农林牧渔服务业保持稳步增长外，农林牧渔产值均有不同程度下降。第一产业增加值99.97亿元，占生产总值比例仅为0.23%[2]。在客观条件有限的情况下，上海积极发挥农业的基础保供作用，为超大城市经济社会发展和运行安全作出了重要贡献。

上海农业农村承载了保供、经济、文化和生态等多种功能，呈现功能复合的重要特征。通过打造13个绿色田园先行片区、推进国家绿色发展先行区建设，不断提升农业生产水平。2022年，全市地产农产品绿色食品认证率达30%，绿色生产基地覆盖率达37%[3]。积极做好"农业农村+"文章，培育乡村新产业新业态新模式、稳步推进休闲农业和乡村旅游发展。2022年，上海休闲农业和乡村旅游接待量达到了1665.82万人次[4]。

上海农民收入和社会保障水平快速提升，走在全国前列。近年来，上海农村居民人均可支配收入不断增长，增幅高于城市居民收入增幅。2022年，上海农村居民家庭人均可支配收入达到39 729元，城乡收入比为2.12。上海农村社会保障水平不断提高，2022年城乡居保基础养老金标准为每人每月1 300元，最低保障标准为每人每月

---

[1] 数据来源：中国统计年鉴2021。
[2] 数据来源：上海统计年鉴2022。
[3] 数据来源：上海市农业农村委员会，上海市统计局，国家统计局上海调查总队．上海市乡村振兴统计手册(2022年度)．2023.6.
[4] 数据来源：上海市农业农村委员会，上海市统计局，国家统计局上海调查总队．上海市乡村振兴统计手册(2022年度)．2023.6.

1 420 元,均为全国最高①。城乡居民医保基金的筹资标准逐年提升,2022 年达到 6 630 元(60 周岁及以上)②。

上海注重农业农村创新发展,积极做到示范引领。加强招商引资,积极引进有国际影响力的农业领军企业,建设了一批现代化农业项目。如在松江区,首创家庭农场生产经营模式,成为发展农业适度规模经营、提高农民收入的典范。在高素质农民培育、促进农民非农就业方面,也取得了良好的成绩。在农村集体产权制度改革方面,上海走在了全国前列。

(二)上海农业农村的发展优势

1. 超大城市经济体的带动作用

"十三五"期间,上海国际经济、金融、贸易、航运中心基本建成,具有全球影响力的科技创新中心形成基本框架,上海大都市综合经济实力、金融资源配置功能、贸易枢纽功能、航运高端服务功能和科技创新策源能力稳步提升。上海作为超大城市经济体,其资金、人才、科技等现代生产要素优势突出,对于乡村发展有强大的带动作用。并且,上海农业农村紧靠市场前沿,对于产业发展的新动向十分敏感,经济结构调整具有先导性。在城镇化和乡村振兴双轮驱动下,上海乡村依托超大城市的资源优势,具有巨大的发展潜力。

2. 农业高质量发展

上海一直把"提升农业质量效益竞争力"作为推进农业农村现代化工作的重点任务。通过"三区"(粮食生产功能区、蔬菜生产保护区、特色农产品优势区)划定,农业生产力布局进一步得到了优化;通过蔬菜生产"机器换人"、高标准农田建设,农业技术装备水平取得了新的突破。上海以"绿色农业+数字农业"为核心,全力推进农业高质量发展,不断彰显上海的科技优势和综合实力。2022 年,上海市"农业科技进步贡献率"指标为 80.13%③,处于全国领先水平。

3. 乡村高水平建设

通过农村人居环境优化提升、示范村建设等工作,上海乡村的物质空间环境得以不断改善。在农村人居环境整治和优化工作中,上海在国家确定的 7 大类任务基础上,增加了农村水环境整治、"四好农村路"建设、乡村绿化造林、乡村风貌保护、健全

---

① 数据来源:上海市农业农村委员会,上海市统计局,国家统计局上海调查总队. 上海市乡村振兴统计手册(2022 年度). 2023. 6.

② 数据来源:《关于 2023 年本市城乡居民基本医疗保险有关事项的通知》,https://www.shanghai.gov.cn/gwk/search/content/d1f55537ba834acd8dbc2641f86031be.

③ 数据来源:上海市农业农村委员会,上海市统计局,国家统计局上海调查总队. 上海市乡村振兴统计手册(2022 年度). 2023. 6.

村民自治机制5项任务,促使农村人居环境水平大幅提升。至2022年,上海累计建设完成90个乡村振兴示范村和261个市级美丽乡村示范村,起到了以点带面、引领示范的作用。调查显示,群众对乡村环境建设的满意度达85%以上[1]。在乡村治理方面,上海不断建立健全现代化乡村治理体系,乡村社会实现了有效治理、健康发展。上海在工作中提出了"农民相对集中居住签约完成量""村民对善治满意率"这两项指标,高度关注农民的居住生活水平。

4. 要素高强度投入

上海持续加大对农业农村的支撑和投入,2022年,上海市把三农投入作为财政支出优先保障领域,一般公共预算涉农支出共计388.62亿元;不断加大对农业保险的支持力度,保险覆盖率达91.73%。2018—2022年,农村综合帮扶累计投入资金55.29亿元,郊区生活困难农户精准帮扶实现全覆盖。加强招商引资,全年实现投资额190.92亿元。此外,上海积极推进农村基本经营制度和产权制度改革,土地承包经营权确权登记颁证率已接近100%;探索多种形式放活土地经营权,试点建立宅基地农户资格权保障机制和宅基地使用权流转制度。通过有序开展百千万人才工程,不断夯实农业农村发展的人才支撑。

(三)上海农业农村发展的短板和不足

1. 城乡二元化结构特征明显

2021年,上海城镇化水平达到89.3%[2]。上海城乡之间体量和实力悬殊,城乡发展还有较大差距。一是上海呈现"大都市、小郊区"的特征。在紧密型城乡关系格局下,城乡基础设施建设和公共服务能力的差距较为明显,乡村风貌也出现较明显的"景观滞后"。二是上海呈现"大城市、小乡村"的特征。目前上海的人口和土地资源布局存在城乡失衡现象,乡村"空心化"特征突出,城乡建设用地指标腾挪后主要用于城市建设,人口、资金等要素不断向城市集中,城市的虹吸作用明显,乡村在资源吸引和集聚上相对弱势。三是上海呈现"大经济、小农业"的特征。上海第一产业增加值占比低,且有持续下降的可能。归根结底,城乡二元的体制机制和发展基础使上海乡村难以获得与城市同等的发展机会,需要较长的时间才能改变。

2. 外部环境束缚农业农村发展

近年来,上海农业空间仍在持续缩小。农业建设用地指标匮乏,设施农用地供给不足、管理弹性不够,使农业生产水平进一步提升缺乏有效支撑。在产业环境上,农

---

[1] 参考资料:上海市乡村振兴研究中心. 本市基层干群对乡村振兴工作评价的报告. 2021.12.
[2] 数据来源:2010—2020年上海市常住人口以及城镇化率_依申请转主动公开_上海市统计局,https://tjj.sh.gov.cn/ysqzzdgk/20220926/650792e3930346b193fb16077187acbd.html.

业经营主体"小、散、乱"问题突出,品牌效应不明显,规模化发展还有较大提升空间。受建设用地总量和现状布局等方面的影响,一二三产业的衔接还不够,农业产业体系还需要进一步健全。很多历史遗留问题也给农业农村发展带来了很多限制。例如:乡村规划提出的发展目标及村庄定位与当前的发展需求不完全符合,规划的实施推进还需要进一步协调;基础设施"欠账"较多,公共服务水平提升面临经济性、均衡性较难协调的问题等等。

3. 内部资源限制农业农村发展

上海农业农村发展面临劳动力资源可持续性差的问题。目前,上海农村常住人口和农业从业人员都呈现显著的老龄化特征。农业从业人员中,50岁以上者占大多数。据相关研究,2019年上海从事粮食生产的劳动力平均年龄为57.7岁,而经济作物生产经营者年龄普遍超过60岁[2]。同时,上海居民人口体现城乡融合特征,2000年之后上海取消了新生儿农业户口登记,城乡户口登记制度进一步统一,农业户籍人口持续减少。在农业农村的发展空间上,也呈现不断集约的趋势。通过推进农民集中居住,乡村建设用地得到了更有效的利用,未来农村的居住空间将会不断集聚和减少。

三、新时代上海农业农村现代化的路径探索

(一)核心理念

党的十八大报告强调,"城乡发展一体化是解决'三农'问题的根本途径";党的十九大明确提出要"建立健全城乡融合发展体制机制和政策体系",并在其后召开的2017年中央农村工作会议中,将"重塑城乡关系,走城乡融合发展之路"置于乡村振兴战略七条道路之首。《国家乡村振兴战略规划(2018—2022年)》也再次明确要"加快形成工农互促、城乡互补、全面融合、共同繁荣的新型工农城乡关系"。破除城乡二元体制以释放改革红利,提高城乡发展一体化程度以释放经济增长潜力,既是全面深化改革的重要任务,也是应对经济增长速度换挡的重要途径[3]。

上海乡村的城郊融合型特点决定了上海农村在发展过程中城乡统筹发展、要素相互流动的必要性和重要性。李强在任上海市委书记时指出,要从单纯"补短板",转向立足面向全球、面向未来,在更高层次上审视谋划上海郊区的乡村振兴工作,把乡村作为超大城市的稀缺资源,作为城市核心功能的重要承载地,作为提升城市能级和核心竞争力的战略空间。上海农业农村现代化建设应紧紧抓住超大城市郊区这一特征,把城乡一体化作为基本背景和重要前提,把推进更深层次的城乡融合作为关键举措,依托超大城市的经济、信息、人才、科技等资源优势,促进城乡协同发展,实现农业农村现代化水平的快速提升。

(二)路径探索

1. 重新认识上海农业农村的发展定位

大力提高对农业农村发展的重视程度,把调整城乡关系作为工作重点,加大对农业农村发展的支持力度。以构建新型城乡关系为着眼点,不断调整和优化农业农村的发展定位。通过国土空间统筹和高效利用,在"主城区—新城—新市镇—乡村"的市域城乡体系下,引导各项城市功能布局向郊区转移,持续促进乡村产业升级,实现城乡功能互相补充、互相支撑。

2. 创新体制机制,促进城乡资源要素融合

重塑城乡关系、构建城乡融合发展体制机制关乎乡村振兴和国家现代化的质量[4]。实践表明,农业经济发展很大一部分取决于城乡间的要素沟通,通过与城市经济部门高度融合提高整体竞争力。打破城乡二元结构屏障,建立城乡一体的发展机制,是促进城乡要素资源流动和交换的核心关键和根本措施。一是持续深入探索农村土地制度改革。在已有的试点工作的基础上,继续深入探索,逐步建立城乡统一的建设用地市场,赋予集体建设用地与国有建设用地同等权能,充分发挥市场在土地资源配置中的决定性作用,激发农村土地资源活力。二是完善社会资本参与乡村振兴的相关机制。建立健全社会资本参与乡村振兴的平台,促进政府职能由管理向服务转变,加大对社会资本的支持和补贴,并进一步提高相关政策的连续性和稳定性。三是进一步深化乡村人才振兴机制。通过人才培养提高本地人才技能和素质;完善人才向农村基层一线流动的激励政策,吸引更多人才投入乡村振兴;逐步探索城乡户籍双向流动渠道,为乡村人才振兴提供保障。

3. 促进乡村产业融合、多元发展

促进农业产业高度融合发展,积极引导农业由"基础保障"功能转向"多元发展、综合服务"功能。"十四五"时期是推进农业现代化,加快农业提质增效、转型升级的关键时期。上海乡村在做好耕地保护、粮食保障和重要农产品供给的同时,要积极承担城市的溢出功能,利用乡村优质资源,为城市发展补足短板。注重保护乡村资源的稀缺性,发挥农业空间生态保育功能,积极培育乡村旅游、文化创意等产业,推动乡村三产融合,培育新产业新业态。同时,进一步推动城乡之间的产业衔接,促进乡村向多元化发展转变。

4. 加强规划引导,促进城乡空间融合

在城市总体框架指导下,以乡村规划为引领,依据不同地区的资源禀赋和发展优势,合理确定乡村发展的功能布局,实现城乡空间格局有机联系、统筹协调、有序发展。在有效的土地资源利用指引下,促进乡村与城市空间的高效衔接,进一步加强村庄设计引导,在示范村建设的引领下,促进全市乡村建设水平的均衡发展,不断缩小城乡差距。

5. 促进城乡社会高度融合

当代政治学将效率、平等与稳定看作社会公正的三个基本要素[5]。运用现代化治理手段,提高乡村社会治理的效率和水平;加强乡村社会服务供给,进一步完善乡村公共服务设施配置,促进城乡公共服务均等和普惠共享。在城乡统一基本社保制度的基础上,继续完善农村居民就业、人事等相关政策,为城乡居民提供均等的社会保障和发展机会。注重乡村传统文化的保护和传承,促进城乡社会文化畅通交流和高度融合。

6. 持续推动共同富裕

努力拓宽农民就业渠道,多方面增加农民收入。持续壮大农村集体经济,不断完善企业、村集体与农民的利益联结机制,让发展成果更多、更公平地惠及全体人民。通过不断缩小农村不同人群、不同区域的收入差距,不断缩小城乡居民的收入差距,实现高质量发展与共同富裕。

四、结论和建议

农业农村现代化是上海未来发展的重要任务。在中国式现代化的目标引领下,上海农业农村发展需要在三农现代化的基础上,紧密结合上海的实际,突出上海优势特色、挖掘上海发展潜力。在国际大都市的整体带动下,以城乡一体化为出发点,把城乡融合作为重要策略,以体制机制创新突破城乡之间的资源要素差距和发展障碍,将是上海实现农业农村现代化必然的发展方向和根本举措。

参考文献

[1]上海率先基本实现都市型农业、农村现代化研究课题组. 上海都市型农业农村现代化评价体系研究与实证分析[J]. 上海统计,2000(11):8—14.

[2]卢文秀,吴方卫. 上海都市型乡村产业融合发展面临的挑战及其实现路径[J]. 科学发展,2022,168(11):76—83.

[3]国务院发展研究中心农村部课题组,叶兴庆,徐小青. 从城乡二元到城乡一体——我国城乡二元体制的突出矛盾与未来走向[J]. 管理世界,2014(9):1—12.

[4]张海鹏. 中国城乡关系演变70年:从分割到融合[J]. 中国农村经济,2019(3):2—18.

[5]罗尔斯. 正义论[M]. 何怀宏等译. 中国社会科学出版社,1988.

(原载于《江南论坛》2023年第7期)

浙江省"千万工程"的推进经验及对上海的启示

(刘旭辉 张瑜 李璐璐 陈怡君)

2003年6月,在时任浙江省委书记习近平同志的倡导和主持下,浙江省委、省政府作出了实施"千村示范、万村整治"工程(以下简称"千万工程")的决策部署。历经20年的持续耕耘,"千万工程"由最初的人居环境整治,不断向"千村示范、万村整治""千村精品、万村美丽"以及"千村未来,万村共富"迭代演变,实现了内涵和外延的逐步深化。近期,习近平总书记对《中共中央办公厅关于总结推广浙江"千万工程"经验推动学习贯彻习近平新时代中国特色社会主义思想走深走实的调研报告》作出重要批示,乡村振兴研究中心通过广泛阅读文献资料、整理相关政策文件,了解浙江省"千万工程"的具体做法,对其蕴含的科学观和方法论进行全面、深入、系统的再学习,结合上海乡村实际提出工作建议,为加快上海国际大都市城乡融合发展和农业农村现代化步伐做出努力。

一、"千万工程"的核心要义

一是人民至上,建立向心凝聚内生的良性互动机制。"千万工程"坚持以人民为中心的发展思想,执政为民重"三农"、以人为本谋"三农",从决策、实施到持续深化的整个过程始终尊重民意、维护民利、强化民治。坚持把群众满意度作为工作成效的最高评判标准,引导群众自觉投入工程建设,共建共享美好家园。坚持厘清政府干和村民干的边界,该由政府干的主动想、精心谋、扎实做,该由村民自主干的不越位、不包揽、不干预,有效发挥了人民群众的主体作用和首创精神,夯实了乡村振兴的群众基础和社会基础。

二是城乡并重,建立城乡联动互促的整体建设格局。"千万工程"把城和乡作为一个有机整体,从顶层设计上明确了城乡统筹的发展理念,"千万工程"不只是一项乡村建设的基础性工程,更是城乡深度融合双向奔赴发展的抓手。在城镇化和乡村振兴联动发展的过程中,拓展了乡村的生产、生活、生态、文化等多重功能;在城乡互促互生系统推进的过程中,统筹了短期与长期、局部与整体、顶层设计与基层探索的多重关系,走出了全域规划、全域建设、全域提升、全域美丽的发展路径。

三是因地制宜,建立绿色科学有序的差异化发展路径。"千万工程"没有套用某一种或几种模式,也没有所有乡村"同步走",而是坚持"因地制宜、精准施策、规划先行、需求引领、突出特色"的原则,对"示范村"和"整治村"分别提出任务要求,立足乡村"绿水青山"的自然禀赋和民俗文化特点,全方位、多类型打造"一村一品一景一韵一魂"的新时代美丽乡村建设新格局。

四是高位推动,建立高效精准互补的多元治理模式。"千万工程"坚持强化政府引导和一张蓝图绘到底,建立各级党政主要领导联系一个村制度,发挥党政合一垂直治理的制度功能,实行"网格化管理、组团式服务"。通过多元治理模式的制度安排与机制设计,充分激发党员群众和社会组织参与乡村治理的活力,注重村规民约等非正式制度对村民行为的引导,推动村民实现自我管理、自我监督和自我服务,为乡村社区公共产品的有效供给与营运管护提供了具有中国特色的解决方案。

二、主要经验和做法

在"千万工程"20年的推进历程中,浙江省锲而不舍,久久为功,推动乡村建设由表及里,由设施建设转向社会发展,由资源要素调配转向发展机制探索,强化空间支撑、加强社会参与,注重社区营造、激活乡村功能,逐步形成了与浙江城乡经济社会相适应的乡村建设工作思路和方法。

(一)推动乡村"美丽"转化为乡村"美力"

1. 持续优化人居环境

20年来,浙江省持续优化乡村发展的目标愿景,从2010年"美丽乡村"、2012年"两富"目标和"两美"愿景、2016年"全域景区化",到2018年"万村景区化"以及2022年"千村未来、万村共富、全域和美"的乡村"富春山居图",乡村建设目标内涵不断升级。在此指导下,浙江省以"百日攻坚"行动为抓手,在全省范围开展农村人居环境"三清三整三提升"行动,推动农村人居环境更上新台阶;持续改善农民住房条件,通过住房设计管理、程序简化等方式,协助村民改善住房质量,推进农房设计通用图集全覆盖并定期更新,加强农村建筑工匠管理,切实满足村民建房的实际需要。

2. 促进生态价值转化

一是把生态保护作为乡村振兴的刚性原则和第一要务。浙江省在推进农业农村现代化过程中,通过加强三大绿色屏障、整治修复八条生态走廊、加强生物多样性保护等强化生态保护要求;在乡村建设中把生态优良列为首要目标,并通过财政支持和激励为生态保护提供保障,如提高主要污染物排放财政收费标准、完善森林质量空气质量财政奖惩制度、试行与生态产品质量和价值相挂钩的财政奖补机制等。

二是加强乡村生态价值的量化评估和转化。以丽水市为试点，率先开展生态产品价值评估和实现机制研究，聚焦重点产业形成多条生态产品价值实现路径，促进生态系统生产总值（GEP）和地区生产总值（GDP）双增长。加快建立覆盖省市县三级GEP核算统计和工作体系，探索将生态产品价值核算基础数据纳入国民经济核算体系，推进核算结果应用。加快打造产业创新发展平台，提高生态产品价值，促进生态产品价值增值，推进生态资源权益交易。探索将GEP相关指标纳入县级以上党委和政府高质量发展综合绩效评价体系，推动将GEP相关指标作为领导班子和领导干部绩效考核及离任审计的重要参考。

3. 加强区域统筹

一是加强镇村统筹。"十四五"期间，浙江全面实施"百镇样板、千镇美丽"工程，通过小城镇"十个一"标志性工程建设，增强小城镇对乡村公共服务和基础设施的覆盖能力，打造高品质的镇村生活圈体系。打造城市与乡村有机更新统筹先行省，实施以"一统筹五更新"为主要内容的县域乡村有机更新行动。

二是加强区域联动。在示范村建设方面，注重推进示范村串点成线、连线成片建设；在村落保护利用方面，注重推动传统村落开展集中连片保护示范与活化利用；在产业发展方面，差异化打造不同地域区块美丽乡村组团，推动都市区边缘和农村联动发展，鼓励地缘相邻、人缘相亲的多个行政村开展组团式、片区化联合建设。

（二）推动"政策实施"转化为"内生动力"

1. 切实做好用地保障

创新规划方法，通过"存量规划""流量规划"和"减量规划"不断提高乡村建设用地节约集约利用水平。增强规划弹性，在乡镇级国土空间规划中可预留不超过5%的建设用地机动指标，优先用于保障乡村产业项目用地需求。给予乡镇和乡村一定的土地使用自主权，允许乡镇和乡村在一定的条件下对村庄现有建设用地布局进行调整优化。进一步拓展农村集体建设用地使用途径，鼓励利用现状村集体建设用地保障农村产业融合发展需求，鼓励对农村存量住宅进行复合利用。进一步加强农业设施用地保障，注重协调基本农田保护与实际农业生产需求的关系。

2. 大力实施"两进两回"

一是推进科技和资本进村。实施科技进乡村行动。建立产学研用协同创新机制，创新公益性农技推广服务方式，让科技人员下乡。实施农业科技领军人才"乡聚工程"，大力培育乡村工匠等乡土人才。实施资金进乡村行动。调整完善土地出让收入使用范围，提高农业农村投入比例。完善农业金融服务，搭建各类平台推动工商资本与乡村企业实现联合。通过税收优惠政策,推动工商资本"上山下乡"。

二是注重两类人员回村。实施青年回乡村行动。开展"青春助力乡村振兴"专项行动,建设"星创天地"服务平台,为回乡入乡人员提供一站式服务。鼓励各类产业园区和基地为青年回乡提供创业创新空间。实施乡贤回乡村行动。开展乡贤统战工作,成立乡贤工作站,支持各地制定乡贤回归激励措施,从居住、医疗、就业、社会保障等方面为返乡乡贤提供社会保障。

3. 打造"两山"运营平台

浙江省建设"两山合作社"运营主体,创新生态资源资产经营开发"项目公司"合作模式,推动生态资源权益交易,助力实现乡村生态价值转化。按照"分散化输入、集中式输出"的经营理念,打造政府主导、社会参与、市场化运作的生态产品经营管理平台,探索形成"企业＋集体＋合作社＋村民"等多方参与、共建共享的运营格局。两山合作社主要由县级人民政府授权的国有企业依法牵头成立,适时探索引入社会资本形成混合所有制、股份合作制企业。两山合作社可采取直接投资、引入社会资本、与社会资本合作等多种方式经营,实现生态资源资产市场化运营和产业化开发。

(三)推动"乡愁愿景"转化为"社区活力"

1. 凸显乡村文化

一是摸清文化资源底数。加强乡村历史文化资源的深度普查与认定,建立逐级提升的管理制度,全面保护各类历史文化资源,重视历史文化村落保护利用。二是推动乡村文化相关产业发展。提升文化和旅游融合层次,实施"文化润景"计划,深化"万村景区化"工程,推进农文旅融合,优化乡村运营模式,探索发展未来乡村旅游。

2. 盘活闲置资源

浙江省实施"闲置农房激活计划",加强对闲置宅基地和闲置农房的盘活利用,推动乡村服务业发展提质增效。通过村庄整治、改造利用、保护开发和宅基地复垦等模式,提高现有资源的利用效率,为丰富乡村功能提供条件。

3. 加强社区营造

浙江省注重乡土社会的维护,增强乡村功能与内在凝聚力,通过强化社区营造,激活乡村功能。在"未来社区"试点建设工作中,聚焦"人本化、生态化、数字化"三维价值坐标,以和睦共治、绿色集约、智慧共享为内涵特征,构建以未来九大场景创新为重点的新型社区集成系统,打造现代化、国际化的新型乡村社区样本。

(四)推动"党建引领"转化为"工作合力"

浙江省在"千万工程"实施之初就建立了党政"一把手"亲自抓、分管领导直接抓、一级抓一级、层层抓落实的领导体制。以党建引领为根本,进一步加强党政干部绩效考核和奖惩激励，确保工作有效落实。

1. 坚持党建引领和部门协同

习近平总书记在浙江工作期间，明确要求凡是"千万工程"中的重大问题，党政"一把手"都要亲自过问，这为抓好"千万工程"提供了根本政治保证。20年来，浙江省始终把"千万工程"作为"一把手"工程来抓，每年召开"千万工程"高规格现场会，省市县党政"一把手"参加，营造比学赶超、争先创优浓厚氛围。正是因为有了这样的领导体制，"千万工程"才能一以贯之、一抓到底。同时，各项工作注重部门协同、强调部门联动。

2. 坚持考核激励

自"千万工程"实施以来，浙江省委、省政府把农村人居环境整治纳入为群众办实事的内容，同时纳入党政干部绩效考核范围，并实行末位约谈制度，强化监督考核和奖惩激励。党的十九大作出实施乡村振兴战略的重大决策部署后，浙江省委、省政府及时制定了《浙江省实施乡村振兴战略实绩考核暂行办法（试行）》，并将实施乡村振兴战略实绩考核工作纳入全省督查检查考核项目，明确将市、县（市、区）党委、政府和乡村振兴领导小组成员单位列入考核对象，将考核结果作为选拔任用领导干部的重要依据。2021年，浙江省进一步制定了《2021年浙江省实施乡村振兴战略实绩考核细则》，明确对全省市、县（市、区）党委、政府（不包括开发区、纯城区的区）和省乡村振兴领导小组成员单位推进乡村振兴的实绩进行考核。考核结果作为省级乡村振兴绩效提升奖补资金分配依据之一，县（市、区）的考核得分作为推荐"实施乡村振兴战略、高水平推进农业农村现代化"督查激励对象的主要依据，并作为对市县党政领导班子和有关领导干部综合考核评价的重要依据。

三、启示与建议

在2018年乡村振兴战略实施之初，上海就按照市委、市政府的指示精神，充分借鉴浙江"千万工程"的推进经验，谋划具有超大城市特色的乡村振兴工作抓手。通过实施"三园"工程，为农业农村谋发展，为农民群众谋幸福，取得了一系列的显著成效。作为"国际化大都市"与"长三角世界级都市群"的首位城市，上海具有全面推进乡村振兴的优势条件。新时代新征程，通过对浙江省"千万工程"的经验做法进行再研究、再学习、再思考，提出以下工作建议：

（一）优化目标，丰富"三园"工程新内涵

站在新的历史起点，学习"千万工程"不断更新优化目标愿景的动态建设思路，进一步优化适应新阶段新时代特征下的乡村振兴目标，不断丰富升级"三园"工程新内涵。

一是围绕农村现代化,推动"美丽家园"建设向和美乡村建设升级。不断加强乡村建设适应性和匹配度,将建设重点从打造村庄的"十百千"计划转向打造村庄连片"全域共美",串珠成链打造一批新时代和美乡村示范带,凸显乡村美学价值。在保留保护江南水乡格局、自然肌理的基础上,注重乡村文化软实力的提升,探索差异化乡村运营方式,打造错位竞争的和美乡村建设格局,描绘和美乡村新蓝图。

二是围绕农业现代化,推动"绿色家园"建设向品质农业建设升级。优化田水路林村等全域空间资源配置,整合盘活土地资源。深化长三角地区农业科技创新合作,强化设施农业的科技支撑,促进都市现代农业转型升级。加大力度引进一批具备关键核心技术、先进管理模式、产业效益突出的高能级农业主体,建强农业全产业链企业集团和城市生活综合服务商,坚持"科技＋品质＋附加值"范式,引导科技与服务深入乡村。

三是围绕农民生活现代化,推动"幸福乐园"建设向城乡融合共富建设升级。推进城乡基础设施和公共服务均等化,实现城乡等值。加快推进农村"三块地"制度改革,加大农村宅基地及住房确权发证工作力度,发展新型农村集体经济,增加集体经济组织的资产拥有与造血功能,提高集体经济收入。分类施策,持续加强村民职业技能培训,提高农民就业选择度。针对不同年龄段、不同收入水平的老龄农村人口设置"长者津贴",调整完善城乡居民养老保险办法。

(二)**强化管理,打造乡村振兴新亮点**

一是进一步优化管理模式。建立市区镇三级联动的工作机制,明确各级部门的任务分工,从乡村个体和区域整体层面协同推进。在坚持底线的基础上,给乡村建设"松松绑",给予基层部门一定的自由裁量权,通过"负面清单"加正面引导的方式,让政策和决策更好地符合地区实际和人民群众需要。

二是进一步加强分类施策和区域统筹。分类细化、统筹指导,高起点、高标准、高水平持续推进示范村建设,在区域范围内培育更多具有较强带动力和支撑力的新引擎。从镇域、市域整体协调发展的角度,推进资源连片式、集群化利用,开展乡村振兴示范镇、示范带,以及示范区建设。发挥镇级部门的统筹作用,协调核心区与辐射区的关系,以全域打造为目标,确定推进目标与任务清单。

(三)**深化改革,塑造产乡融合新优势**

坚持系统观念,深化改革,以资源集约为目标,探索将经济区与行政区适度分离,突破行政区划界线打造"产乡融合先行示范区"(以下简称示范区),以产业发展和功能协作为导向,推动区村、区镇以及村镇的资源统筹和共建共享。

一是在国土空间规划上,结合相邻地区之间资源互补、人文地理相通、人群情感倾向、产业融合发展、服务高效便捷等因素,准确把握城乡结构演变新趋势、产业集聚发展新要求,划定示范区范围,以示范区为单元开展规划编制。分类施策、稳慎决策、压茬推进,构建规模适度、功能互补、带动有力的产乡融合发展格局。

二是在资源利用上,通过集中调剂、统一置换、打包租赁等方式在更大范围盘活用好闲置资源、优化利用新增资源,确保土地、人才等资源支撑,切实提升综合效益。推动示范区内教育、医疗、养老等公共资源集中布局、精准投放,引导市场要素合理分布、有序流动,实现更好的效率和效益。

三是在产业布局和政策支持上,结合示范区资源禀赋和产业基础,科学明晰产业发展定位,引导发展新产业新业态,着力延长产业链条,推动形成"一区一主业一特色"的新格局。同时强化政策支持,突出规划引领,加强规划实施管理,推动一张蓝图绘到底、一届接着一届干。

四是在合作模式上,加强区级平台建设,提升农村土地、资金等要素的统筹能级。以"强村带弱村、富村带穷村、村与村联合"的合作发展理念,探索创新"村村联合、产业连片、股份连心、责任连体、利益连户"的跨镇跨村集体经济"抱团"股份制合作模式,鼓励村集体和农户用土地经营权折价入股,形成利益联结机制。通过产业规模化、管理现代化、作业机械化、运营市场化,不断增加农民和村集体收益。

(四)全面创新,开辟科技策源新赛道

紧紧围绕"四大功能""五个中心"的目标定位和发展优势,上海要切实把握科技创新与改革"双轮驱动",坚持外部引进与自力更生"双腿奔跑"。围绕大赛道,攻关农业科技策源新赛道,充分发挥科技创新的战略支撑和引领作用;着力开辟上海都市农业全新生存空间,形成发展原创驱动力,不断引领上海农业向价值链顶端攀升,为农业振兴贡献上海智慧。

一是探索科创共同体模式,建设多学科交叉平台。习近平总书记强调"解决吃饭问题,根本出路在科技""要树立大食物观",上海要响应国家"藏粮于地、藏粮于技"和"碳中和"战略,践行大健康、大园艺、大生态、大数据、大旅游建设重点,促进数字化新技术、绿色化新技术和生物化新技术"三技"融合的科创共同体建设。巩固节水抗旱稻、玉米、黄桃、食(药)用菌等领域的国际"领头羊"地位,构建面向国际农技前沿,能够有效支撑都市现代农业生产高质量、生活高品质、生态高安全的多学科交叉平台。

二是推进"五链"深度融合,打造科技现代化样板。面向产业技术、抢占科技前沿,围绕产业链部署科创链,依托科创链调整产业链,深入推进高质量科创成果向产业链前端延伸,实现产业链科创链前中后端的贯通,加快产业链科创链与人才链、技

术链、资金链"五链"有效衔接,推动乡村产业由要素驱动型向创新驱动型转变。构建科技支撑引领乡村振兴和农业农村现代化的新机制、新模式,重点加强先行示范区共建和展示,打造区域农业科技现代化和实现共同富裕的全国样板。

三是坚持建设开放大市场,实现乡村振兴"雁阵效应"。抓住建设全国统一大市场的机遇,以"内循环"引领推动"外循环",集聚区域资源培育国际竞争合作的新优势,大力发展农业总部型经济。以"五链"为纽带,丰富以长三角花菜产业科创联盟、长三角食(药)用菌产业创新联盟、长三角鲜食玉米产业技术联盟、长三角植物新品种保护技术联盟等为代表的长三角农业科技一体化国际合作联盟,进一步促进上海市场与全国资源的对接,助力上海成为顶尖的农业科技研发中心,提升上海农业品牌的辐射力和竞争力。

(五)扎实推进,建立考核激励新机制

一是明确乡村振兴战略实绩考核制度。2022年11月28日,中共中央办公厅、国务院办公厅印发了《乡村振兴责任制实施办法》,明确提出实行乡村振兴战略实绩考核制度,构建职责清晰、各负其责、合力推进的乡村振兴责任体系,有关部门和单位按照各自职责对乡村振兴政策落实、资金使用和项目实施等实施监督。上海应继续以乡村振兴统揽新时代"三农"工作,构建一整套全方位考核监督机制,切实发挥"指挥棒"作用,加速形成齐抓共管的工作合力。

二是进一步完善考核办法。本市制定的乡村振兴推进考核办法仅把九个涉农区列入考核对象,没有把市级成员单位纳入考核。从有利于推进乡村振兴各项重点任务的角度考虑,建议学习浙江经验,对本市实施乡村振兴战略的考核办法加以修改完善,进一步完善乡村振兴考核评价指标体系,进一步明确考核对象,将市级成员单位一并纳入考核。考核过程中,坚持全面考核与突出重点相结合、统一规范与分类考核相结合、实绩考核与督导检查相结合。

三是明确对考核结果的运用。依据《乡村振兴责任制实施办法》,对上海市级成员单位的乡村振兴考核结果作为市委、市政府对市级部门绩效考核的一项重要依据。另建议学习浙江经验,设立市级乡村振兴绩效奖补资金,依据考核结果对乡村振兴推进绩效突出的涉农区进行奖励。此外,在修订完善实施乡村振兴战略实绩考核办法的基础上,还应根据本市乡村振兴重点任务年度安排情况,研究制定年度乡村振兴战略实绩考核评分细则,做到公开透明。

参考资料

[1]《浙江省深化建设美丽乡村建设行动计划(2016—2020年)》。

[2]《浙江省人民政府办公厅关于开展未来乡村建设的指导意见》(浙政办发〔2022〕4号)。

[3]《浙江省高水平推进农村人居环境提升三年行动方案(2018—2020年)》(浙委办发〔2018〕23号)。

[4]《浙江省住房和城乡建设十四五规划》。

[5]《浙江省农业农村现代化"十四五"规划》(浙发改规划〔2021〕256号)。

[6]《新时代美丽乡村建设规范》(DB33/T912-2019)。

[7]《浙江省人民政府办公厅关于实施新一轮绿色发展财政奖补机制的若干意见》(浙政办发〔2020〕21号)。

[8]《浙江(丽水)生态产品价值实现机制试点方案》(浙政办发〔2019〕15号)。

[9]《关于建立健全生态产品价值实现机制的实施意见》。

[10]《关于建立健全生态产品价值实现机制的实施意见》(2022年)。

[11]《浙江省住房和城乡建设"十四五"规划》。

[12]《关于在城乡建设中加强历史文化保护传承的实施意见》。

[13]《浙江省自然资源厅浙江省发展改革委浙江省农业农村厅关于保障农村一二三产业融合发展用地促进乡村振兴的指导意见(浙自然资规〔2022〕11号)》。

[14]《浙江省人民政府办公厅关于实施"两进两回"行动的意见》(浙政办发〔2019〕53号)。

[15]《关于两山合作社建设运营的指导意见》(浙发改函〔2023〕3号)。

[16]《浙江省人民政府办公厅关于加强传统村落保护发展的指导意见》(浙政办发〔2016〕84号)。

[17]《关于在城乡建设中加强历史文化保护传承的实施意见》。

[18]《关于进一步加强历史文化(传统)村落保护利用工作的意见》(浙委办〔2020〕66号)。

[19]《关于组织开展第十一批(2023年度)历史文化(传统)村落保护利用重点村和一般村建设工作的通知》(浙村整建办〔2022〕12号)。

[20]《浙江省人民政府关于推进文化和旅游产业深度融合高质量发展的实施意见》(浙政发〔2022〕33号)。

[21]《浙江省未来社区建设试点工作方案》(浙政发〔2019〕8号)。

第二部分

乡村产业

加强顶层设计 强化政策供给
健全蔬菜产业平稳健康发展长效机制

(王珏 倪子越)

自 2020 年 12 月 29 日起,上海市经历了两次寒潮袭击,地产蔬菜受灾严重,同时受疫情和节日等叠加因素影响,蔬菜价格出现明显上涨,突破历史高位,引起广泛关注。这次寒潮暴露了上海设施菜田不足和"靠天吃菜"的问题,同时启示我们要不断提高地产蔬菜的抗风险能力,在依靠大市场大流通的同时,要有一定的保有量,以应对极端情况和突发事件。习近平总书记在中央农村工作会议上指出,不能光算经济账,不算政治账;光算眼前账,不算长远账。主产区、主销区、产销平衡区都有责任保面积、保产量,饭碗要一起端,责任要一起扛。把习近平总书记的重要指示落到实处,应对蔬菜生产各类风险挑战,维护好"两个民生"(市民与农民),需要未雨绸缪,明确蔬菜保供目标,压实责任,强化投入,出台管用政策,提升上海地产蔬菜质量效益和竞争力,健全蔬菜产业平稳健康发展长效机制。

一、寒潮对上海地产蔬菜的影响情况

2020 年 12 月 30 日至 2021 年 1 月 2 日,强寒潮天气影响本市,带来强降温、大风和冰冻天气,日最低气温连续 4 天低于 $-3℃$,出现严重冰冻。2021 年 1 月 7 日起本市再次受强冷空气影响,气温偏低,1 月 7—12 日最低气温连续 6 天低于 $-3℃$,其中 9 日早晨的最低气温($-8.3℃$)为 2010 年以来的最低值。强寒潮天气连续影响本市,对蔬菜生产者和消费者造成较大影响。一是生产者损失较大。全市受损蔬菜约 5.31 万亩,绿叶菜受灾面积以露地生产为主,露地种植的青菜、大白菜、芹菜、菜薹等绿叶菜冻害严重。部分蔬菜生产基地的大白菜、杭白菜全部冻死;露地甘蓝有大面积外叶冻伤,造成 40% 左右的减产;青菜中耐寒性较强的品种,减产 30% 左右。二是蔬菜价格明显上涨。根据上海市农产品价格监测系统数据采集及汇总情况,全市 1 月蔬菜月均田头价 4.48 元/公斤,环比上涨 48.34%;蔬菜月均批发价 5.63 元/公斤,环比上涨 32.16%。

表1　　　　　　　　　　　1月主要叶菜类蔬菜价格统计

		月均值(元/千克)	月环比(%)
青菜	田头价	3.98	96.06
	批发价	5.16	91.82
鸡毛菜	田头价	6.02	25.94
	批发价	6.3	20.00
甘蓝	田头价	2.01	74.78
	批发价	3.51	65.57
生菜	田头价	5.36	42.55
	批发价	6.33	54.01
杭白菜	田头价	3.98	99.00
	批发价	4.36	56.83

二、极端寒潮暴露出的问题及带来的启示

这次极端寒潮影响了蔬菜生产供应,市民和农民均反响较大,暴露出蔬菜产业发展中的问题,同时也对蔬菜产业未来发展带来了一定的启示。

(一)蔬菜产业发展中的问题

一是设施装备配备相对不足。全市划定蔬菜保护区49.07万亩,约有保护地设施菜田9.11万亩,其中2010年前建设的保护地设施菜田面积5.70万亩,使用时间已达10～15年,大棚老旧、配件损坏,已经到了报废更新阶段。目前,设施菜田数量、功能均难以有效应对极端天气带来的挑战,且部分菜田设施老旧,不适应机械化要求。二是蔬菜播种面积逐年下降。蔬菜产业呈现"两降一升"局面,即种植面积、产量逐年下降,种植成本逐年上升。近5年来,全市蔬菜年均播种面积下降至126.3万亩次,降幅达14%;年产量下降至244.3万吨,降幅达16%(见图1)。若这一趋势持续下去,则会造成上海蔬菜市场自给率进一步下降。过度依赖外部市场输入,地产蔬菜应急保障供应功能将受影响,极端天气时,价格波动幅度将更大。三是劳动力相对短缺。蔬菜生产劳动力呈现老龄化和数量不足的问题,无论是寒潮来临前落实防冻措施、开展抢收,还是寒潮结束后的抢种补种,劳动力均明显不足。四是政策支持有所弱化。除夏淡绿叶菜每亩补贴80元外,农资农药等种植补贴只有130元/亩,远低于周边苏州市10亩以上的规模化蔬菜种植补贴500元/亩的补贴标准。

(二)寒潮对蔬菜产业发展的启示

一是正确认识和看待地产蔬菜。习近平总书记提出,人民对美好生活的向往就

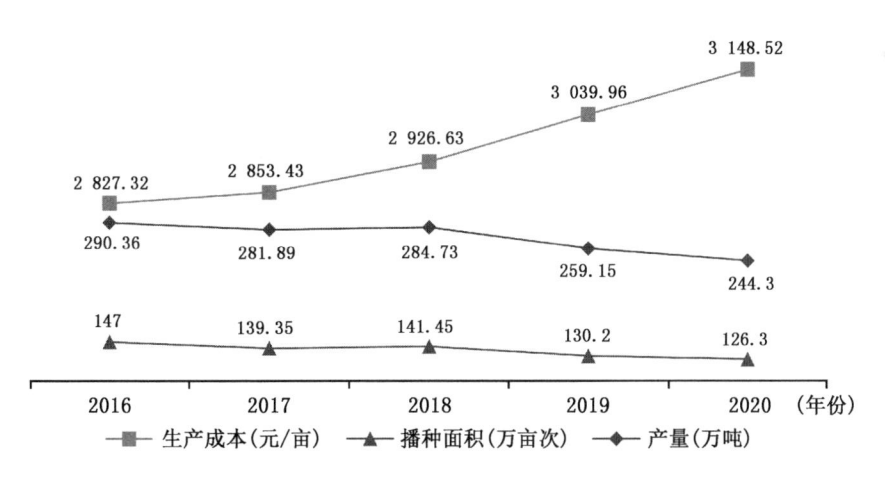

图1 2016—2020年上海市蔬菜生产成本、播种面积与产量

年份	生产成本(元/亩)	播种面积(万亩次)	产量(万吨)
2016	2 827.32	147	290.36
2017	2 853.43	139.35	281.89
2018	2 926.63	141.45	284.73
2019	3 039.96	130.2	259.15
2020	3 148.52	126.3	244.3

是我们的奋斗目标。满足市民高品质生活需求对维护上海城市安全稳定具有重要意义，大市场、大流通无法替代地产蔬菜，尤其是绿叶菜的基础性、应急性、储备性作用。从保障城市安全，底线思维角度来看，地产蔬菜工作只能加强不能削弱。二是地产蔬菜要体现上海水平。上海地产蔬菜呈现"两降一升"局面，说明地产蔬菜质量效益和竞争力有待提升。地产蔬菜设施装备、品牌、品质等要与国际大都市形象相匹配，破解"靠天吃菜"的难题要靠设施装备。设施菜田不仅能有效抵御自然灾害，还能提高地产蔬菜产能，节约耕地，缓解耕地资源紧张矛盾。要切实增加设施菜田数量，加大对蔬菜生产设施设备的投入，大力推广现代化设施装备，提升设施菜田冬季保温和夏季降温能力。三是促进蔬菜产业健康发展。长期以来，上海蔬菜产业发展"多了多了，少了少了"的老问题，没有得到有效解决，需高度重视蔬菜产业发展中的问题，摈弃"只算经济账、眼前账，不算政治账、长远账"的思维定式，充分考虑市民和农民两个民生，用务实管用的措施、真金白银的投入，构建起蔬菜产业健康发展长效机制，扛起精准保供责任。四是延长气象预报周期。据气象部门预测，在未来全球气候变暖的背景下，上海地区气温将继续上升，高温日数持续增加，降水极端性增强，最低气温仍有可能超过历史极值，对农业生产的威胁不容忽视。气象部门要提前做出精准预报警示，以便农业生产部门、流通部门做好应对工作。

三、促进蔬菜产业平稳健康发展的建议

认真贯彻李强书记"用心用情夯实底线民生，保障基本民生，打造质量民生"的要求，避免蔬菜产业大起大落，用务实举措保障民生，促进蔬菜产业平稳健康发展。

(一)强化顶层设计,建立蔬菜保供长效机制

一是明确目标。建议市政府层面出台促进蔬菜产业平稳健康发展的若干意见,明确蔬菜产业定位及目标,保产能(49.07万亩蔬菜保护区),保基地(5万亩挂牌蔬菜保供基地),保产量(240万吨),把蔬菜价格波动稳定在适当合理的范围内。同时,制订蔬菜保供稳价应急预案,做好政策、物资、措施准备。二是压实责任。市长与区长、国有企业(光明集团、上实集团等)负责人签订责任书,把"菜篮子"市长负责制的内容分解到全市各区和国有企业,纳入挂图作战进行考核奖惩,共同扛起蔬菜保供责任。同时,设立1亿元的保供专项资金,在蔬菜保护区、保护镇内建设以青菜、鸡毛菜为主的大宗绿叶菜挂牌保供基地,确保特殊时期上海地产蔬菜产得出,供得上。三是多部门联动。加强气象部门、农业主管部门、流通部门与蔬菜生产主体联动,气象部门按照蔬菜生产茬口调整周期发布气象预报,生产部门根据预报情况调整生产品种和茬口,流通部门调整储备数量,提前准备应急预案。

(二)强化设施装备建设,提高抗灾能力

一是加强设施装备建设。新建设施菜田突出绿色化、宜机化、集群化,向保护区保护镇集中,重点打造适宜机械化作业的连栋温室大棚,配备夏季降温及冬季保温设施装备,积极探索工厂化、智能化高标准菜田。市相关部门要抓紧研究政策,对老旧六型棚进行处置和更新,八型棚根据上海的气候特点进行宜机化改造,配置相应夏季通风降温遮阳、冬季保温设备。二是继续加快蔬菜"机器换人"步伐。有效解决蔬菜生产劳动力不足的问题,"十四五"期间提高绿叶菜生产机械化水平,蔬菜"机器换人"整体实力达到国内领先水平,建立基于互联网技术的设施绿叶菜智能化精准作业与管理模式,重点突破蔬菜自动移栽和机械化采收关键环节。三是加强设施菜田日常管理维护。合理配置设施菜田维修资金,调整完善相关政策,满足经营主体对菜田设施维修保养的需求。

(三)强化产销对接,适应市场需求

根据蔬菜生产实际和销售流通现状,明确政府与市场的权责边界,释放市场活力,促进蔬菜生产和流通市场体系完善。一是完善蔬菜市场流通体系建设。在市场引导下,发挥大型批发市场、标准化菜场的主渠道作用,以及电商平台、超市卖场等多元化高效流通体系的补充作用,合理调优郊区绿叶菜生产布局,并加强与流通体系的有效对接,拓宽新零售流通渠道,确保地产蔬菜优质优价。二是发挥国有企业责任担当。对国有资本进行战略性布局,打通产销通道,按照"平时听市场的,关键时候听市长的"运行要求,充分发挥国有企业在特殊时期、关键时刻的核心作用,"叫得应""稳得住""供得上"。三是建立全面的蔬菜信息监测机制。对上海市蔬菜生产、价格、销

量信息采集、预警分析和信息发布等进一步完善,建立全面的蔬菜信息监测机制,精准调控蔬菜生产和销售。

(四)强化支撑保障,保障生产者和消费者民生

为缓解蔬菜市场价格波动,避免"菜贵伤民"或"菜贱伤农"现象出现,保护消费者权益和菜农生产积极性,要坚持政策引导,强化支撑保障。一是加强宏观调控。发挥宏观调控作用,将蔬菜价格稳定在合理波动范围内,保障蔬菜供应和稳定市场价格。二是保障生产支持政策。统筹研究蔬菜种植补贴政策、金融保险支持政策等,补贴政策坚持以绿叶菜为主。要动态调整蔬菜种植补贴,确保不低于周边省市。拓展绿叶菜综合成本价格保险覆盖品种,尽快启动绿叶菜气象指数保险项目,提高蔬菜种植保险金额,使保障水平可以覆盖完全成本。

(五)坚持绿色优质导向,促进蔬菜产业高质量发展

一是提升地产蔬菜产业竞争力。按照农业高质量发展的部署要求,深化蔬菜产业供给侧结构性改革,打通蔬菜产业链,大力发展绿色、优质、品牌蔬菜,打造上海蔬菜地理标志,稳定地产蔬菜品质,提升地产蔬菜竞争力。二是提高种苗供应的技术含量。在蔬菜生产保护区选择生产相对集中、专业化生产程度高的区域建立育苗技术中心,示范推广集约化、工厂化、智能化育苗技术,为蔬菜绿色生产提供优质种苗。各蔬菜园艺场推广育苗移栽技术,进行种苗储备,有效缩短突发事件后抢种补种绿叶菜的上市期。三是完善社会化服务组织。优化经营机制、服务模式、蔬菜品质和产销体系,综合提升本市蔬菜园艺场的市场竞争能力,打造产、学、研、销的协作平台,打通最后一公里。

念好"鲜"字诀，着力提升农产品品质

（张晔　王珏　乔越）

为深入贯彻习近平总书记关于大食物观的重要论述，根据陈吉宁书记在实施乡村振兴战略现场推进会上关于提升上海农业品质优势的讲话精神，乡村振兴研究中心在"百村万户"大调研基础上，深入9个涉农区，开展地产农产品品质提升调查研究工作，汇总当前上海市农产品品质提升工作中值得关注的问题，提出围绕"品质鲜活、品味鲜美、品牌鲜明"做文章，把都市农业保障供给的重要民生任务同围绕"鲜"字的品质农产品发展任务结合，加快推动都市农业由增产增收的数量扩张型向提质增效的效益提升型转变。

一、农产品品质提升工作举措及成效

上海以满足超大城市市民需求为导向，以农业供给侧结构性改革为主线，坚持走生态优先、绿色健康的高质量发展之路。一是农业生产提质增效。稳步推进农产品新品种引进、筛选、试验示范等工作，同农技中心、科研院校持续攻关育种，涌现"沪软1212""美谷2号"等一系列叫得响、种得好的优质种源。持续推进农产品绿色生产基地建设，全市绿色食品企业共987家，产品1 902个，2022年获证产量124.83万吨；农产品绿色生产基地覆盖率37%，绿色食品认证率达到31.3%，在农业绿色生产、农产品质量安全等方面始终处于全国领先水平。二是物流体系加速部署。新一轮农产品批发市场规划纳入《上海市商业空间布局转型规划（2022—2035年）》，供应层级逐步清晰，既包含全年销售额达到100亿规模的大型综合性农副产品交易市场，又包含各类专业性批发市场，以及菜市场、大卖场、超市、生鲜连锁店等超过4 000个零售终端。三是产销对接联动升级。依托区域特色农业建立农产品品牌体系，打造"南汇8424"、崇明白山羊、奉贤黄桃等有竞争力、有影响力的精品农业品牌；推进农产品销售平台构建，举办多种农产品品种展示会、品鉴会，对接市民对优质农产品的消费需求，并与叮咚、盒马等大型生鲜超市合作，联动平台资源助力地产农产品销售。

二、地产农产品品质提升存在的问题

上海农产品品质提升工作取得显著成效,但在调研中发现,生产、流通及销售端仍存在制约高质量农业发展的问题,亟待进一步解决:

(一)农业用地供需矛盾突出

调研显示,通过占补平衡得到的耕地多数是中低产耕地(甚至存在将村民宅前屋后划为永久基本农田的情况,根本无法种植粮食),"菜地不姓菜"、菜田撂荒情况依然存在,如青浦区某蔬菜合作社承包的260亩设施菜地已经撂荒近2年,大棚设施破旧,杂草丛生,相关菜地设施改造项目迟迟未落地。青浦区金泽镇商榻片区没有配备稻谷烘干、加工房,村干部表示需要配备商业用地的诉求已经向上级提了五年多,部分合作社仍采用传统晾晒的方式进行稻谷烘干。奉贤区柘林镇多家家庭农场主表示急缺农资农具存放场地。

(二)农业生产主体内生动力不足

"百村万户"大调研显示,从事农业生产的村民中,约70%的村民认为"种粮收益低"是制约当地粮食生产的客观因素。以松江石湖荡镇粮食生产家庭农场为例,近三年农药、化肥及人工成本分别上涨23%、21%和25%,2022年每亩净利润仅为751.7元,扣除补贴金额后,家庭农场每亩地亏损385.8元,以松江区家庭农场平均规模为168.2亩计算,从事粮食生产的户均收入约126 435.94元,以户均3口人计算,人均收入42 145.31元,略高于全市农村居民人均可支配收入(39 729元),但与全市居民人均可支配收入(79 610元)相距甚远。某养猪企业相关负责人反映,近年来大豆、玉米价格波动幅度较大,饲料成本出现难以控制的问题,同时上海猪肉批发价格由去年10月平均33.22元/公斤,下降到今年7月17.36元/公斤,跌幅达47.74%,导致养殖户持续亏损。此外,本地从事蔬菜生产的经营主体普遍规模化程度较低,现有生产方式、设施装备、销售模式与上海实现农业现代化的要求还有一定差距,蔬菜生产盈利水平普遍不高。

(三)农产品保鲜运输效率有待提升

农产品从田间到餐桌有一定的运输时间,对于直接配送的合作社,点对点配送耗时较少,产品新鲜度相对有保障。如奉贤区某蔬菜种植专业合作社直供华山医院等市区多家三甲医院,每天下午采摘蔬菜,12个小时之内可以从田间到医院厨房。对于田头直接销售的合作社,产品在销售过程中经过田头菜贩再到农贸市场、菜场等,至少24个小时以上才会到消费者手中,几经倒手的农产品新鲜度有一定折损。此外,农产品仓储物流体系的空间结构也有待调整。调研显示,现有农产品生产基地的

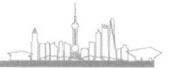

临时仓储保鲜能力较差，合作社、家庭农场等具备初加工能力的较少，采收后储运设备不足，影响了城市配送时效性，新鲜农产品运输也面临物流风险，全市层面对农产品集散、统一调配能力仍有待加强。

（四）地产农产品显示度不高

上海外来常住人口超过40%，对本地农产品缺少认识，加之多家规模较大的生产主体直供机关食堂、学校食堂、医院等，地产农产品在消费端的显示度不高。松林集团负责人说松林猪肉主要在松江区销售，2022年疫情防控期间参与保供配送后在市区的知名度才有所提高。多家经营主体反映当前遇到的最大问题是销路不畅。"百村万户"大调研中，75.6%的经营者主要销售渠道仍是"传统渠道自产自销"；"市场销售渠道狭窄"（占比29.6%）是主体面临的最重要的经营管理问题。其次是"品牌影响力不足"（占比28.4%）。特别对于难以储存的鲜活农产品，如青浦区某果蔬合作社种植的猕猴桃年产近40万斤，成熟后只能存放一周，集中上市后仅依靠田间销售极易出现滞销风险。闵行区某农业专业合作社负责人表示，为完成保供任务种植的大量蔬菜没有销路，仅三成的蔬菜可以销售出去，滞销的蔬菜甚至只能打烂在地里。地产农产品牌少、小、弱、散的现象仍旧普遍，生产端的各种质量认证与消费市场没有形成紧密连接。农产品品鉴会上不少农业经营主体表示，获得再多绿色认证、有机认证的证书都赶不上产品能进盒马超市带来的收入高，地产优质农产品的市场认可度仍有待提高。

三、相关建议

为贯彻落实农业农村部关于实施农产品"三品一标"四大行动要求，推进农产品品质提升工作，亟需生产端、流通端和销售端协同推进，突出地产农产品"鲜"的优势，围绕"品质鲜活、品味鲜美、品牌鲜明"做文章，确保高质量产品供给，打造地产农产品品牌体系，提升地产农产品附加值，满足市民消费需求的同时提高农民收入。

（一）品质要鲜活，"三个重视"抓生产

一是重视强化科技支撑。加强对农业生产资料使用的科学把控，选育培育区域特色品种，加快完善全流程生产性社会化服务，加强科技服务和技术指导，构建针对气候变化、绿色安全和生态可持续的农业科技创新体系和农业技术推广体系。二是重视统一生产标准。建立绿色优质导向机制，构建农产品品质标准体系，包括生产操作规范、品质评价指标、品质分级标准、包装标识标准等，科学引导农业经营主体提升农产品品质。三是重视提升主体活力。在现有稻谷"应收尽收"制度基础上，由市区财政补贴进行优质稻米、杂交稻等分价收储、分类储存，积极引导种植优质水稻品种，并探索周期更短的稻米轮换机制,提高优质稻米轮出价格。对影响民生供应的大宗绿叶菜品种实施保护价销售,对承担保供任务,在"双淡"、自然灾害、突发极端事件条件下生产的主体提高生产补贴标准,利用中央厨房、预制菜加工等方式在集中上市期间采取灵活收储制度,保障菜农基本收入。

(二)品味要鲜美,三个布局提效率

体现鲜美的关键是减少"从田间到餐桌"的流通损耗。一是农业设施用地布局。建立现代农业发展用地保障协调机制,针对地产农产品主要品种建立设施农业建设的行业标准,切实保障品质提升工作中设施用地需求,通过设施农用地跨区域置换方式引导设施农业适度集中发展,探索公共性农业生产设施建设,实现共建共享共营。二是农产品仓储体系布局。开展地产农产品冷藏保鲜整镇推进试点工作,完善仓储保鲜设施建设,保障一定比例的仓储保鲜建设用地支持,增强地产农产品产地仓储保鲜、初加工和商品化处理的集成能力,有效降低产后损失,延长保鲜周期实现择期错峰销售。三是冷链物流网络布局。推动全程冷链物流发展,降低鲜活农产品中间环节新鲜度消耗率和产品损耗率,提高城市终端配送效率,加快农产品从田头转换成产品上线的速度。推广地产农产品"短链"物流体系,通过"田间"直连"餐桌"的方式缩短链条,实现供应模式精简有效。

(三)品牌要鲜亮,三个路径活销售

销售走在前是体现"鲜是品质"的关键。一是加强产销对接路径。重点加强跟踪消费市场需求、反馈市场趋势和消费动态的信号功能、应急情况下的调度功能开发,打通农业生产端与农产品消费端的数据联通渠道,实现从以产定销到以需定产的模式转变。二是丰富品牌宣传路径。农产品宣传要从绿色、有机向针对消费者最终诉求(健康、新鲜、美味)进行转变,地产农产品品种展示会、品鉴会等活动要结合消费场景,利用盒马、叮咚等市场认可的消费平台作为地产农产品市场背书,借助直播、城市集市等新业态提高新上海人对地产农产品的认知度。三是建立市场化推广路径。降低农业生产对财政补贴的依赖度,按照市场化方式推广农产品品牌,将金融工具分散风险、价格发现功能应用到农业生产、销售等场景,吸引社会资本参与农业产业发展,让金融机构、风险投资者共同成为农产品市场风险的承担主体。

长三角地区农业信息化发展水平比较研究

(陆健东)

在长三角一体化发展的战略大背景下,围绕贯彻新发展理念和构建新发展格局,通过推进信息技术与农业产业深入融合,助力长三角地区实现农业产业优化升级。本研究基于全国县域农业农村信息化发展水平的评价方法与指标体系,注重长三角地区农业信息化发展现状,通过分析资金投入、农业生产信息化、农产品网络销售、农产品质量安全追溯、电商服务站等相关指标数据,深入探讨了长三角地区农业工作的不足与特色亮点,提出了长三角农业信息化发展面临的约束,在此基础上,给出了长三角农业信息化未来展望和发展建议。

一、研究背景

本研究主要数据来源于《全国县域农业农村信息化发展水平评价报告》(简称《报告》),通过对江苏、浙江、安徽、上海三省一市数据进行比较,根据不同指标挖掘各地特色和约束,以此深入分析省(市)、地(市)、县(市、区)、基地等特色亮点工作,为建言献策提供数据支撑。

(一)数据来源

本研究数据为2020年的基础指标数据,数据主要来源于农业农村部信息中心编著的《报告》,数据按照全国县域农业农村信息化发展水平评价指标进行统一规范,部分指标数据因《报告》中没有发布,经与农业农村部信息中心沟通后获取,以满足课题研究需求。

数据样本主要根据2021年全国农业农村信息化相关部门组织开展的农业农村信息化水平监测工作,全国有效样本县(市、区)为2 642个,其中,上海市有9个涉农区,江苏省有76个县(市、区),浙江省有85个涉农县(市、区),安徽省有105个县(市、区)。

(二)指标描述

2019年起,开展全国县域农业农村信息化发展水平评价工作,农业农村信息化部门通过建立农业农村信息化发展水平监测评价机制,完善指标体系,采取县(市、区)农业农村部门自愿填报,填报范围基本覆盖了全国所有涉农县域。

2021年采用的监测评价指标体系主要包括发展环境、基础支撑、生产信息化、经营信息化、乡村治理信息化和服务信息化6个一级指标、14个二级指标和20个三级指标。

本研究重点关注于长三角地区农业信息化发展现状、特色亮点,长三角地区农业产业数字化依托于领先全国的现代农业技术、信息技术、经营主体、人才、政策等优势,比较分析长三角地区发展环境、生产信息化、经营信息化和服务信息化等农业信息化发展相关性指标。

表 1　　　　　　　　　　　　农业信息化发展相关性指标

指标	指标解释	填报项
	整体农业农村信息化水平	发展总体水平(%)
发展环境	用于支持农业农村信息化(数字农业农村)发展的乡村人均财政投入额	乡村人均农业农村信息化财政投入(元/人)
		农业农村信息化县均财政投入(万元)
		农业农村信息化财政投入额(亿元)
	用于支持农业农村信息化(数字农业农村)发展的乡村人均社会资本投入额	乡村人均农业农村信息化社会资本投入(元/人)
		农业农村信息化县均社会资本投入(万元)
		农业农村信息化社会资本投入额(亿元)
生产信息化	整体生产信息化水平	生产信息化水平(%)
	大田种植信息化率	大田种植信息化水平(%)
	设施栽培信息化率	设施栽培信息化水平(%)
	畜禽养殖信息化率	畜禽养殖信息化水平(%)
	水产养殖信息化率	水产养殖信息化水平(%)
经营信息化	农产品网络零售额占农产品销售总额的比重	农产品网络零售额占比(%)
		农产品网络零售额(亿元)
	整体追溯信息化水平	农产品质量安全追溯信息化水平(%)
	通过接入自建或公共农产品质量安全追溯平台实现质量安全追溯的大田种植农产品产值占大田种植业产值的比重	大田种植业实现质量安全追溯的农产品产值(万元)
	通过接入自建或公共农产品质量安全追溯平台实现质量安全追溯的设施栽培农产品产值占设施栽培产值的比重	设施栽培业实现质量安全追溯的农产品产值(万元)
	通过接入自建或公共农产品质量安全追溯平台实现农产品质量安全追溯的畜禽产品产值占畜禽养殖业产值的比重	畜禽养殖业实现质量安全追溯的畜禽产品产值(万元)

续表

指标	指标解释	填报项
	通过接入自建或公共农产品质量安全追溯平台实现质量安全追溯的水域面积占水产养殖总水域面积的比重	水产养殖业实现质量安全追溯的水域面积(万亩)
服务信息化	建有电商服务站的行政村数量占行政村总数的比重	电商服务站行政村覆盖率(%)

注：指标来源于《2021全国县域农业农村信息化发展水平评价报告》。

二、长三角地区农业信息化发展水平比较

2019年以来，全国开展县域农业农村信息化发展水平监测工作，数据显示，长三角地区农业农村信息化发展成效明显，总体来看在全国处于领先地位。长三角地区发挥人才先发优势、政策扶持优势、财政资金支持优势，充分引导一批科研机构开展信息化前沿技术研究、一批市场化主体投入农业信息化建设中。长三角地区在发展环境、生产信息化、经营信息化、服务信息化方面各有特色，从顶层设计、技术竞争力、生产要素、应用场景、企业竞争力、政策因素等方面分析数据差异点，查找相关资料印证四地差异，挖掘特色亮点。

（一）农业信息化发展总体水平

长三角地区在网络强国、数字中国、数字乡村等战略决策推动下，瞄准农业农村现代化的主攻方向，利用物联网、大数据、人工智能等数字技术，推动现代农业、农业农村大数据、农村电子商务、数字乡村等快速发展。2020年，全国县域农业农村信息化发展总体水平达到37.9%，上海市县域农业农村信息化发展总体水平达到55%，江苏省县域农业农村信息化发展总体水平达到56.5%，浙江省县域农业农村信息化发展总体水平达到66.7%，安徽省县域农业农村信息化发展总体水平达到49%。

（二）长三角农业信息化分项指标发展水平

1. 资金投入情况分析

一是财政投入的情况。一般认为，农业农村信息化发展水平与其财政投入呈正相关关系。信息化的发展需要大量资金投入，尤其在农业信息化发展初期。我国农业农村的信息化基础薄弱，目前其发展很大程度上依赖于财政投入。但2021年的《报告》指出，我国财政在信息化建设方面的投入仅占国家财政农林水事务支出的1.4%，且地区差异显著。长三角地区在农业农村信息化方面的财政投入也呈现明显差异，其中浙江省乡村人均农业农村信息化财政投入高达469.7元/人，远高于全国46元/人的平均水平，同时也远超其他省市。从农业农村信息化县均财政投入来看，

浙江省和江苏省的投入额分别为12 876.0万元和4 043.1万元,远高于全国平均值1 292.3万元;上海市接近全国平均水平,为1 286.3万元;安徽省最低,仅为1 162.5万元。另外,农业农村信息化水平最高的浙江省农业农村信息化财政投入总额(109.4亿元)占到全国投入总额的32%,远高于江苏省(30.7亿元)、安徽省(12.2亿元)和上海市(1.2亿元)。由此可见,政府的财政投入是造成长三角地区农业农村信息化发展差异的重要因素之一。

二是社会资本投入情况。社会资本与财政投入的高效协同是解决农业农村信息化发展过程中资金投入不足问题的有效路径。2020年,全国社会资本投入超过1 000万元的县(市、区)占比仅28.0%,长三角地区的社会资本投入额在全国处于领先水平。

数据显示,2020年长三角地区在农业农村信息化方面的社会资本投入总额为381.8亿元,约占全国社会资本投入总额的47.2%。但三省一市中浙江的社会资本投入总额远高于其他省市,高达269.2亿元,占全国社会资本投入总额的33.3%。上海市的社会资本投入额约为3.9亿元,虽然在全国范围内处于较高水平,但在长三角地区范围内却处于末位,远低于江苏省(79.4亿元)和安徽省(29.3亿元)。从农业农村信息化县(市、区)均社会资本投入来看,上海市仅为4 293.7万元,同样远低于浙江省的31 649.4万元和江苏省的10 450.6万元,略高于安徽省的2 792.6万元。长三角地区在乡村人均农业农村信息化社会资本投入方面同样表现为上海市和安徽省最低,分别为110.5元/人和68.7元/人,浙江省人均值高达1 154.5元/人,江苏省则为223.8元/人。整体来看,上海市和安徽省的社会资金投入不足,限制了农业农村信息化的进一步发展,由此造成的信息化发展区域差异将不利于长三角地区农业信息化一体化战略的深入开展。

2. 农业生产信息化情况分析

农业生产信息化发展水平是衡量农业现代化的重要指标,是农业信息化发展的重点和难点。2021年的《全国县域农业农村信息化发展水平评价报告》表明,农业生产信息化水平能够有效促进农业总产值的提升,发展农业信息化是释放农业数字经济潜力的根本途径。通过综合测算,2020年全国农业生产信息化水平为22.5%。长三角地区的农业生产信息化水平远高于全国平均水平,其中江苏农业生产信息化居全国首位,高达42.6%;浙江和安徽并列第二,为41.6%;上海为39.4%,位居全国第三位。

从不同行业来看,长三角地区在大田种植、设施栽培、畜禽养殖和水产养殖信息化方面均高于全国平均水平。从不同行业信息化水平组成结构来看,浙江省和江苏省的畜禽养殖信息化水平在四类行业中最高,分别为60.3%和52.4%;上海市的水产养殖信息化较其他行业高,为56.6%;安徽省信息化水平最高的行业则是大田种植,为48.1%。浙江省的大田种植信息化水平在四类行业中最弱,仅为36.2%;江苏省在水产养殖信息化水平上较弱,只有36.6%;上海市的设施栽培信息化水平最低,为26.6%;安徽省则在水产养殖信息化方面落后较多,仅为24.5%。

另外,三省一市在不同行业的信息化发展水平上各具特色。浙江省畜禽养殖的信息化水平高于长三角其他地区,例如华腾牧业"智慧养猪"以三产融合模块化驱动"数字牧场"建设,实现生猪饲养的现代化、生态化、智慧化,创新建立了国内生猪绿色生态智慧养殖新模式。江苏省在设施栽培方面的信息化水平最高,例如南京农业大学的白马农业信息化示范基地是集产、学、研为一体的现代信息化农业基地,在智慧种植创新、作物表型组学持续研究等方面成果显著。安徽省围绕智慧水稻生产方面成效显著,例如中联智慧农业股份有限公司,利用信息化技术,实现农业生产全过程的信息感知、定量决策、精准投入和智能作业,减少农药化肥使用,提高大米产品质量,探索出水稻"五网合一"智能化生产经营模式,"智慧芜湖大米"种植面积达4万亩。

3. 农产品供应链端情况分析

一是农产品网络销售情况分析。

目前,农产品网络销售已经成为其实现经济价值的重要渠道,是促进数字技术赋能农业增效的重要突破口。农产品网络销售在保证农产品供应链稳定性方面发挥着重要作用。2020年全国农产品网络销售总额为7 520.5亿元,而长三角地区的农产品网络销售总额占到全国的近40%,达到3 000.1亿元。长三角地区已在农产品网络销售方面居于全国前列,但值得注意的是,2020年我国农产品网络销售额仅占农产品销售总额的13.8%,农产品网络销售的潜力有待深入挖掘。长三角地区的农产品网络零售额占比位居全国前四位,浙江、江苏、安徽和上海分别为37.5%、26.6%、19.9%和18.8%。通过全国县域数据的分析可以发现,农产品网络销售额占比与互联网普及率、家庭宽带入户率显著正相关,所以完善的信息化基础设施对农产品电子商务的发展具有重要支撑作用。从长三角行政区域来看,更具经济和科技优势的上海市在农产品的网络销售方面却落后于其他三个省份,尤其是与排名第一的浙江省相比差距较大。浙江省农博会从线下举办为主,逐步实现线上线下联动的方式,而"网上农博"平台直接把各地区农产品、区域特色品牌搬到了线上。

二是农产品质量安全追溯情况分析。

运用包括区块链技术在内的数字技术和信息化手段进行农产品质量安全追溯,

可以推动农产品生产、加工、流通、销售等活动的相关信息更加高效透明,从而实现农产品质量安全源头可追溯、流向可跟踪、信息可查询、责任可追究。另外,农产品质量安全追溯信息化水平的提高还有助于农产品网络销售额的提高,更会促进农业农村高质量稳步发展。

上海市实现质量安全追溯的农产品产值占比达到了85.1%,远远超过全国其他省市,在2020年建设上海数字农业农村云平台,接入农产品质量安全追溯平台,联通农业生产作业信息;浙江建立省级农产品质量安全追溯平台,大力推广"浙农码",浙江省实现质量安全追溯的农产品产值占比63.5%;江苏省的占比为45.5%,排名第三;安徽省的占比低于全国22.1%的平均值,仅为17.9%。

从不同行业来看,全国的设施栽培业和畜禽养殖业农产品质量安全追溯信息化水平较高,分别为29.7%和28.3%;其次为水产养殖业,为24.5%;大田种植业最低,仅为16.6%。上海市在本研究所涉及的四个行业的产品质量安全追溯信息化建设方面均名列前茅,尤其是水产养殖业的产品质量安全追溯信息化水平高达98.5%;其次为大田种植业,为84.7%;设施栽培业和畜禽养殖业的相关指标同样超过了80%,分别为82.1%和80.8%,上海采取地产农产品生产作业信息直报,从源头上实施监管,有效提升农产品质量安全水平。浙江省指标最高的行业是畜禽养殖,为74.2%;其次为水产养殖和设施栽培业,分别为69.1%和65.2%;大田种植业为58.0%。江苏省的畜禽养殖业和设施栽培业较高,分别为57.9%和54.9%;水产养殖为41.8%;大田种植业为39.4%。安徽省仅有水产养殖业的占比高于全国平均水平,为33.1%;畜禽养殖业、设施栽培业和大田种植业与长三角其他省市差距较大,分别为20.72%、16.83%和12.68%。

三是电商服务站情况分析。

农村电商服务站是农产品出村进城和工业品下乡进村的重要节点支撑。电商服务站行政村覆盖率可以作为衡量当地电商经济发达程度的重要依据。2020年,我国电商服务站行政村覆盖率为78.9%。长三角地区的电商服务站覆盖率均高于全国平均水平,其中江苏省最高,为98.4%;浙江省和安徽省分别为94.4%和92.5%;上海市略低于安徽省,为91.6%。

三、面临约束分析

长三角地区在农业信息化方面取得了一定成效,部分农业信息化指标已在全国范围内处于领先地位,整体发展水平仍然落后于欧美农业强国。在推进农业信息化发展过程中也面临诸多问题与挑战,区域之间存在明显差异,虽各有特色,但相互之间协作协同少,未形成区域合作机制。通过深化信息技术的应用,对现有农业产业进行数字化、智能化改造,解决当前劳动力短缺问题,同时,能够有效提高农业经营收益,提升涉农产品的流通效率和保障农产品源头安全;通过打通产业链,实现与消费链对接,让更多消费者了解本地区优质农产品情况,有渠道购买到本地区优质农产品。面临约束分析如下:

(一) 整体信息化发展水平参差不齐

长三角地区的农业信息化发展水平不均衡,地区间存在较大数字鸿沟,在生产、经营、管理和服务等环节的信息化水平发展不均衡。长三角地区在顶层设计、体制机制方面各自具有优势,已经成体系在推进相关工作。然而实现区域一体化发展需要形成合作机制,打破区域发展壁垒,发挥各自优势,形成合力。

一是从顶层设计研究发现,江苏省和浙江省在农业农村现代化、数字乡村、数字农业发展上先后发布多项政策文件,明确农业信息化发展方向,对数字农业、智慧农业发展提出了明确要求。例如,浙江省《浙江省数字乡村建设"十四五"规划》《浙江省数字乡村建设实施方案》,江苏省《江苏省农业农村现代化"十四五"规划》《江苏省"十四五"数字农业农村发展规划》《江苏省关于高质量推进数字乡村建设的实施意见》《关于扩大农业农村有效投资加快补上"三农"领域突出短板的意见》。

二是从体制机制研究发现,部分省整体推进农业信息化发展路径清晰,工作内容具体、工作责任到部门、工作实施落实到人,具有鲜明特色,值得借鉴推广。例如,浙江省农业农村厅党组高度重视信息化工作,构建了"领导小组+专班+业务组"工作体系,在统筹优化原有专班基础上重新成立数字"三农"改革专班。专班工作目标上,打造具有浙江"三农"特色的数字乡村"金名片",推动完成浙江省数字"三农"走在全国前列。各业务组基于业务流程数字化改造推进应用开发,实现上线快、覆盖广、效果好的实践成效。江苏省成立了省农业农村厅数字农业农村建设领导小组、江苏省智慧农业研究会和农业数字化专家智库。此外,长三角地区一些地市活力充沛,抓工作落地过程中,对数字农业示范基地给予后补助,例如浙江省温岭市给予每个省级数字农业工厂奖励资金10万元。长三角地区出台了数据条例或管理办法,对本地区数据统一管理、共享应用,打通数据孤岛,畅联部门间数据,实现部分产业数据链打通。例如,各地分别出台了《上海市数据条例》《江苏省公共数据管理办法》《浙江省公共数据条例》等。但在农业领域,没有发现相关机构推进公共数据区域一体化标准体系研究,推进长三角地区农业公共数据资源供需对接和共享应用,从而提升区域农业产业联动发展。

三是从农业财政投入分析发现,传统农业向数字农业、智慧农业发展,智能农机具是必需品,智能农机需安装智能化传感设备、控制设备、辅助驾驶系统等。近年来,在大田作业领域,推广使用智能终端和应用智能作业模式,深化北斗模式在农业生产中的应用,确保农业生产数据安全。浙江省和江苏省在补贴目录中增加了北斗终端及辅助驾驶系统(含渔船用),上海市在补贴目录中增加了辅助驾驶(系统)设备(北斗导航自动驾驶系统和农机北斗作业监测终端),安徽省在补贴目录中增加了农业用北斗终端(液压控制转向型和电动方向盘型)。上海市对轮式拖拉机、履带式拖拉机、谷物联合收割机、插秧机、穴播机、喷雾机(仅限喷杆喷雾机)等农机加装具有定位功能的北斗终端,并将作业轨迹等数据直传到上海市农机物联网平台;江苏省、浙江省、安徽省分别对部分机具要求安装北斗定位终端。在水产养殖领域,浙江省补贴目录中包含水产养殖水质监控设备,江苏省补贴目录中包含投饲机(含无人投饲船)、网箱养殖设备和水产养殖水质监控设备,上海市补贴目录中包含风送式投料机。在畜牧养殖领域,机械化程度较高,但智能化装备补贴目前还未涉及。植保无人机都已进入补贴目录中。

(二)生产信息化发展不平衡、不充分

与全国平均水平相比,长三角地区农业生产信息化发展水平虽然整体领先,但是区域与产业内部的发展仍然存在不平衡和不充分的问题。不同行业不同环节的信息化应用水平存在较大差异,部分关键环节信息技术应用不充分,信息化水平有待提高。整体上看,长三角地区农业生产信息化不同行业的潜能还未完全释放,有待深入挖掘。

一是从行业细分领域研究发现,农业信息化依托地区产业发展,产业部门提出转型需求和方案,技术部门协同推进传统产业的转型升级。例如,江苏省《省政府办公厅关于促进畜牧业高质量发展的实施意见》提出要提升现代畜牧业装备水平,推动规模养殖场设施设备改造升级,培育并遴选推介一批全程机械化养殖场和示范基地,加快江苏智慧畜牧业"一张网"建设。《省政府关于加快推进农业机械化和农机装备产业转型升级的实施意见》提出构建高质高效农业机械化生产体系,持续推进主要农作物生产全程机械化,研究改进苏北沿海等地区套作玉米、青储玉米种植模式和农艺,巩固提升水稻、小麦、玉米等主要粮食作物全程机械化水平。浙江省成立了农机装备创新研发推广联盟,《浙江省人民政府关于印发浙江省实施科技强农机械强农行动大力提升农业生产效率行动计划(2021—2025年)的通知》提出加快发展智慧农业,推广"产业大脑+产业地图+数字农业工厂(基地)"发展模式,建设种植业、畜牧业、水产养殖业数字农业工厂各100个,打造国家数字农业应用推广基地、数字农业先导区等数字化应用场景,加大工厂化农业攻关,加强动植物检疫防疫等数字化监管。《浙江省畜牧业高质量发展"十四五"规划》提出，推动全程机械化，加大养殖设施装备研发、鉴定力度，加快成套机械装备向全畜种、全环节推广应用，鼓励养殖企业开展物联化、智能化改造，着力推动机械化、数字化融合。力争生猪、奶牛规模养殖机械化率达到80%以上，大规模养殖场基本实现全程机械化。推动整体数字化，围绕管理数字化、主体数字化，优化升级数字畜牧应用系统，加快推动"浙农码"在畜牧业全覆盖，深入推进数字牧场建设，实现养殖、防疫、检疫、屠宰、无害化处理等全环节数据联动和闭环管理。浙江省还出台了《浙江省现代种业发展"十四五"规划》等行业发展文件。

二是从市场活力研究发现，信息化市场主体参与的活跃度直接影响当地传统农业向数字农业、智慧农业的转型发展。例如，上海市的上海数字农业农村云平台建设，由上海市测绘院、上海左岸芯慧电子科技有限公司等科研机构公司等支持；江苏省在南京国家现代农业产业科技创新中心集聚了一批院士团队、信息化企业，联合新希望集团、中信农业、苏美达等成立产业基金；浙江省的杭州海康威视数字技术股份有限公司、阿里云计算有限公司、浙江托普云农科技股份有限公司等信息化企业在行业内都是走在全国前列的；安徽省在智慧农业发展方面走在全国前列，中联农业机械股份有限公司参与智能农机具的研发生产、水稻全程数字化种植管理技术支撑等。

三是从示范基地研究发现，一批具有标杆性的基地引领产业数字化升级改造。为鼓励和引导信息技术在农业生产、经营、管理、服务等领域的应用创新，农业农村部2021年度农业农村信息化示范基地认定四种类型示范基地106家，其中，上海市有3家，江苏省有3家，浙江省4家，安徽省4家。各地响应号召，评选出一批省级具有显著成效的基地，例如江苏省2021年评选出省级数字农业农村示范基地30家，浙江省2021年评选出数字农业工厂210家。

四、未来展望与发展建议

在长三角区域一体化的国家战略大背景下，充分发挥政府的积极引导作用，激发社会的广泛参与意愿，深挖区域农业特色，加快长三角地区农业信息化发展水平提升，积极推进生态绿色农业高质高效快速发展，对擘画农业信息化"长三角"样板以及全面助力乡村振兴国家战略具有重要意义。长三角地区的农业资源禀赋、产业结构特征、现代农业发展水平等情况不一，政府资金保障能力、农业信息化支撑能力、应用主体接受能力也存在一定差异，基于这些差异性，进一步研究各地区推进农业信息化发展的适宜路径。针对长三角地区在农业信息化发展过程中存在的问题与约束，提出如下建议：

一是构建跨省域统筹机制，促进共同发展。长三角地区农业信息化发展水平差距较大,在农业信息化发展过程中弥合区域间农业发展的数字鸿沟是实现区域协同发展不可或缺的重要一环,须进一步完善省域间的统筹机制,突出区域特色,创新顶层设计,加强区域间的交流协作,补足各自短板弱项,为实现农业高质高效、乡村宜居宜业、农民富裕富足提供长三角案例与经验。例如,长三角地区各省(市)都建立了省级数字化平台,此后需要建立农业数据的互联互通机制,形成长三角地区农业产业数据标准,实现部分公共数据打通,赋能农业产业发展。

二是加大资金投入,推进信息化基础设施建设。完善农业信息化建设相关政策支持,加大财政投资力度,发挥政府引导作用,广泛吸引社会资本参与,鼓励更多社会力量深度参与。发挥各地农业产业园优势,开展农业招商,建立各地核心技术产业集群,避免重复投入和反复投入,形成错位竞争优势。在农机具购置补贴实施过程中,对长三角地区企业避免区域保护,实现区域间企业产品互补、技术互补机制。同时,继续推进和完善农业信息化基础设施建设,加快布局5G等数字技术在农业领域的推广应用。

三是推进技术创新与示范应用,构建智慧农业产学研发展联盟。推进长三角区域一体化发展是国家战略,对于如何促进长三角地区间携手合作、资源互补,需要研究三省一市合作"刚性需求",找准"问题切入点"。统筹长三角地区的科研机构、涉农高校、信息化企业、电商企业、新型农业经营主体等机构间的技术协作与交流,在各省智慧农业联盟的基础上,联合建立长三角地区智慧农业发展联盟,打造面向农业生产、经营、管理和服务等多环节及全产业链的农业信息化技术创新体系。充分发挥三省一市各自的产业与技术优势,围绕产业链开展核心技术攻关,推广成熟信息化产品,破除区域壁垒。结合各省市特色与优势建立一批农业信息化示范基地与农业数字化转型示范县或镇,推动数字技术与农业发展的深度融合,实现长三角农业信息化多维度全方位转型。

上海农业数字化转型面临的挑战与对策研究

(陆健东　徐力　姚江)

当前,数字经济已成为经济社会发展的重要引擎。习近平总书记在《不断做强做优做大我国数字经济》一文中指出,"互联网、大数据、云计算、人工智能、区块链等技术加速创新,日益融入经济社会发展各领域全过程……数字经济发展速度之快、辐射范围之广、影响程度之深前所未有,正在成为重组全球要素资源、重塑全球经济结构、改变全球竞争格局的关键力量"。在乡村振兴的大背景下,上海作为超大城市,积极响应国家做强做优数字经济的总体要求,按照上海城市数字化转型的战略部署,不断推进农业数字化转型,在遵循农业发展规律的基础上,运用数字新技术为农业生产者、消费者和管理者赋能,探索农业数字化转型的上海思路。

一、农业数字化转型的发展现状

现阶段,上海市委、市政府对农业数字化转型进行了有效探索,总体思路可归结为"一条主线,三个目标"。"一条主线"即围绕"藏粮于地、藏粮于技"要求,以信息化、智慧化手段推动上海农业高质量发展;"三个目标"是指实现"农民有效益、市民有口福、管理更轻松"的美好愿景。具体而言,上海农业数字化转型过程包含以下三条有效路径。

(一)坚持谋划为先,夯实农业数字底座

上海市委、市政府高度重视数字化转型工作,将推进上海城市数字化转型列为2021年"一号课题"进行研究。全市农业系统积极部署落实,按照"一图知三农、一库汇所有、一网管全程"的既定方向,坚持以打造农业数字底座为基础,擘画"1+N+X"架构的数字农业蓝图,即"农业农村一张图":九个涉农区现状农业用地地块的数字化上图,汇聚基础地理空间数据、土壤环境、遥感与光谱影像等多源数据,形成上海数字农业的一张基础底图。"农业农村一个库":打破农业行业壁垒,对多个专业主线的应用系统数据资源进行整合,通过数据归集、编目、治理,推进"农业农村数据资源库"建设,为解决问题、开发应用场景奠定基础。"农业农村一张网":以农业数字底图和专

题数据库为基础,建立系统融合应用标准,集种植、畜牧、渔业、农机、监管、宅基地等管理功能为一体。打造一套市区两级农业管理者数字看板,开发N类综合应用场景,整合X个核心业务应用系统。

(二)坚持技术为基,支持农业新技术应用

上海高度重视农业数字化转型的技术支撑工作,利用上海在人才、科技等要素方面的集聚优势,积极鼓励高新技术企业聚焦传统农业开展新技术研究,加强数字专业技术人才的培养和储备,支撑数字农业在生产、管理、服务等领域的数字化应用需求。

(三)坚持应用为王,推动数字化应用场景建设

把农业数字化转型作为推动农业转型升级的关键举措,从生产者、消费者、管理者视角开发建设各类应用场景,解决痛点问题,提升农业发展的质量,满足政府管理的现实需求。一是推动生产者应用场景建设。引导鼓励农业经营主体开展农业生产数字化转型,以应对传统农业发展面临的农业劳动力短缺、生产效率低下等瓶颈问题,"数字化"让"农民有效益"更进了一步。二是推进消费者应用场景建设。组织开展线上产销对接活动,利用线上平台的大数据分析功能,以市场的真实需求来引导优质农产品的生产,真正实现"市民有口福"。三是打造管理者应用场景。通过上海数字农业农村云平台提供的"领导驾驶舱"功能,管理人员可以掌握农业各条线的综合管理情况,让数字辅助决策,真正做到"管理更轻松"。

二、上海农业数字化转型面临的瓶颈

着眼全局,上海农业数字化转型仍处筹划阶段。《2021全国县域农业农村信息化发展水平评价报告》指出,2020年全国县域农业农村信息化发展总体水平达到37.9%,其中浙江在全国继续保持领先地位,发展总体水平为66.7%;江苏和上海分居第二、第三位,发展总体水平分别为56.5%和55.0%。当前,上海农业农村信息化发展总体水平处于高位,在数据采集、场景应用、技术应用等方面发展迅速,但与浙江、江苏相比仍然存在差距,有待进一步突破瓶颈制约。

(一)统筹规划仍显不足,政策支撑体系薄弱

上海已初步建立城市数字化转型"1+1+3+3"政策框架,但在农业数字化转型方面,统筹规划不足。《上海市乡村振兴"十四五"规划》和《上海市推进农业高质量发展行动方案(2021—2025年)》中提到了数字农业建设的主要任务,但就本市农业数字化转型,未见系统性的谋划思考,政策支撑体系薄弱(上海城市数字化转型"1+1+3+3"政策框架:"1"是《关于全面推进上海城市数字化转型的意见》,"1"是《上海全面推进城市数字化转型"十四五"规划》,"3"是《推进上海生活数字化转型构建高品质数字生活行动方案(2021—2023年)》《推进上海经济数字化转型 赋能高质量发展行动方案(2021—2023年)》和《推进治理数字化转型实现高效能治理行动方案》,"3"是《上海市数据条例》立法、《上海市促进城市数字化转型的若干政策措施》和上海数据交易所基础设施)。《上海市数据条例》的出台为上海城市数字化转型提供了法治保障,而上海农业数字化转型中涉及的农业数据全生命周期的规范性管理问题,同样须依托《上海市数据条例》为制度基础加以解决。然而现阶段,上海在农业领域对生产者、消费者和管理者等不同主体使用数据过程中涉及的主体数据权利、规范利用、数据红利公平性等关键性问题,尚未进行系统性研究,相关政策措施还不到位。

(二)数据资源整合乏力,应用场景缺乏深度

《上海市数据条例》为全面激发数据需求活力、护航网络和数据安全提供了有力的法制保障。但在此基础上,对本市在农业数据的"聚、通、用"方面还存在明显不足。一是农业农村数据汇集广度不够。一方面,对本市农业农村的数据管理主要依托市农业主管部门掌握的业务管理系统数据(如土地数据、农业企业数据、合作社数据等),其他数据资源的汇集利用则较为困难。另一方面,政府对数字技术的应用主要集中在土地、环境监测等方面,对经营主体(如农业产业化企业、各类农业专业合作社)的终端覆盖仍在探索。同时,在数据采集上,仍以各经营主体上报、填报为主要方式,数据质量参差不齐。二是农业农村数据资源共享动力不足。当前,数据在点对点层面共享比较慢、共享比较难、渠道较多。农业数据的出口和入口管控存在"手势不一致"的问题,尚未形成市、区两级农业农村数据共享交换机制,区级、镇级调用市级数据还比较困难。三是农业农村数据赋能深化不足。在市大数据中心层面,本市有关数据已汇集了国家、长三角地区和本市各行业等海量数据,但缺少与民生、流通、交通等数据的互联互通,尚未进一步拓展在生产者、消费者和管理者等多方面的应用场景。

(三)数字农业新基建建设缓慢,社会协同效应显示度低

一是数字农业"新基建"缺少统一规划。5G、物联网、大数据、人工智能、区块链等技术在车辆、能源行业应用发展较快,在农业领域的应用还存在短板,数字农业"新基建"还缺少全局性、系统性统筹规划。二是农业数字化平台的建设、系统开发、技术应用、设施改造缺乏资金支持。当前农业经营主体普遍缺乏农业数字转型的资金投入能力,而数字化服务企业和营运机构尚多处于观望状态。三是数字农业建设尚未形成合力。政府部门、技术企业、农业企业(合作社)、高校及研究机构等各方在数据农业建设中定位不明确,作用发挥有限,仍未建立起协同推进的机制。

(四)数字化转型人才短缺,数字化服务体系不完善

上海实施信息化职能整合,尝试从体制机制上破解"系统小而散、互联互通难、数据共享难"等信息化瓶颈问题,目前已在技术人才方面实现了全市统一管理,构成了城市数字化转型的技术之基。相对于城市数字化转型而言,上海农业数字化转型的驱动力仍显不足。一是农业生产经营主体信息化人才短缺。农业生产经营主体开展数字化转型,必然会经历数字化、智能化到智慧化的发展过程,不仅需要高素质的职业农民,而且需要信息化专业人才,当前农业生产经营主体配置的信息化专业人才多数以应用信息技术为主,不具备数字化系统构建和技术应用指导服务能力。二是数字农业第三方服务体系尚不健全。不少农业企业遇到使用问题,往往需要请教专业人员,成本较高,深化应用困难。数字农业第三方服务主体还是以项目、技术服务、产品等传统方式在提供服务,吸引农业经营主体主动开展数字化转型驱动力不强。

三、促进农业数字化转型的对策思考

持续支持发展数字农业,推进农业数字化转型,是上海落实国家大数据战略、数字乡村战略的应有之义,也是实施《上海市乡村振兴"十四五"规划》及推进城市数字化转型的重要任务。"十四五"期间,上海将依托全面推进城市数字化转型和建设国际数字之都的重大成果,把握数字农业"四全"发展趋势(数字技术全环节应用、生产经营全流程再造、线上线下全方位对接、管理服务全生命周期),以新一代数字技术全面改造传统农业,进一步推动上海农业实现整体性转变、全方位赋能和革命性重塑。为此,本文提出以下对策思考。

(一)加强顶层设计,积极构建推进及配套机制

从全局看,上海农业数字化转型仍处于筹划起步阶段。未来,上海要打造全国数字农业、数字乡村的标杆,需做到"两必须一主动"。一是必须紧跟上海市城市数字化转型建设步伐;二是必须努力找准痛点难点;三是积极主动破解瓶颈制约。

坚持把农业数字化转型作为上海发展都市现代绿色农业和增强农业核心竞争力的有效抓手,按照全市统一部署,深入开展农业数字技术路线图研究和农业数字化趋势研究,制定中长期农业数字化转型策略和技术路线图,形成指导短期及中长期数字农业发展的顶层设计。

(二)提升服务理念,让政策落地更精准

践行"人民城市人民建、人民城市为人民"理念,依托上海数字农业农村云平台,利用全市大数据共享机制,以数据驱动农业部门流程再造、规则重构、政策重组、功能重塑,实现由"行业管理"向"行业服务"的转变。

（三）深化应用场景,赋能行业发展

要强化"系统集成、整体提升"的数字化理念,持续推进种植、畜牧、渔业等各行业的数字应用场景建设。一是继续推进智慧无人农场建设。积极推动农业企业(合作社)、数字技术开发企业、科研机构建立紧密合作机制,加大作物生长模型、智能灌溉、智能监测、智能装备、水肥一体系统等方面的研发力度,为智慧无人农场建设打好基础。二是有力推进数据融合挖掘。要进一步完善农业专题空间数据库建设,强化数据汇集,夯实数字底座。进一步充实农药、种子、化肥、病虫害等基础信息库。积极运用大数据分析、云计算、区块链技术,挖掘数字农业云平台的大数据资源应用价值,尝试对"农业农村一张图"中的"地、房、户、人、河、路"等数据开展空间分析,为乡村规划提供数据支撑。三是积极探索数字赋能。运用最前沿的智联技术,把智慧农场与智慧加工厂、智慧物流、智慧超市等物物互联,孕育基于数字技术的农业产业变革。四是探索数字农业在生产、监管、流通等领域的闭环管理应用场景。市民可以通过一键扫码了解农业经营主体的背景、生产、监管、认证和评优等溯源信息,购买到优质农产品。既能通过便捷溯源,实现"市民有口福",又能通过优质优价,实现"农民有效益"。

（四）强化多元共建,促进政产学研用深度协作

农业数字化转型投资大、回报周期长、科技装备要求高。上海未来要成为农业数字化转型的先行者、高科技农业解决方案的提供者,离不开企业、高校和科研院所的合作。要着力打造政产学研用合作联盟,构建农业数字化转型产学研协同创新与应用机制,充分调动和激活全社会创新要素资源,保证关键技术与装备的研发创新及应用,为农业数字化发展提供技术支撑。同时要通过降低农业经营主体应用成本,构建技术指导服务体系,促使农业经营主体主动开展数字化转型,提升农业经营主体的市场竞争力。

参考文献

[1]习近平.不断做强做优做大我国数字经济[J].求是,2022(2).

[2]农业农村部市场与信息化司农业农村部信息中心.2021全国县域农业农村信息化发展水平评价报告[R].2021(12).

（原载于《江南论坛》2022年第2期）

民营企业参与乡村振兴的新探索

——崇明区新安村后续发展的跟踪研究

(章慧　单金　詹志敏　张乐钰)

自上海实施乡村振兴战略以来,已分四批建设了 88 个乡村振兴示范村,形成了超大城市乡村振兴的样本。乡村振兴示范村建设已成为上海实施乡村振兴战略的主引擎和先手棋。崇明区新安村是民营企业参与乡村振兴示范村建设的案例,本文对其在乡村振兴示范村市级复核通过之后的发展情况进行了跟踪研究,总结其经验和做法,研究存在的瓶颈和问题,并提出了发展建议。

一、新安村乡村振兴发展概况

新安村位于崇明区三星镇东北中部,属于全市第二批乡村振兴示范村,村域面积 2.2 平方公里,耕地面积 2 042 亩,现有村民小组 20 个,农户 563 户,户籍人口 1 234 人,其中党员 73 人。经过三年的创新探索,新安村的乡村振兴工作已取得显著成效,并且自 2020 年乡村振兴示范村市级复核通过以来,相关工作不仅没有按下"停止键",反而按下了"加速键",一批批新项目又在建设或谋划中,镇领导、村书记和企业负责人都表示,要继续努力打造上海乡村振兴示范村的"升级版"。

(一)农科文旅,产业融合,持续推进

新安村以打造田园综合体为核心,以农村综合改革标准化试点和乡村振兴示范村建设为契机,成立了民营资本与集体经济合资的混合所有制企业———上海玉海棠生态农业科技有限公司(以下简称"玉海棠公司"),围绕"一花一草一湖",持续做优做强特色产业,正逐步构建起"农业+科技+文化+旅游"的现代乡村产业融合发展体系。一是推动海棠花从"一朵花"向"一条产业链"拓展。在前期打造 23 亩的海棠盆景园,兴建 1 340 平方米玻璃大棚的基础上,进一步推动海棠展销、艺术栽培、食品研发、手工教育、文创开发等一体化发展。现在,游客在欣赏海棠的同时,还可以带走海棠盆景、品尝海棠食品、享受乡村民宿,这些附加产业在 2020 年给新安村带来了近 10 万元的收益。二是扩大苦草种植规模,研发系列产品。苦草种植规模已由 2020 年的258亩扩大到2021年的8个村共计787户的1 530亩,在对农户实行定向包收的基础上,与中科院上海药物研究所合作研发,研制形成苦草清茶、黄金茶、崇明苦草粉、精油、纯露等系列产品,苦草养生体验馆将于年底开始营业。三是逐步打造海棠湖农业综合体。在废弃的500亩鱼塘的基础上,合塘成湖,形成了343亩的水域面积的海棠湖,启动了"崇明清水蟹稻绿色种养示范园建设项目",投放蟹苗16万只,出产的清水蟹已正式上市售卖,后期将进一步以"种、游、养、娱"为中心建设海棠湖农业综合体,或成为崇明西部农旅、渔旅、文旅结合的一大亮点。四是持续推进"无围墙农业科创园区"建设。持续建设新兴产业试验孵化基地——"棠上人家"及院士、教授、博士工作站,已吸引二十余家产、学、研单位陆续入驻,在水环境、种养殖、康养、花卉、智慧能源等方面开展战略合作。五是积极发展文化和旅游新业态。2020年底完成国家3A级旅游景区创建,并持续推进乡村民宿、特色老街、稻田驿站等乡村景观和文旅体验区的开发建设,推出草帽论坛、泥地足球赛、稻梦空间、野趣丰收营等休闲旅游品牌,让乡趣、乡愁、乡味成为亮点,2020年累计吸引游客近十万人次。

(二)陌上花开,生态宜居,持续提升

新安村过去曾被当地人称为"崇明的乡角落",村干部回忆说:"几年前我们办公室还是毛坯房,外面下大雨,里面下小雨。"而如今通过乡村振兴建设,"像公园一样"成为很多人步入村子的第一印象。82岁的李老伯笑着说:"以前我们村最破了,但现在建得比隔壁几个村都要漂亮得多,出门也可以脚不沾泥了。"目前,新安村人居环境在巩固前期建设成果的基础上持续提升,并由核心区域逐步向外延伸。一是各类基础设施得到良好维护。二是稳步推进为老服务中心、老年助餐点、便民服务中心等的新建与维护工作,截至2020年底,村内公共服务设施总建筑面积已达约3 000平方米。三是与上海电气合作开发屋顶光伏发电,量身打造了集"风光储充"于一体的智慧微电网系统,新建新能源停车位106个。

(三)富裕富足,治理有效,持续发展

生活更加富裕。新安村以玉海棠公司为载体,通过多种途径壮大村集体经济,提升村民收入水平。一是增加村级资产,夯实集体经济基础。在参与乡村振兴建设的三年中,玉海棠公司各类固定资产投资约1.6亿元,其中村级集体股份占20%(约3 200万元)。二是保障村民持续稳定的租金收益。玉海棠公司从村民手中流转部分土地发展产业,每年支付土地租金约580万元。三是发展订单式苦草种植产业。按每亩产量约480斤干苦草、10元/斤收购价计算,2021年带动村民总获利约735万元。四是积极吸纳当地村民就业。常年参与村庄项目建设和管理的本村劳动力约300人,2021年已累计发放本地务工人员工资近1 000万元。另外,聘用本地员工每年发放工资达700万元。五是盘活村民闲置农房,打造品牌民宿。2021年玉海棠公司启动村内闲置农房改造民宿项目,首期统一改造了9户村民的闲置农房,给予村民11元/平方米的月租金,预计2022年春节前投入运营,未来还将根据营业情况给予农户10%的利润提成。据统计,新安村农民人均可支配收入从2017年的2.29万元提升至2020年的3.06万元。

精神富足,治理有效。在户长制与微网格的作用下,乡村治理更加精细化。2021年上半年,新安村和玉海棠公司成立了"乡村振兴微基金",由玉海棠公司每年出资30万元,用以奖励积极参与乡村治理并做出贡献的村民,有效提升了村级自治和各项精神文明建设水平。另外,企业除了带动村民增收外,每逢重阳、春节等节假日都会给村里的老年人和困难户送去慰问品或慰问金,每天免费给村里80岁以上老人送餐,平价开放公司食堂等。村民实实在在地感受到产业发展带来的温暖和实惠,精神生活也发生了大改观,更主动地参与到各类文化活动和乡村建设中来,从"要我干"变成"我要干"。村民自发组建了气功队、广场舞队等4支业余文体队伍,2020年内共开展群众文体活动12次。村民王大姐说:"感觉现在条件好了,大家的脸上也都变得轻松,不像以前穷的时候,整个人都是很压抑的感觉。"村干部也提到:"村民得到的实惠多了,就不会去为小事斤斤计较,更愿意配合我们工作,村里的矛盾也变少了。"

二、新安村乡村振兴模式特点和经验

2018年,在政府的牵线搭桥下,成立了玉海棠公司,其中新安村集体经济合作社占股20%,民营企业占股80%,探索了民营企业参与乡村振兴的新模式。在能人的带领下,结合当地自然资源禀赋,形成"村企民"协同发展的良好格局,其特点和经验主要有以下四个方面。

(一)政府开放包容,大胆创新

为鼓励民营企业参与乡村振兴,区、镇两级政府敢于担当,做出突破创新,给予了充分的政策和机制保障。一是区、镇两级政府不给玉海棠公司现金,给予政策支持,将玉海棠增量资本转化为建设资金,用于新安村乡村产业发展、公共基础设施建设及维护运营。二是形成了镇政府监管、村集体参与、企业全面负责实施的乡村振兴发展模式。为实现对玉海棠公司的规范化管理,由镇领导挂帅,镇里相关部门、村委会和玉海棠公司共同参与,研究设立了"三星镇田园综合体管委会",负责产业发展方向把关、重点建设项目申报,并将返税资金纳入镇级财政预算系统进行管理。正是有了区、镇两级政府旗帜鲜明的支持,才有了社会资本积极参与的动力。企业负责人表示:"政府的支持政策为我们创新了一种输血机制,很好地调动了我们参与乡村振兴

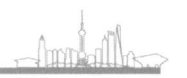

的积极性,大大提升了我们投身乡村振兴的勇气和底气。"

(二)企业灵活高效,联结紧密

新安村的乡村振兴模式既让政府实现了"运动员"与"裁判员"的分离,又引入了民营企业的运作机制和管理方式,利用其机制上的灵活性,充分发挥其在资金、技术、管理、市场等方面的独特优势,大大提高了乡村振兴建设的效率和效益。在运维提升方面,形成了乡村振兴"投建管用"一体化的建设机制。前期在策划阶段就围绕企业产业发展的需求进行有针对性的项目设计和土地规划,有利于产业的落地落实,后期项目的实施、运维和效益转化均由企业负责,不仅解决了运维资金来源,而且大大提高了建设成效转化为经济效益的效率。在利益联结方面,玉海棠公司不仅承担了新安村乡村建设的各项任务,带动村集体和村民增收,而且积极承担社会责任,参与到乡村治理和文明创建的各项工作中,建立了紧密的利益联结机制,形成了共同提升的强大合力,使得新安村的乡村振兴不仅没有出现"干部干,群众看"的尴尬局面,反而形成了"干部支持,群众配合,企业积极"的良好格局。

(三)产业特色明显,连片发展

一方面,因地制宜,挖掘、打造"一花一草一湖"等特色产业。海棠花是三星镇的镇花,新安村围绕海棠IP,打造了集种植、加工制造、创客服务于一体的田园产业链;苦草在崇明地区已有数百年历史,老百姓们一直将其种在宅前屋后,待女性生产后食用,现在玉海棠公司与科研院所合作,对其食药用价值和文化价值开展了深度的挖掘,形成了完整的苦草产业链,将苦草从宅前一棵草变成了致富生意经;海棠湖则利用崇明在螃蟹养殖业的地域优势,发展清水蟹稻绿色种养,并向休闲农业逐步延伸。新安村的产业发展充分践行了习近平总书记的"两山理论",寻找到了符合自身发展条件和历史传承的切入点,有效避免了产业陷入同质化、低端化。另一方面,通过"以镇带村"协同发展,形成区域优势。新安村的乡村振兴是在区政府的支持下,由三星镇政府牵头对整个三星镇东部发展进行规划,明确了以新安村为核心形成区域联动,然后整合镇域资源,推动产业形态由"小特产"转变为"大产业",空间布局由"平面分散"转变为"集群发展",主体关系由"同质竞争"转变为"合作共赢",实现了横跨4个行政村,集"农科文旅"为一体的大产业布局。"以镇带村"更好地破除了地理和行政边界效应,提高了资源整合与配置效率,形成设施共建、资源共用、产业共兴、文化共融、服务共享、区域共治的格局。

(四)能人用心用情,共同致富

"火车跑得快,全靠车头带。"乡村振兴工作要做好,能人带头是关键。玉海棠公司董事长施大钟作为三星镇本地人,很早就离开家乡闯出了属于自己的事业,2016

年一次偶然的机会回到家乡,接触到农业,看到了家乡的农业农村还有很大的提升空间,他毅然将企业托付给职业经理人,带着家人回到家乡,全身心地投身到乡村振兴建设中。访谈中,他跟我们笑谈道:"现如今像我一样开着大奔,每天穿梭在田间小路上的老板不多了吧。"他告诉我们,自己有决心将产业做好,未来要打造出"匹配国际化大都市的乡村振兴样板","让新安村的老百姓们都富起来","未来要让夜晚的农村亮起更多的灯光"。施大钟的情怀和热情深深地影响了公司的员工和村民,在他的带领下,新安村的乡村振兴迸发出了更强的活力。

三、基层反映出的问题与诉求

新安村的蹲点调研让我们看到了一个可持续、可借鉴的乡村振兴样板,但同时也反映了一些基层的问题与诉求。

(1)在形成持续"造血"机制前须保持政策供给的稳定和连续。目前,新安村乡村振兴的建设资金主要依赖于独立招商的特殊财政奖励政策,该政策能否持续引起了各方的担忧。

(2)乡村产业发展的土地资源供给力度和灵活度仍需提升。无论是发展特色种养业还是发展中高端的休闲旅游业,客观上都需要有房屋和供地作为保障。

(3)各方均对未来产业价值能否实现表示担忧。玉海棠公司是否能"走出去"经受住市场的考验还存在着较大的不确定性。

(4)村民普遍对收益有高预期。目前玉海棠公司的产业还在发展初期,并没有对村民进行分红。

(5)公共基础服务配套设施建设的针对性有待提高。一是希望提升公共基础服务设施与产业发展需求的匹配度。二是希望提升新建基础服务设施与村民实际生活需求的匹配度。村干部希望将来能有自下而上提出建设项目需求的通道。三是基础设施建设能由核心区进一步向外扩展。

(6)人才短缺或成为未来发展的最大瓶颈。目前新安村常住人口716人,其中60岁以上542人,占比达75.7%。村干部希望能够通过定向培养或继续选派选调生等方式充实基层人才队伍。企业负责人希望政府也能给参与乡村振兴的民营企业一些吸引高端人才的落户政策,或者缩短年限要求的户籍优惠政策等。镇领导建议企业中层管理队伍应该要引进多方面的人才,同时建议要带动好本地村民,多对他们进行就业培训,这样才能把企业的基层工作队伍壮大起来。另外也提出希望能多给村里定向培养本地的大学生。

四、思考与建议

此次调研,我们全面了解了新安村华丽蜕变的过程,看到了其未来发展的美好蓝图,但同时也听到了各方面人员心中的隐忧,这些信息引发了我们对未来乡村振兴工作的思考。

(一)市级乡村振兴示范村复核通过不是终点,而是起点

一是示范村复核通过后,仍然需要继续投入,久久为功,在原有基础上进一步巩固和提升建设成果,逐步打造出示范村的"升级版",更好地发挥出示范引领和辐射带动的作用。二是村集体和企业应充分利用政策契机,抓紧形成自身的"造血"机制,而在此之前,政府仍需要维持政策"输血"的稳定性,并持续跟踪示范村的后续建设情况,关注各项政策是否真正落地落实,为巩固已有的建设成果和持续全面推进乡村振兴提供支撑。在这个过程中,我们既要有紧迫性,也要有足够的历史耐心,要在不断夯实"稳"的基础上,持续积累"进"的因素,形成可持续发展的良性循环。

(二)鼓励改革创新,打造"乡村振兴建设示范引领区"

在当前的新发展阶段下,农业农村的改革已进入"深水区",许多新情况、新任务都没有先例可循,也没有现成的经验可以照搬,需要有优势的地区走在前列、形成引领。建议市、区农业农村、规划资源等相关部门继续支持以新安村为代表的各类乡村振兴示范村开展先行先试,改革创新,在土地、人才等方面向示范村放权,为产业发展松绑,鼓励各类资本、各类主体进入乡村,推动乡村振兴,形成好经验、好做法,带动上海农业农村现代化水平的整体提升,打造充分体现习近平总书记"两山"理论的上海实践样板,形成推进上海乡村全面振兴的引领效应,做出城乡共同富裕的先进示范。

(三)突破要素制约,为各类市场主体参与乡村振兴搭好平台

由于乡村发展基础薄弱、制约要素多等因素,当前真正愿意参与到乡村振兴建设中的市场主体还不够多,力量也不够强。如今党中央统筹全局,合力全面推进乡村振兴的政治优势已经形成,上海乡村产业发展面临"第二次进入市场经济"的新形势,亟须加快完善城乡要素对流机制,突破要素制约,为各类市场主体参与乡村振兴营造更好的环境,充分激发农村发展内生动力。一是加大土地资源供给力度。在镇域或区域空间内,增强土地空间管理弹性,统筹盘活闲置或低效土地资源,支持乡村产业发展。二是深化农村土地和集体产权制度改革。放活农村宅基地使用权流转,促进闲置宅基地的有效利用。要为资产向资本的属性转换提供制度基础,探索实施农村集体经营性建设用地入市制度,农民或经营主体可以利用拥有的土地或房屋的经营权等资产向银行申请贷款、向保险机构申请保险等。三是推进农村金融服务改革与信

用体系建设,激发金融机构支持乡村振兴的内生动力,加大对农村基础设施投融资的中长期信贷支持,创新涉农金融产品,重点支持乡村产业发展。四是要加强农村引进和培养人才的力度,夯实农村基层干部队伍的建设,加大对基层干部的培训力度,同时积极吸引各领域创业创新人才返乡下乡,以人才回流为乡村发展引入更多的技术流和资金流,从创业、居住、公共服务等全套政策支持体系建构出发,不断完善创新创业扶持和激励机制。

(四)持续深入谋划,切实发挥规划和设计在乡村建设中的引领作用

一是注重产业发展布局。规划和设计前要充分分析产业特点和需求,认真论证,科学布局,预留弹性空间,为产业进一步发展打好基础,避免多次规划。二是充分尊重村民意愿。要以方便村民生产生活为原则,充分听取广大村民的意见,调动村民对美丽家园建设的热情。在近期规划中要解决村民最关心、最急切、最有可能实现的问题,使村民短期内能看到成果,提高其参与积极性。三是注重完善设施配套。要根据村庄发展和村民生产生活的实际需要,坚持基础设施优先、公共服务设施优先,合理布局。四是深入挖掘文化特色。注意乡土味道,不断赋予乡村更多文化内涵,保留乡村风貌,发展有历史记忆、地域特色的美丽乡村。

(五)发展壮大村集体经济,切实推进共同富裕

在共同富裕的大背景下,我们除了关注老百姓受益的广度和深度,还要关注村集体经济是否发展壮大,最重要的是要在产业发展的过程中,构建紧密联结村集体经济和村民的机制。集体经济壮大了,不仅能够更好地把党和国家的各项支持政策真正落实到依靠和促进农村自身发展的轨道上来,在物质上实现共同富裕,还能明显提高乡村的幸福感,凝聚人心,从而更好地实现乡村治理有效和乡风文明,进而促进精神上的共同富裕。因此,要打通以产业发展壮大村集体经济,进而促进村民共同富裕的路径。要深化农村集体经营性资产股份合作制改革,鼓励村集体打破村域界限,通过村企合作、多村联营等方式发展新型集体经济,创新集体经济运营机制,多渠道增加农民收入,同时深度挖掘和利用好本地资源,加快资源资产化、资产股权化、集体与农民股东化进程,使老百姓更切实地享受到乡村振兴的红利。

(原载于《上海农村经济》2022年第4期)

街镇统筹 共同发展

——青浦区夏阳街道集体经济高质量发展案例

(王珏 胡晓滨 唐国平)

农村集体经济是社会主义制度在农村地区的典型表现,也是国家农村改革的重中之重。实现农村集体经济的高质量发展,减少集体间与集体内部的经济发展不平衡,积极探索集体经济合作经营模式,对乡村振兴战略实施和实现共同富裕具有重要意义。青浦区夏阳街道通过街镇统筹,解决农村集体经济发展中跨村合作问题;通过规划先行,解决乡村产业项目落地用地紧张问题;通过优化资源,解决集体组织与村民之间利益联结问题,走出了一条街镇统筹、共同发展的新型农村集体经济发展的特色道路。

一、夏阳街道基本情况

青浦区西与苏州市吴江区、苏州市昆山市相连,是上海的西大门,人文历史资源丰厚,水乡文化浓郁,区域内水系河网密布,毗连淀山湖水域,生态自然条件优越。得益于自然环境优势与历史文化的积淀,青浦区 2017 年成为上海市首批国家全域旅游示范区之一。夏阳街道地处上海青浦新城中心,是青浦区委、区政府所在地,区域位置独特,以 318 国道为界,整体呈"北城南乡"格局。北侧城市化区域有 24 个居委会,面积 10.47 平方公里;南侧农村区域有 8 个行政村,面积 18.12 平方公里,以及青东农场 7.34 平方公里,是典型的城乡结合地区。近年来,夏阳街道深入贯彻落实习近平总书记关于"产业振兴是乡村振兴的重中之重"的重要指示精神,依托超大城市资源集聚优势,聚焦产业兴旺,依据其区位特点,将街道乡村振兴的空间确定为"一心、两轴、六片区"[①],由街道统筹集体经营性建设用地,统一规划布局,探索农村集体经济转型发展之路,带动城乡融合发展。同时强化体制机制建设,为协调推进乡村产业发

---

① "一心"即外青松公路 G50 出口产业导入核心区;"二轴"即外青松公路服务业总部产业发展轴和青昆路体验式休闲农业发展轴;"六片区"为街道内六个产业发展片区。

展提供坚实的制度保障。

二、特色做法

(一)规划先行,预留集体经营性建设用地

2014年夏阳街道启动郊野单元规划编制,2015年《夏阳街道郊野单元规划》获得市级审批,成为全市首批完成乡村规划的街镇之一。在此次郊野单元规划编制中,夏阳街道在辖区范围内规划部分商服用地,为乡村振兴预留了战略空间,可以通过产业项目导入带动乡村发展。2015年,上海开始实施低效建设用地减量化,依据编制好的郊野单元规划,夏阳街道在减量化过程中保留下来了一部分集体产业项目,很好地保持了企业和投资者的积极性及在夏阳街道投资的信心。通过两轮减量化三年行动,夏阳街道累计减量企业1 000多家,复垦198工业用地1 100多亩。依据郊野单元规划,夏阳街道范围内仍有部分集体建设用地指标待落地。

(二)集体产权制度改革,打破村组边界

农村集体产权制度改革后,夏阳街道位于318国道南侧的8个行政村成立了8家经济合作社,农民变股民,村集体由行政单位转变为经济单位。为解决村级经济合作社经济实力不足、决策过程相对简单随意和商业人才不足等问题,同时兼顾6个撤并村的集体经济发展,2016年由8家村经济合作社和街道经联社共同出资成立街道投资平台——上海夏阳湖经济发展有限公司,有效整合了各村资金、资源、资产。为实现资源效益最大化,夏阳街道将全街道的集体经营性建设用地配置到更好的区位,由夏阳湖经济发展有限公司统一开发建设,最终实现村经济合作社共同持股、共同投资、共享收益。

(三)多样化物业经济模式,集体获得稳定收益

围绕"一心、两轴、六片区"的空间布局,夏阳街道积极进行产业导入,目前已经启动文旅康养综合体、枇杷园提升项目,后续还将继续拓展产业类型,拟导入婚庆产业综合体、办公综合体、农民职业培训中心等项目,通过集体建设用地直接出租和建成房屋资产两种渠道,给集体带来稳定收益。一是拓展土地租赁模式。夏阳街道位于青浦新城中心,具有发展物业经济的先天优势。为此,夏阳街道延续了传统的集体建设用地直接出租的发展模式,如由街道经济联合社及其下属上海夏阳湖经济发展有限公司负责办理集体建设用地相关手续并承担费用支出后,以集体建设用地租赁方式与社会资本合作,打造产业项目,集体可获得约8万元/亩的年租金和相应财税政策收益。此外,为提升集体建设用地附加值,夏阳街道也在积极探索新的合作模式,变土地出租为物业出租,尝试在街道联社获得集体建设用地使用权后,由其根据社会

资本的需求继续投资建设房屋资产,建成后以集体资产租赁方式与社会资本合作,集体获得年租金的同时获得相应的财税政策收益。二是合同约束带动农民增收。引入社会资本带动产业发展的同时,夏阳街道还在合同中明确要求进驻社会资本要带动农民增收。一方面要求产业项目建成运行后,优先聘用本街道居民,增加农民的工资性收入;另一方面,"一心、两轴、六片区"的空间布局及其产业定位将带动乡村旅居、民宿等产业发展,农民可以通过农房出租,获得相应的财产性收入。此外,学农教育产业、农业科普休闲产业等新产业新业态的发展也将带动农用地流转,社会资本还将给予农民一定的创业指导,在一定程度上增加农民收入。

三、经验和成效

(一)围绕整体打造、融合发展,建立乡村产业发展协同机制

一是坚持产业联动。结合夏阳街道区位特点和自然景观,全域打造乡村旅游线路,整合产业发展资源。同时,组建产业协会协调机制,统筹企业间分工合作,促进产业互动。二是突出产业带动。在进行集体建设用地布局时,夏阳街道充分利用区位优势的同时,考虑到8个行政村的发展需求,均对其进行了建设用地规划布局,以主要商业板块带动村庄发展,以二、三产业带动农业发展,以企业发展带动农民共同富裕,努力实现生产发展、生活富裕、生态文明的美好愿景。

(二)围绕促进政府、集体和企业合作共赢,探索集体经济"造血"机制

一是建立产业准入机制。夏阳街道办事处依托现行支农政策,通过项目聚焦、政策叠加,改善农村基础设施建设和公共服务供给,在营造良好投资环境的同时,建立产业准入机制,筛选优质项目,确保产业导入能级。二是建立利益联结机制。夏阳街道积极探索集体经济组织物业经济转型发展之路,以土地流转和资产租赁为主要方式与社会资本合作,计划通过集体建设用地入市、投资集体商业资产、整合农民富余住宅等方式获得集体经济收益。引进的社会资本在投资建设和运营具体产业项目的同时,积极承担支持乡村振兴的社会责任,吸收农民就业、培育农民创业。

(三)围绕现行政策支撑和区级部门业务支持,建立项目推进保障机制

一是积极争取政府性投资项目。乡村振兴的根基在于基础设施和公共服务,当前农村集体经济发展仍面临基础设施落后的"硬约束"。为加快农村基础设施建设,夏阳街道积极争取政府性投资项目,在实现城乡公共服务均等化的同时,为乡村产业发展奠定了交通、管道、通信、水电等基础设施以及相应的配套服务保障。二是积极参与项目试点。在区发改委、区农业农村委、区规资局、青发集团等支持下,夏阳街道积极参与乡村旅游项目试点等工作,为合理利用社会资本投资建设乡村实体产业探索政策路径。三是积极深化农村集体产权制度改革。夏阳街道成立的上海夏阳湖经济发展有限公司,探索了由各村共同出资筹建经济实体发展集体经济的道路,为集体经济组织统筹自身发展资源参与乡村产业发展、获取经济利益、分配集体收益奠定了制度保障。

(四)围绕点状供地赋能乡村产业振兴,完善农村产业发展用地统筹机制

夏阳街道积极探索破解乡村产业项目用地落地难问题,采用点状供地等灵活用地方式,保障产业发展和兴村富民的用地基础。一是统筹规划,灵活用地。夏阳街道统筹规划区域内各类产业项目实施情况,主要通过点状供地方式,在完成发改委项目备案和项目建设方案的基础上,正在办理部分集体土地农转用手续,以满足乡村旅游经济、婚庆产业综合体、农民职业培训综合体等产业项目的建设用地需求。二是长期谋划,利益共享。一方面,相比成片供地,点状供地更有利于实现集约节约用地,长期来看可以最大限度地避免耕地大规模不可逆转地转为建设用地,既保护耕地资源,也有利于降低供地门槛、破解乡村产业项目用地困难的桎梏,有助于实现经济价值、生态价值、美学价值的合理平衡。另一方面,夏阳街道采用点状供地方式,可以避免供地项目与乡村产业之间割裂的一次性买卖关系,与引入经济主体签订合约,有助于与当地农民建立密切利益关系,解决当地农户就业并带动村民创业,拓宽农民增收渠道,保障村集体经济组织、村民等多个主体实现利益共享,给当地留下可以长期获益的资产。

四、思考与建议

(一)规划先行,解决产业项目落地难

在土地资源紧张的硬约束下,乡村产业振兴的道路常常卡在集体建设用地指标上,最终导致项目难以落地。近年来农村土地制度改革中,集体经营性建设用地入市是中共中央重点推进的三项改革任务之一,只有合理规划土地范围和开发边界,明确土地用途,才能最大化激发农村土地资源活力。一是合理盘活土地,做好资源统筹。现阶段乡村产业发展以及集体经济高质量发展,不能延续村村点火、户户冒烟的老思路,也不能走简单集体化道路,应当充分盘活乡村资源,打通资源变资产的现实路径。在坚守最严格的耕地保护政策的前提下,要围绕盘活土地资源的核心问题,首先要做到把乡村产业用地规划好,为乡村产业预留充足的发展空间,结合区位条件和自然资源禀赋"因地定产",统筹做好灵活供地安排,确保每个地块用途清晰。二是划清责任边界,确保用地规范。压实项目落实部门责任,划好用地监督边界,做好规划上图入库管理,对项目用地的使用情况、合规情况,以及项目对于乡村产业发展的贡献做出有效评估,确保项目用地是服务于乡村产业与乡村振兴项目。要切实提高农村集体资产管理水平和效率,发挥"三资"监管平台功能,加强土地用途监管能力建设,为集体经营性建设用地流转提供制度保障。

(二)优化资源,建立利益联结机制

为实现乡村产业振兴,引入外部市场主体、激发乡镇企业带动作用是农村集体经济发展的重要力量。以集体经济组织作为纽带,重视外部市场主体与乡村产业的共同发展,建立起紧密的利益联结机制是进一步增强农村经济活力,促进农村农民实现共同富裕的基础。一是要关注引入主体与乡村建设的协同性。要充分挖掘农村资源要素的比较优势,结合乡村地理位置、自然资源、人文历史等因地制宜地推动乡村产业发展。在引入市场主体时要精准筛选,确保镇企合作下的资源等价交换原则,确保集体经济组织在项目推进过程中的参与地位,杜绝"一卖了之"的做法。要增强休闲文旅、康养等产业与现代化农业发展的融合度,提升二、三产业与农业发展的协同耦合性,将乡风、乡貌融入乡村振兴产业规划,打造具有本地特色的乡村振兴产业体系。二是要注意产业发展与连农惠农的同步性。农村居民是乡村振兴工作的主体,集体经济高质量发展的最终目的是推进共同富裕、促进农民增收,因此必须将乡村产业发展过程中农民利益作为前置条件,优先发展带动村民就业、促进农民增收的产业项目,将产业发展项目与集体经济、村民之间的利益联结机制贯穿规划始终,通过新型集体经济推动小农与现代农业发展的有效衔接,确保乡村产业发展、集体经济壮大与农民增收同步推进。三是要注重增值收益与利益分配的合理性。农村集体经济组织的收益分配是集体成员收益权与集体所有权得以实现的关键环节,合理的收益分配规则是维护农民根本利益、促进共同富裕的重要保障。留存收益方面,要在厘清农村集体经济组织与基层政府、村民自治组织关系的基础上,强化农村集体经济组织的经济职能,鼓励农村集体经济组织对资产增值分成收益采用购买物业服务、投资、入股等多种形式进行再投资,不断壮大集体经济。要充分发挥街镇统筹发展优势,推动经济强村和经济相对薄弱村合作,以强带弱,突破村域限制,促进资源要素合理配置,推动村村、村企联合合作,确保村企、村村以及集体与个人之间的利益分配合理,确保村民公平享有集体经济发展带来的红利,从而进一步提高集体经济组织与组织成员发展的内生动力,充分发挥集体成员的监督权,全面保障集体经济分配的公平与效率。

(原载于《上海农村经济》2022 年第 12 期)

借势花海,走上"五金"增收路

(王珏 胡晓滨 陈晶美 管旻君)

农村土地具有资源、资产、资本"三资一体"属性,对于乡村振兴具有基础性、关键性、持续性的作用。2020年1月1日开始全面施行的《土地管理法》明确了集体经营性建设用地入市改革,为集体破解农村集体土地闲置荒废、使用低效的问题,推进乡村振兴提供了依据。基于此,金山区朱泾镇待泾村在上级职能部门的指导下,依托"花开海上"生态园项目,在农用地转用、点状供地、土地证办理等方面展开了一系列探索,成为上海首例实现探索农村集体经营性建设用地作价入股的乡村农旅产业项目。该项目激活了集体土地"沉睡资源",探索出镇村集体经济持续壮大的新路径,当地农民的幸福感和获得感得到明显提升。

一、基本情况

待泾村位于上海金山区朱泾镇的西部,东与朱泾镇新泾村相连,南依大茫塘,西至斜塘港与枫泾镇贵泾村为界,北界秀州塘。其"花开海上"生态园创办于2015年,近年来成为市郊的一处乡村旅游"网红"打卡点,年接待游客量节节攀升。为拉长乡村旅游产业链,培育镇域经济新增长点,2019年7月,朱泾镇与蓝城花开集团签订了"花海小镇"项目合作框架协议,规划区域面积3 800亩,对标法国格拉斯小镇,在发展苗木花卉、家庭园艺和休闲农业的基础上,拓展度假民宿、文旅零售、芳香产业等体验式经济新业态,建立景区度假村产业综合体。综合朱泾镇郊野单元村庄规划和项目策划,最终"花海小镇"确定横跨待泾村12个自然组的99宗113.02亩土地作为开发对象。2020年7月,待泾村的99宗共113.02亩农村集体经营性建设用地以"点状供地"的方式办理了"不动产权证书",成为上海首例。在此基础上,金山区精准评估集体土地的市场价格,由待泾村将土地的40年使用权作价入股"花海小镇"项目,村民按照"保底+收益分配"模式获得股权收益,可以长期分享项目发展带来的多重红利,实现了与国有土地同权同价。在"花开海上"生态园和"花海小镇"的双引擎驱动下,待泾村村民走上了"股金+租金+薪金+现金+保障金"的"五金"增收之路。

二、主要做法及经验

(一) 政府引导,"点状供地"[①]助力乡村产业振兴

为引进"花海小镇"项目,推动乡村产业振兴,金山区、朱泾镇两级政府积极沟通创新,给予了充分的政策和机制保障。为给"花海小镇"项目预留足够的发展空间,朱泾镇会同区级相关部门统筹村庄规划和项目规划,以村为基本实施单元,综合集体土地面积、区位、规划用途以及人口等因素,通过划片布局,将全镇集体经营性建设用地指标集中,选址定位113.02亩土地作为储备用地。同时,朱泾镇在符合土地利用总体规划的前提下,编制农用地转用方案和补充耕地方案,报请市级相关部门确认,将土地性质调整为集体经营性建设用地并保证耕地不减少。基于景区度假村等乡村旅游项目建筑设施小而散、资金回报周期长的特点,金山区加强统筹协调,区镇两级有关部门密切合作,以"点状供地"的方式供给建设用地,并以散点测绘为切入口,用时半年多办理出99本"不动产权证书",开启了上海农村集体经营性建设用地权证办理的先河。

(二) 企业参与,作价入股建立利益联结机制

为在保护生态的前提下激活低效土地、给农民生活带来切实改变,待泾村自2003年起,将亭枫公路以北的3 000亩易淹水、收成差的低洼地流转给杭州蓝天园林生态科技股份有限公司(以下简称"蓝天园林")等两家公司种植苗木。2015年待泾村与蓝天园林合作,在原先种植的资源禀赋基础上,以花为主题,由蓝天园林出资成立上海花开海上生态科技有限公司[②],对600亩低洼地进行规划建设改造,打造"花开海上"生态园并进行管理。因共享了村庄道路、绿化等基础设施,双方约定生态园每年门票收入的10%返还给待泾村,作为分红收益;由蓝天园林开发的土地,流转费上浮5%;生态园招工优先面向待泾村村民,全年解决当地村民就业120人,花季可增加临时用工80人;待泾村的4 000多名村民可免费游览"花开海上"生态园。

为让村集体获得长效增收,朱泾镇和待泾村积极探索与企业建立更深层次的利益联结机制。待泾村经济合作社、朱泾镇经济联合社(以下简称朱泾经联社)与蓝城花开集团、木守公司、芽墨公司签订"股权合作协议",确定由镇、村两家集体经济组织将113.02亩集体经营性建设用地的40年使用权作价入股"花海小镇"项目,由蓝城花开集团、木守公司、芽墨公司分别按照约定的股权份额以增资扩股方式追加出资

[①] 所谓"点状供地",指的是将项目用地分为永久性建设用地和生态保留用地,其中永久性建设用地建多少供多少,剩余部分可只征不转,按租赁、划拨、托管等方式供项目业主使用。

[②] 2020年9月10日,公司投资方变为上海蓝城花开海上建设管理有限公司。

额,最终形成三个建设平台。为确保农民既得收益不因初次试点而减少,可以长期分享土地所承载的产业项目发展带来的多重红利,三方还约定在项目建设期按央行同期发布的整存整取一年期存款利率进行保底分红;建设期满后按央行同期发布的整存整取三年期存款利率进行保底分红;若实际分红率超过保底分红率,则按实际分红率执行。

(三)村民支持,"五金"增收实现共同富裕

待泾村通过集体土地作价入股探索了镇村集体经济、农民个人增收的新路径,在此过程中,除政府的大力支持和企业的积极参与外,也离不开村民们的民主参与和大力配合。为盘活低效用地,待泾村以新修订的《土地管理法》颁布实施为契机,经待泾村经济合作社召开成员代表大会表决形成土地承包经营权补偿决议,通过法定程序以8万元/亩的补偿价格收回农户的承包经营权。在集体经营性建设用地入市过程中,作价入股土地经专业机构评估土地价值后,由待泾村经济合作社成员代表大会、朱泾经联社成员代表大会表决通过股权合作协议,并在协议中约定以保底分红的形式保障村集体和村民的利益。此外,考虑到发展全镇域内平衡及镇域内农村集体发展红利共享的问题,待泾村经民主决策及专家论证,将其持有的集体公司股权的25%无偿转让给上海金山区朱泾经联社。

(四)"变废为宝",产业升级构建乡村新景观

从收成欠佳的低洼地到"花开海上"生态园,再到未来即将呈现的"花海小镇",随着发展能级的提升,待泾村利用相对薄弱的资源禀赋,打造着全国独一无二的"芳香之旅"田园综合体。一方面,带动了乡村产业规模化发展。"花海小镇"项目的成功落地,发挥了"以商引商、以企引企"的蝴蝶效应,目前已经吸引了木守、明月松间、访溪上等10多家专业机构签约入驻合作,并引进国企衡山饭店投资打造乡村民宿,围绕"芳香"产业和园区建设,不断丰富全年各时段的旅游活动和产品,带动景区"芳香经济"新引擎,初步形成了农商文旅体融合发展的格局。另一方面,盘活了闲置农宅资源。待泾村共有1 200多栋农宅,其中完全闲置的有100多栋,宅基地盘活需求旺盛。依托"花海小镇"与枫泾古镇、乐高乐园同处一条农旅融合带的地缘优势,待泾村在征询农民意见后计划打造民宿集群。以闲置农宅打造特色民宿,不仅可以增加村民收入,让其同时获得出租自家闲置农宅的租金收入和为民宿提供保洁等服务获得薪金收入,而且可以帮助待泾村更好地为游客提供服务,满足他们在美丽"花海"附近吃饭、住宿的需求。目前,衡山集团和蓝城集团已经参与到特色民宿开发中,已有7栋民宿正式对外营业。

三、取得的成效

待泾村在政府大力支持和村民鼎力配合下,引入社会资本,利用自身资源禀赋,通过农村集体经营性建设用地直接作价入股,实现了乡村与社会资本的双赢,为通过土地制度改革助力乡村产业振兴和村集体经济可持续发展提供了可借鉴的样板:村集体能够得到长期收益,土地权益得到充分保障,农民也可以获得一定收益;企业也从一次性缴纳土地款,变为每年支付,缓解了资金压力,双方实现了利益的联结与发展的共赢。

(一)盘活了存量土地

长期以来,农村集体土地闲置荒废、使用低效的现象比较普遍,没有发挥出土地的最大效益。待泾村区别于常规"农地入股"的转包、出租、互换的方式,采用集体经营经营性建设用地使用权作价入股的模式,与国有土地同权同价,推进了一二三产业融合发展,在集体土地上创造出了新的财富,探索出了一条土地资源可持续反哺乡村的路径。与一般集体经营性建设用地入市方式不同,待泾村采用了"点状供地"的方式,有效避免了与村民的土地纠纷,确保了项目的可行性。

(二)构建了良好的集体与社会资本间利益联结机制

待泾村的集体建设用地作价入股"花海小镇"项目后,镇、村集体获得的股权收益,按照保底加收益分配模式,持续为壮大镇、村集体经济赋能。这一方面有利于激活"沉睡"资源,助力产业发展;另一方面通过村集体经济的壮大,让失地农民有了长效的增收渠道,村民可以长期分享土地所承载的产业项目发展带来的多重红利。

(三)农民的幸福感和获得感大幅提升

待"花海小镇"正式运营后,按照股权分配约定,待泾村113.02亩地入股2021年预计可分红200万元(股金),加上门票收入的10%分红(股金)、农用地流转费(租金)、村民在生态园打工的收入(薪金),以及农产品销售收入(现金)和养老金(保障金),5 100余名村民们实现了多元化的收入来源,走上了"股金＋租金＋薪金＋现金＋保障金"的"五金"增收之路(见表1)。

表1　　　　　　　　　　待泾村"五金"农民收入构成表

收入性质	收入来源	2020年	2019年	增加值
股金	人均集体分红	36元	26元	10元
租金	家庭人均土地流转费	882元	840元	42元
薪金	生态园务工收入	35 000元	30 000元	5 000元

续表

收入性质	收入来源	2020年	2019年	增加值
现金	生态园农产品销售收入	12 000元	10 000元	2 000元
保障金	养老金	15 120元	13 911元	1 209元
	合　　计	63 038	54 777	8 261

四、思考与建议

待泾村通过集体经营性建设用地作价入股，让我们看到了乡村振兴示范村未来产业发展的美好蓝图。同时，在项目推进过程中，也遇到了些许瓶颈，由此引发了我们对未来乡村振兴工作的思考。

（一）关于集体经营性建设用地作价入股项目的可持续发展

土地制度改革为支持乡村振兴奠定了基础，通过集体经营性建设用地作价入股为乡村产业发展提供空间不是终点，而是起点，其后续运营还需要不同主体的共同努力。首先，"花海芳香小镇"建设需要具有创新性，注重能级、品质提升。项目邻近枫泾镇，距离正在建设的乐高乐园约1公里，未来可与枫泾古镇、乐高乐园串联，形成特色旅游路线，共同打造"金山农旅融合产业片区"。目前，各区均大力发展农旅产业，想要吸引游客、留住游客，不仅需要丰富的游玩项目，还需要形成自身特色，避免同质性。"花海芳香小镇"如果仅仅每年重复种植固定品种的花卉，几年之后将难以吸引游客。建议"花海小镇"要不断进行品种更新，与周边镇村其他旅游项目抱团发展、打造精品旅游线路的同时，民宿、精品酒店间也要形成一定差异化，才能每次给游客不同体验，留住游客。其次，政府需要提供支撑保障，进一步完善土地管理路径。"点状供地"是一种有效解决乡村农旅项目零星用地布局、节约使用土地的做法，可以避免成片供地造成的土地浪费问题，对于部分产业项目发展具有较好的借鉴意义。但产业发展需要"面"上建设，如何在节约使用建设用地的前提下将分散的"点"连成"线"，需要在土地利用方式上灵活解决。建议相关部门在进行"点状供地"时要综合考虑项目发展特色，将道路等必要基础设施配套统一规划、统一设计。对于已经完成"点状供地"的项目，要考虑项目建设现状，在不涉及永久基本农田、部管储备地块、市管储备地块和生态公益林的前提下，建议允许进行郊野单元规划调整，根据项目实际发展需要，对于宽度不超过8米的道路按照农村道路进行备案。

（二）关于保护镇村集体和农民权益

引入社会资本依靠乡村生态价值和美学价值创造经济价值，要建立利益联结机制,做好企业对乡村的反哺,才能获得长远发展。一方面,土地制度改革要考虑集体和农民的长远利益。待泾村从形成长效机制的角度将113.02亩集体经营性建设用地40年土地使用权作价入股花泾公司、馥香公司、乡遇公司,作为股东的企业相关方及村集体应建立紧密合作机制,不断完善和拓展合作内容。另一方面,产业发展构建紧密联结村集体和村民的利益机制。待泾村从最初引入蓝天园林到现在的蓝城花开集团,均从门票收益分成、土地租金等方面与村集体、村民个人建立了相应的利益联结机制。目前全市建立了69个市级乡村振兴示范村,多个示范村面临后续可持续发展的问题,待泾村为此提供了有益借鉴。要鼓励示范村产业发展引入社会资本,建立与村集体、农民的利益联结机制,企业获得经济效益的同时,反哺乡村,为村集体提供的环境、服务配套买单,给予村集体相应的收益分成;为村民提供不同层次的就业岗位,让村民在家门口能就业、好就业。村集体收益增加,集体经济壮大,能更好地改善村内基础设施和美化村容村貌,增加村民福利水平。村民收入增多,实现物质上的共同富裕,幸福感、获得感将进一步提升,有助于凝聚人心,更好地实现乡村治理有效和乡风文明,进而实现精神上的共同富裕。企业也将获得更好的配套服务,形成良性循环,实现多方共赢。

(原载于《上海农村经济》2022年第4期)

拓展科技创新策源功能
开辟上海都市农业全新生存空间

（贾晋璞　陆健东　李卓　姚江）

为贯彻落实上海十二届市委第三次全会有关强化科技创新策源功能，强化关键核心技术攻关和科技成果转化的相关精神，乡村振兴研究中心就如何提高农业科技创新策源能力开展了专题研究。本研究认为，在中美博弈加剧、世界地缘战略格局深刻重塑的背景下，上海亟需把握科技创新与改革"双轮驱动"，坚持外部引进与自力更生"双腿奔跑"，开创全新科技领域，打造全新产业，开辟上海都市农业全新生存空间，形成发展的原创驱动力，引领上海农业向价值链顶端攀升。本研究基于底层逻辑思维，针对目前上海市农业科技创新方面存在的创新能力弱、贡献率和转化率低、协同攻关与跨界融合不足等问题，分别从技术逻辑上找准突破点与着力点，市场逻辑上解决卡点与痛点，治理逻辑上营造良好创新生态与机制三个方面提出具体建议。

一、上海农业科技创新发展现状

上海市作为我国"改革开放排头兵、创新发展先行者"，是最有基础和条件实现科技创新策源功能的城市。目前，上海市在农业科技创新体系构建、科技成果转化推广以及绿色生态赋能等方面取得了一定成效，可为农业科技创新策源能力的提升提供有力支撑，具体表现在以下三个方面。

（一）注重创新链构建，基本形成了具有上海特色的农业科技创新体系

上海市初步形成了以涉农高校、科研院所、企业为主体，国家级和省部级创新平台为重点，农业科技园区和现代农业产业园区为主要载体的农业科技创新体系，为进一步助推农业科技创新，促进农业农村可持续发展提供了强有力支撑。另外，农业科技创新离不开高素质的科技人才和一线具有创新意识及国际视野的新型职业农民。目前，上海市农业科技人才占农业人口的1.3%，远高于全国平均水平（0.06%），略高于日本的平均水平（1%），低于荷兰的平均水平（2%）。上海市累计认定了超 2.5 万名新型职业农民，培养了一批具有创新意识、国际视野、现代农业经营理念的新农人。

（二）着眼产业链推动，农业科技创新及成果转化取得一定成效

2022 年上海农业科技进步贡献率达 80.13%，位居全国前列，并取得了一批具有影响力的农业科技成果，农业科技创新综合实力提升明显。"十三五"以来，共获得国家科学技术奖励 6 项以及上海市科学技术奖励 56 项。有 191 项农业科技成果实现转化交易，累计交易金额达 31 334.8 万元。此外，上海农业科技对外产生了一定溢出效益，例如，"旱优"系列节水抗旱稻、"申香""沪香"系列香菇、"沪农灵芝 1 号"、中华绒螯蟹新品种"江海 21"等成果已推广至海内外多地。

（三）聚焦价值链提升，农业科技创新助力都市现代农业绿色生态可持续发展

农业科技创新在推动上海都市农业绿色可持续发展方面取得了一定成效。上海市的粮油秸秆综合利用率已超过 98%，农业生产水、土、气综合质量得到显著提升，实现了农业"双减"增效，并推动了农业绿色低碳生产和可持续发展。例如，稻田排水口拦截净化装置，可使稻田排水中固体悬浮物削减率达 50% 以上，对总氮和总磷的削减率均达 30% 以上；微纳米气泡技术可使水稻增产近 8% 的同时减肥 25%。

二、存在的问题与不足

通过调研与座谈，课题组研究发现，上海目前在农业科技创新方面仍然面临着创新能力不足、产学研用深度融合欠缺、跨界融合与协同攻关能力较弱等诸多问题与不足，这在一定程度上制约了上海农业科技创新策源功能的提升。

（一）农业科技引领产业发展能力较弱，企业创新能力不足

具体表现在：一是创新主体未能适时地满足农业专业合作社和涉农企业的需求，尤其在农业经营主体迫切需要的实用新型技术方面，成果较为匮乏，比如适合小规模设施菜地的成熟机械较少，尤其是蔬菜收割环节，现有的大型机械操作不便，且存在浪费现象，但小巧灵活的采收机械在市场上并不多见。二是多数涉农企业没有合理地处理引进、消化、吸收、再创新之间的关系，过分依赖技术引进而忽视消化吸收和自主创新。2022 年，上海市 22 家主营种养业的市级及以上龙头企业中，有 3 家企业无研发投入，7 家企业研发投入强度不足 1%，农产品加工型企业中更有超过一半的企业研发投入强度低于 1%。三是企业的应用型农业科技人才短缺，人才结构不合理。在现有人才评价的体制机制影响下，高级专业技术人才主要就职于高等院校和科研院所，农业龙头企业和农业专业合作社的科技创新人才依旧比较缺乏。另外，受传统观念、农业地域分布和收入水平等因素影响，高校毕业的青年农业科技人才大多不愿从事农业相关工作,使得农业科技创新人才存在断层问题,进而影响科研传承、人才梯队建设。

(二)农业科技成果转化有待提高,产学研用深度融合欠缺

通过实地调研和座谈发现,上海市农业科技成果主要集中在农科院、上海交通大学、上海海洋大学等科研院所和高校。其研究动力大多与职称以及学术成果奖励等有关,相关农业科技项目的申请、立项与结题侧重技术导向,更注重技术的新颖性、先进性和论文数量等,较为忽视研究成果的市场应用价值。农业科技创新的主体与农业科技需求的主体间存在较为严重的脱节问题。目前,多数农业科研机构和高等院校在从事科研活动时缺乏市场意识,农业科研机构与企业之间合作研究的比例不高,农业科技成果的适用性不强,无法真正满足农业生产中面临的现实需求,从而导致科技成果转化不力、不顺、不畅。

(三)农业科技创新相对封闭,关键核心技术的跨界融合与协同攻关弱

上海市部分专用设施种养品种、精细化调控设备等仍主要依赖进口。以种业为代表的关键核心技术创新链条长、关联学科多、涉及主体多,需系统推进、多方协作。但是,现阶段上海市涉农科研单位在科技创新方面存在"孤岛现象"。涉农科技创新分散封闭,导致农业科技成果单点单线较多,围绕产业链系统集成研究较少。比如,适配设施农业发展的无人机技术、作物生长模型、节能高效的新技术新装备等方面成果较少。在面对种源农业、智慧农业和绿色生态农业等关键核心技术突破时,相关主体间缺乏系统分工和协同攻关,且涉农科研团队与企业的跨界融合较为欠缺。

三、意见建议

针对目前上海市农业科技创新面临的问题与不足,本研究基于农业科技创新策源功能的底层逻辑,并分别从技术逻辑、市场逻辑和治理逻辑的视角,探讨提升农业科技发展能力的路径。技术逻辑对应供给端,即需要哪些技术进行突破;市场逻辑对应需求端,即谁来实现和突破技术;治理逻辑对应管理端,即政府如何帮助解决技术突破过程中的机制和体制问题。具体建议如下:

(一)技术逻辑上,在农业科技新赛道上找准突破点与着力点

围绕大赛道,攻关农业科技"小赛道",减少对国外农业科技的路径依赖。一是种源农业方面。发展现代种业,做到突出优势、牢固基础、协同服务。在种源品种创新上,发挥上海园艺、花卉和畜牧等优势特色产业和种质资源优势,重点面向全国市场提供具有上海特色的种源产品,例如畜禽类种源、长江口水域保护性品种、园艺作物类种源等。在种源技术研发上,立足上海在生物技术、人工智能、大数据等方面的优

势，重点在技术研发上下功夫，针对卡脖子技术开展跨学科、跨领域、跨地域攻关。例如，种源装备、大数据模型分析、生物育种技术、关键基因鉴定等关键技术创新。在种源技术服务上，构建种源技术研发优势区，在软实力方面体现上海策源能力，实现以种源技术服务的方式为全国种源科研提供技术咨询与服务支撑等。例如，崖州湾实验室、长三角现代种业协同创新平台等。二是智慧农业方面。突出前端，做到实时感知、定量决策、智能控制、精准投入、智慧服务。感知层，构建技术优势区，发展数字新基建，围绕无人农场和现代设施农业，开展智能传感、智能终端、智能装备等技术攻关。控制层，聚焦智慧灌溉、农机无人驾驶等重点领域的突破，争取在水肥精细化灌溉方面突破以色列等国在该领域的技术垄断；确保北斗导航技术在上海农业领域落地生根，发挥其技术优势。应用层，发挥上海数字技术优势，搭建大平台、小应用，构建智慧农业云平台，完善前端数据采集应用软件。三是绿色农业方面。聚焦现代设施农业领域，以数字化转型推动绿色低碳转型，打通农艺、农技、农经的壁垒，培育绿色技术原创能力和跨学科交叉融合能力。在绿色清洁生产技术上，重点推进智能精准控制以及精密化种养管理（智控水肥一体化、AI作物生长模型、田间墒情监测、无人智能植保）等技术的攻关突破。在绿色投入品技术上，重点针对绿色投入品技术（生物绿肥、土壤调理、绿色高效栽培等技术，高品质饲料、饲料添加剂等技术）、现代设施所需配套的品种改良技术（改良优选高产低排、节水节肥的水稻良种以及高效饲料利用的畜禽品种）等进行攻关突破。在绿色增值技术上，重点推进循环再利用技术（农村生物质能源、生化腐熟秸秆肥料技术）、恢复地力和生物多样性技术（生物炭、碳中和生物、果园生草覆盖等）等的攻关突破，提升生产作业精准化、智能化、可控化水平。

（二）市场逻辑上，在满足需求中解决卡点与痛点问题

转换底层逻辑，着眼全过程创新、树立全链条观念，依靠科技开创全新产业态势。一是紧盯前沿技术成熟度，跑出"加速度"。跟踪前沿技术需求，动态掌握科技新赛道在农业领域的应用前景，在注重自主研发的同时，要适度地从外部引进、消化和吸收，关注农业科技创新产业的市场需求，如智能农业元器件、农业机器人、设施农业智能管控、绿色投入品、农产品保鲜加工技术和碳汇农业等关键核心技术的突破。建立沟通机制，政府与企业建立及时有效的信息沟通机制，共享前沿技术发展和产业应用信息，加快促进传统产业升级和新兴业态发展。二是构建良好的产业创新生态，增强"贡献度"。从"浅层产品"向"深层产品"供给转变。布局多层次、多学科、多区域联动的科创生态，以创新链推进产业转型升级，避免技术领域的"拿来主义"。例如，从常规国产化设备到不同品种作物生长模型，解决玻璃温室成套引进成本高、长期运维费更高的问题。从追求"显示度"向凸显"贡献度"转变。上海市在加快推进"机器换人""设施宜机化""现代设施农业"等方面,要把项目这个"盆景"建成产品这道"风景"。未来,"上海方案"走出去不仅是一道亮丽的"风景线",更是"上海农业智造"的新名片。从"综合目标"向"分类目标"转变。结合三个赛道的研究方向,将数据应用平台、种源品种选育、绿色投入品技术等作为近期目标来打造热点工程,将种源技术服务、传感感知终端设备、绿色清洁生产服务等作为中期目标来打造亮点工程,将种源技术研发、智慧灌溉、绿色增值技术等作为长期目标来打造重点工程。三是注重产业集群化发展,提高"集聚度",协同发展,重塑竞争力。关注农业科技赛道的上中下游企业,以及相关科研主体,构建全过程和全产业链的创新联合体;通过科研创新平台服务推动农创园孵化基地建设,引导联合体参与不同环节、不同技术的研发,形成错位竞争,避免资源要素浪费,提升上海整体竞争力。软件与硬件融合,突出竞争优势。一方面,注重硬实力提升,利用上海人工智能、高端装备、新材料等产业优势,重点推进农业科技创新产业链中高端硬件的研发设计,打破国外传感、农机、机具等装备的垄断。另一方面,注重软实力提升,利用上海新兴数字产业优势,重点提升作物生长模型、数据标准、技术标准的研究与服务能力等,以软实力带动硬件功能升级迭代,赋能农业设施装备向智能化、高端化应用,引领上海农业向价值链顶端攀升。

(三)治理逻辑上,在强化支撑中营造良好的创新生态与机制

以良好的创新生态和机制为全新科技、全新产业保驾护航。一是注重顶层设计,引导错位发展。强化顶层设计和总体谋划部署,根据市级部门已明确的核心技术攻关内容,分解研究内容,发挥高校、研究机构、研发企业等各自优势,对创新链开展分布式研究,避免扎堆攻关同一类型的技术或重复申领项目支持。同时,突出企业的创新主体地位,根据市场需求提出技术研发规划,政府部门需以产业发展为导向,整合各类资源,评估长期项目,引导科研机构、金融机构、社会组织等提供相关保障支撑,多方形成合力,共同答题。谋划政策储备,围绕农业科技新赛道,出台并完善《上海市种子条例》等相关条例法规;结合长期规划与短期发展,注重相关科技在农业领域创新发展的政策储备,分步走推动技术落地,为提高上海市科技创新能力提供重要支撑。二是注重科研风险控制,保护合法利益。控制科研风险,推动企业、金融资本等建立起科创共同体,政府建立专项资金引导科技创新,完善科技型头部企业进入农业科技研发领域的税收优惠政策,形成组合拳降低企业科研风险。保护主体合法利益,强化知识产权保护,依法严厉打击假冒侵权等违法犯罪行为,切实保障相关企业及主体的合法权益,营造国企敢干、民企敢闯、外企敢投的良好氛围。三是完善人才引育机制,完善多层次创新人才生态。完善人才引育机制,加大农业科研机构改革力度,探索建立现代农业科研制度,支持涉农高校与科研机构加强学科建设,提升高端农业人才培养能力;强化农业高等教育力量建设,对标如瓦赫宁根大学等国际农业特色高校的学科建设,推动以农业类学科见长的特色高校建设;对农业科技创新人才引进政策进一步加以完善,最大化发挥人才政策效益,避免人才流失。

关于提升上海都市现代农业可持续发展能力的研究报告

(李卓　陆健东　贾晋璞)

农业关乎国家食物、资源和生态的安全。可持续发展观是社会、经济和环境相协调的发展观,大力推动农业可持续发展,是实现中国式农业农村现代化的"1",忽视可持续就不会有现代化的"0"。本课题紧跟国际农业可持续发展共识,立足国家有关农业可持续发展政策,结合课题市区镇村四级干部座谈、农民和经营主体的问卷调查及现场调研有关内容,分析上海农业可持续发展现状及问题,围绕上海农业发展理念转变、政策多元供给、资源要素匹配、生态价值挖掘,探讨如何以绿色发展理念为引领,走农业可持续发展之路,在推动中国农业农村现代化建设方面作出上海应有的贡献。

一、国际农业可持续发展面临的重要挑战

全球气候风险、粮食安全、环境污染、资源短缺等非传统共同安全问题,对国际秩序和人类生存都构成了严峻挑战,促使农业发展向资源节约、环境友好、可持续方向转变,将体现出营养健康、绿色低碳、循环再生多目标的统一。

(一)气候风险与生产安全问题

农食系统是受气候变化严重影响的脆弱环节。世界经济论坛《2023年全球风险报告》指出,在未来10年尺度下,气候风险排在全球十大风险第一位。政府间气候变化专门委员会发布的第六次评估报告《气候变化2023》强调,更严重的热浪、干旱和洪水,以及更强烈的降雨和其他极端天气,已超过一些动植物的承受极限。当前,我国是全球温室气体第一排放大国,在全球气候变化治理中扮演着关键角色。《中国气候变化蓝皮书(2023)》研判,我国升温速率高于同期全球水平,气候年景总体偏差,极端天气气候事件呈频发强发态势。同时,我国用全球9%的耕地养活了占全球近20%的人口,国际责任与粮食安全平衡难。

(二)粮食安全与消除饥饿问题

据《世界粮食安全和营养状况》报告显示,全球238个国家有8.28亿人受饥饿影

响(2021年),约占全球总人口的十分之一。据《2023年全球粮食危机报告》,世界58个国家2.58亿人陷入突发重度粮食不安全状况,占饥饿总人数比重从2021年的21.3%上升至2022年的22.7%,全球严重粮食不安全危机呈恶化趋势。2016年,《联合国2030年可持续发展议程》提出,发展目标之一:消除饥饿,实现粮食安全,改善营养状况和促进可持续农业。

(三) 发展可持续与生态环境问题

进入工业社会以来,地球的生态系统日渐承受着人类的过度开发所带来的沉重负担,最终地球又以各种各样的方式反馈给人类,生物多样性丧失、臭氧耗竭、海洋环境恶化、水体污染加剧、土壤退化和沙漠化等,这些问题如不能尽快得到有效解决,将直接危及农业生产甚至人类的生存。随着世界环境问题逐步恶化,当前全球经济发展模式已无法适应当下的环境和资源现状。

(四) 基本生存与资源平衡问题

根据世界自然基金会(WWF)测算,为维持全球现有人口的消费,需要1.75个地球资源的支持,人类社会才能持续发展下去。2021年,联合国《世界粮食和农业领域土地及水资源状况:系统濒临极限》报告认为,地球土壤、土地和水资源状况在过去10年急剧恶化,压力与日俱增,濒临极限,难以在2050年满足全球近100亿人口的粮食需求。

值得欣慰的是,获得诺奖支持的绿色经济发展观在全球备受推崇,相关工作在积极开展。在《联合国2030年可持续发展议程》推动下,全球各国将可持续发展目标(SDGs)纳入包括农业在内的社会经济发展规划中。我国在2015年制定了《全国农业可持续发展规划(2015—2030年)》,之后又提出质量兴农、绿色兴农等绿色低碳转型战略。

二、上海农业可持续发展总体情况

根据《全国农业可持续发展规划(2015—2030年)》《"十四五"全国农业绿色发展规划》《"十四五"推进农业农村现代化规划》等,对比农业可持续发展指标,上海优于全国水平。近几年,上海牢记习近平总书记"四个放在"的殷殷嘱托,面对农业农村"三个空间、三个趋势"现状,紧扣"三个百里""三个价值""三园"建设三大主题,立足统筹当前和长远,在国际倡议与体制机制、结构优化与质量安全、资源保护与有效利用、环境治理与生态系统等方面取得积极成绩。

(一) 上海农业可持续发展现状

1. 参与国际倡议,发展体系完善

一是积极响应国际可持续发展行动。上海与国际上的纽约、洛杉矶等城市,以及国内的广州、德清等地,先后发布了基于 SDGs 项目体系的自愿性地方审查报告。《落实联合国 2030 年可持续发展议程上海自愿评估报告》聚焦"绿色·共享·合作"总主题,从清洁能源、公平共享、绿色韧性、合作发展 4 个领域展开评估,呈现了上海在可持续发展实践领域的关键举措和典型案例,同时响应国家"双碳"战略,颁布了《上海市碳达峰实施方案》,有效扩大了上海实践可持续发展理念的国际显示度和影响力。

二是政策有效供给,制度逐步完善。近年来,上海市委市政府以全面实施乡村振兴战略为引领,加强政策立法,有效建立起"1+1+35+9"政策体系,积极推动本市农业农村现代化高质量发展。如本市先后出台的《上海市乡村振兴战略规划(2018—2022)》《上海市乡村振兴"十四五"规划》《上海市推进农业高质量发展行动方案(2021—2025 年)》等,为相关工作提供了指引。

2. 功能布局优化,保障农业发展

一是优化产业布局,耕地面积稳定。严守 202 万亩耕地底线,签订耕地保护目标责任书,实行党政同责,推动全域全类型全要素全过程国土空间用途管理,实施"管理、监测、执法"协同管理,保障粮食和蔬菜生产底数;完成"三区三线优化"工作,农业"三区"划定总面积为 136.51 万亩,达到了集中连片的预期目标,保障了"米袋子"和"菜篮子"的有效供给。

二是强化农业科技,发展生态循环农业。2022 年,积极推动科教兴农战略,农业科技进步贡献率达到 80.13%;大力发展农机装备,主要粮食作物生产机械化率达到98.2%。2019—2022 年,通过三批遴选创建了 2 个生态循环农业示范区、10 个示范镇、100 个示范基地;创建了 30 家国家级生态农场。形成了一批可复制、可推广的生态循环农业生产模式,建立了生态循环农业持续增能、稳定发展的长效机制。

3. 资源节约高效,农业绿色发展

一是资源利用更加节约高效。耕地空间实施分类保护,坚决制止耕地"非农化""非粮化";在严格保护耕地数量的前提下,全市累计建成高标准农田 172.5 万亩;提升农业节水工程,农田灌溉水有效利用系数达 0.74,农田有效灌溉率达 78%;秸秆综合利用率达 98%;2018—2020 年,建成 29 个园艺场蔬菜废弃物综合利用示范点。

二是绿色供给能力持续提升。2022 年,上海农产品绿色认证率达 30.9%;水稻绿色防控技术覆盖率达 65%;建设 12 家美丽生态牧场;583 家水产养殖场开展绿色生产方式养殖,覆盖率达 89.9%;全市 99 家水产养殖场获得"水产健康养殖示范基地"称号;地产农产品质量安全风险监测合格率为 99.7%。

4. 环境治理有效,生态功能提升

一是农业环境污染得以有效治理。2022年,上海化肥和农药施用分别为6.56万吨、0.23万吨,比2012年分别减少45.9%、62.9%;整治关闭2 720家不规范畜禽养殖场,规模化畜禽养殖场粪污处理设施装备配套率已达100%;建立生产基地—村级—镇级—区级农药包装废弃物回收及集中处置体系,农药包装回收率达100%;农膜、地膜回收率超过99%。紧扣"一控两减三基本",基本形成引领绿色循环发展的局面。

二是农业农村生态资源得以有力保护。2022年,上海森林覆盖率达到18.49%,比1999年增加了15.34个百分点;2020年,湿地总面积保持46.55万公顷,保护率达50.35%;创新探索农业碳汇生态价值实现,充分发挥农业生态涵养和环境保护功能,构建了乡村生态屏障。

(二)上海农业可持续发展面临的挑战

上海农业可持续发展基础越来越稳固,化肥、农药使用量持续减少,农业面源污染得到有效遏制,资源利用效率稳步提高,但仍有一些深层次问题亟待有效解决。

1. 新旧发展理念方式转换慢,绿色低碳发展动力不足

一是缺乏绿色生产生活的认知。调研发现,上海农户占所有类型经营主体的比例达80%。大多数农业经营主体以小散户经营为主,其只有生产型思维,没有发展型理念,还处于追求简单重复再生产阶段,不具备可持续绿色健康的发展理念,绿色低碳转型发展的良性生态未形成。

二是农业绿色低碳循环融合发展不够,生态价值转化模式未形成。调研普遍反映,农业农村免费的生态资源支撑其他产业发展,稻田、林地、土壤、水源地生态资源的碳汇功能未充分发挥,由于环保资金投入不足、生态补偿机制不健全,未形成市场化的长效投入维护机制,给村级经济造成运营负担;绿色发展未考虑建立抵御气候风险的农食系统,亟待构建绿色低碳循环生产、产业循环式组合、生态产品交易体系,因此未能形成新的发展动能。

2. 农业领域支持保障不够,可持续发展缺乏有力支撑

一是农业设施装备水平不高,可持续经营的竞争力偏弱。根据调研反映,用于农业生产的高效低毒低残留农药、现代化的设施农业大棚以及配套装备、好用管用的农业作业机械装备等,主要依赖国外进口,亟需市级层面出台战略性的发展规划。

二是政策深度融合协调不够,出现新的人为二元制度藩篱。"土地有红线,水务有蓝线",郊野单元规划和村庄布局规划及各专项规划间,存在标准不统一和不协调的"打架"现象。规划撤并村有规划无计划,对全面实现农业农村现代化形成新制约。

环保政策多以处罚性为主,正向指导性政策缺失。

3. 农业资源要素趋于紧平衡,生产经营提档升级受限

一是绿色低碳循环发展与提质增效平衡。根据"菜篮子"人均三厘菜地的考核要求,上海需 75 万亩保供用地,受资源要素制约,只能考虑复种指数在播种面积上完成考核,且在现有划定蔬菜用地规模和种植模式基础上,不增加农资投入,难以完成稳产保供任务,反之加强农资投入,能解决稳定保供问题,但会带来新增碳排放压力。本市创建循环示范基地的主体普遍反映,购置用于生物质处置的相关装备受限于土地性质,只能露天摆放。调研普遍反映卫片所见即所得、不尊重历史事实的监管,造成农业生产生活的被动违法。

二耕地质量亟须提质升级。上海耕地质量平均等级[①]为 2.26 等,不及全国平均水平的一半。调研某村民和某种植合作社,反映高标准农田的设计未能充分考量实际生产机械化作业和稻田保水需求。在土地减量化工作中,存在复耕土壤改良不善不适宜种植的情况,如存在减量化土地复耕土壤污染,甚至存在因治理难度大而直接覆盖新土以应对考核的现象。

4. 经营主体组织化程度不高,难以成为发展的重要支撑

从全球范围看,由于智能化和科学技术的更新,农业现代经营体系和劳动力素质将发生与之适应的改变。但从本市的现状看,农业经营主体的组织化程度还不够高。截至 2023 年 6 月,上海现状耕地 242 万亩由约 6.33 万个经营主体在耕种,区级以上规模的龙头企业仅有 204 家(国家级 26 家、市级 113 家),再生产组织化的程度不高;从 3 个菜农 200 岁,现在已经到 4 个菜农 300 岁的程度,上海农民"老龄化"问题持续加剧,弄清楚谁在种地,就是解决怎么种好地的可持续发展问题。

三、未来上海农业可持续发展建议

面对全球气候变暖、极端天气频发的常态化,上海农业如囿于原有发展范式,则无法应对增强保障供给、生态涵养、生活宜居等多元功能的需求。对标当前国际社会谋求可持续发展转型的大势,可从"理念—制度—技术—价值"的逻辑框架着手,聚焦空间格局、产业升级、生产范式、生活方式等方面,实现未来上海农业可持续发展。

(一)跳出惯性"思维窠臼",树新理念"范式转变"

转变理念,必须深刻认识可持续能力建设的紧迫性,跳出追求农业生产剩余的发

---

① 《耕地质量等级》(GB/T33469—2016)是 2016 年 12 月 30 日实施的一项国家标准。该标准规定了耕地质量区域划分、指标确定、耕地质量等级划分流程等内容,适用于各级行政区及特定区域内耕地质量等级划分。2022 年,农业农村部依据《耕地质量调查监测与评价办法》,评估全国耕地质量平均等级为 4.76 等。

展范式,突破从传统农产品赚取利润的固有思路,转变视绿色低碳为硬约束的看法。拓展农业发展空间,利用现代科技集成创新成果摆脱获取农产品对土地的依赖、城市发展挤压空间资源和气候异常频发等限制,开辟上海农业新的发展空间,打造绿色发展新业态,开创全球引领性的可持续发展模式,匹配卓越城市的建设,构建全国话语权。

(二) 整合资源"同向用力",善作依靠"价值判断"

首先,优化资源要素配置。根据联合国发展可持续粮食与农业(SFA)倡议,从社会(保供、就业)公平、经济(竞争力、盈利能力)可行和环境(资源节约、健康)适应等方向,对上海农业可持续发展能力进行全面评估,并将联合国粮食和农业可持续发展的5项关键原则[①],指导决策者的20项行动[②],纳入农业发展的愿景目标和决策的价值观。其次,以政策优化助推产业升级。调研普遍反映政策制定须下大决心,打破行政资源的界限,将决策部门间的外部性问题内部化,因地制宜、尊重事实、尊重农民意愿,形成融合系统性、协调性、底线性、共享性等原则的决策机制,以此实现农业产业资源、环境、生产、生态相互协调,助推产业绿色化、融合化、智能化发展,切实让老百姓得益。

(三) 战略重视"科技驱动",分工合作"主体重塑"

注重科技创新转变生产方式,重塑生产力和竞争力。一方面,将绿色智慧型农业(气候数字化+农业智能化+受控环境农业)作为实现农业可持续高质量发展的主攻方向,把农业绿色低碳技术列入市级战略性新兴产业和先导产业。政府搭建创新研发平台,研发熟化智能化高科技绿色生产技术和设施装备,以及增汇型农业技术和农业资源再生利用技术;发挥市场的杠杆作用,推动技术普及应用,形成技术"需求—研发—应用—改进"标准反馈式。另外,要强化农业气候风险预估和研判,建立完善响应机制;参与国际合作,解决农业适应和抵御气候风险、环境因子可控、精细化标准生产等现实问题。另一方面,推动多元主体专业化分工集成合作,以集群优势提升竞争力。调研反馈:希望政府部门推进农业生产全过程专业型社会化服务体系建设;构建

---

① 5项关键原则:(1)提高粮食和农业生产系统的效率;(2)加强自然资源保护;(3)改善农村生计、平等和社会福利,促进包容性经济增长;(4)增强人民、社区和生态系统的复原力和抗灾能力;(5)负责任和有效的治理机制。

② 20项行动:(1)为获取生产资源、资金和服务提供便利;(2)将小农户与市场联系起来;(3)鼓励生产和收入多样化;(4)提高生产者的素质和能力;(5)增强土壤健康,恢复土地;(6)保护水资源和解决缺水问题;(7)保护生物多样性和生态系统功能;(8)减少损失,鼓励循环利用,促进可持续消费;(9)人民至上,消除不平等;(10)促进有保障的土地保有权;(11)强化社会保障,提高生产力和收入;(12)改善营养和促进均衡饮食;(13)预防和抵御灾害等冲击,增强恢复力;(14)提升防范和化解风险的能力;(15)应对和适应气候变化;(16)加强生态系统的恢复力;(17)加强政策对话与协调;(18)加强创新体系建设;(19)适应和改善对农村地区的投融资;(20)营造有利环境,改革制度框架。

高度集群化、组织化和专业化分工下的一体化现代产业体系,提升小农户现代化经营,接轨高质量发展。

(四)持续推进"生态宜居",切实转向"宜业致富"

通过创新"生态资源"多元转化,推动生态"高颜值"变为资产"高净值",实现价值链改变生活方式。建立生态资产核算和评估制度,摸清上海农业生态价值家底以及量化生态总价值;按"谁受益、谁付费"原则,探索生态补偿机制;研究生态资源资产化路径,探索农业生态产品和服务的价值实现机制,如碳交易、碳融资等;推动"生态资源"向"生态价值"转化。

银行业支持对农业劳动生产率的影响研究

——基于上海市 71 个行政村的调研

(乔越 王珏 李璐)

引言

全面建设社会主义现代化强国,最艰巨最繁重的任务仍在农村。党的二十大报告明确提出了"加快建设农业强国"和"拓宽农民增收致富渠道",同时进一步强调了金融资源供给的作用。新古典增长理论认为,实现增收致富的关键在于生产率提高(Solow,1956)。因此,发展和提高农业劳动生产率是新时代实现农业农村现代化,促进共同富裕的关键环节。现有很多研究发现,金融功能的发挥有助于提高劳动生产率(Merton,1995;王曙光,2010),但这些研究的前提是金融是"运行良好的"。但是,农村金融体系大多不是"运行良好的"(宾伟华,2016),例如金融抵押品的单一性、涉农企业经营的不确定性、农村金融基础设施的不完备性等。此外,随着城市化的快速推进,城市对金融资源的虹吸效应也会极大地挤占资金对农业农村的投入,这些因素都导致农村金融发展的不完善性。那么,这种不完善性会如何影响金融对农业劳动生产率的作用发挥,这一问题值得探讨。

银行业是中国的金融体系的主要部分(林毅夫和孙希芳,2008),2019 年《中共中央 国务院关于坚持农业农村优先发展做好"三农"工作的若干意见》指出,"鼓励银行业加大对乡村振兴和脱贫攻坚中长期信贷支持力度"。在 2018—2022 年中共中央、国务院、农业农村部等发布的乡村振兴政策文件中,有 5 个文件直接点名了银行业的作用。从职能上看,银行金融资源的导入关键需要服务于乡村产业振兴和共同富裕两大关键主题,而提高农业劳动生产率已经被学术界证明是农业高质量发展和共同富裕的重要标志(蔡昉,2017)。所以,研究银行业是厘清金融对农业劳动生产率影响关系的重中之重。

在顶层设计的指引下,2021 年银行业涉农贷款余额为 43.21 万亿元,较 2020 年增加了 11.3 个百分点。抵押品创新、乡村人居环境整治、农业可循环贷、整村授信等创新性金融产品层出不穷。但是,银行业的作用不能仅仅通过单一的贷款进行判定,且这种判定需要基于微观层面数据。所以,本文通过分析 2022 年 7—9 月上海市 71 个行政村、179 个农业经营主体的数据,从金融基础设施、贷款服务、金融扩展服务和金融创新四个维度构建银行业支持指数,全面评价银行全方位职能对农业劳动生产率的影响。接着,以经营主体到上海市各涉农区各区一级支行[①]的最短距离,作为银行业支持的工具变量,有效克服模型的内生性问题。最后,以农业经营主体科技进步贡献率和三产融合水平为中介变量,运用中介效应模型,探讨银行业支持对农业劳动生产率的作用路径。本文的贡献在于:第一,运用微观调查和指数构建的方式,衡量银行业支持对农业劳动生产率的影响;第二,明确银行业支持农业劳动生产率提高的路径和侧重点。第三,研究集体经济等特殊因素将如何改变银行业支持对农业劳动生产率的作用。

一、理论分析

(一)打通产业链、供应链问题带来的资金瓶颈

银行业的支持有助于实现企业资金的跨期合理配置。农业经营主体普遍存在生产周期与收获周期不相匹配的问题,银行的进入有助于打破农业经营主体的产业链和供应链拉长带来的流动性压力。就个体层面来说,银行业有助于为经营主体筹集生产资料等业务活动提供资金,实现企业资金资源的跨期配置,有助于解决农业生产季节性对盈利能力的制约,提高村单位劳动力的生产效率。就整村而言,银行业的规模经济优势可以为分散化的合作者、家庭农场、农户等经济主体提供批量化的信贷服务,有助于解决农业农村"小散乱"带来的资金供给瓶颈问题,提高中小型农民合作社的盈利能力。就农村产业链、供应链而言,银行业有助于为多种形式的合作型集体经济提供基于"企业+合作社+大户"的供应链融资、资产抵押贷款等金融服务,支持其周期性周转和扩大经营规模的金融需求。

(二)提高农业经营主体科技进步贡献率

银行业的支持有助于促进资源跨产业、跨地区的流动。农业农村目前面临的重要问题是人口老龄化和农业劳动力的短缺问题。这种问题需要依靠发展农业科技,提高科技进步贡献率来解决。乡村振兴战略为农业农村发展提供了政策红利,这种政策红利有助于农业经营主体筹集资金,用于技术的引进和开发,从而降低经营成本。但是,这种政策红利转化为农业经营主体生产效率提高需要通过改善资源配置

---

① 一级支行通常指区、县、县级市行。

手段来实现。在传统农村金融领域,资金配置以民间借贷、合作筹资等方式为主。银行业的参与有助于构建深度融合农业农村信贷市场和资本市场的现代化融资体系。首先,银行在农村地区的商业网点和金融服务站可以有效缓解农村地区的资源可得性,缩短资金从投放到实际运用的周期。其次,银行业的金融创新有助于在控制金融风险的条件下增加贷款偿还年限,从而便于将更多资金运用于研发活动。例如,随着农业科技和品牌化活动的兴起,农业知识产权、商标、品牌作为抵押品的融资渠道更加宽泛;随着土地政策的深化改革,集体土地作为质押的渠道逐渐被打通。最后,银行涉农业务的深化能极大缓解农村地区的信息不对称,获得贷款支持可以帮助农业经营主体向外界传递出运营良好的信号,增大乡村投资机会的传播半径,通过吸引人才提高农业劳动生产率。

(三)加强农业产业融合水平

银行业的支持有助于以更低成本向经营主体提供资金。产业融合需要将更多资金投入以农业为基础的全产业链经营框架中,这就需要金融市场以低资本成本供给大量资金。农村金融市场面临的最大障碍之一就是经营管理不规范和隐性负债带来的经营风险激增,导致资金供给者抬高风险升水。因此,农业经营主体的收益被金融资本大量占据,从而挤压了实体经济的发展空间(陈意和郭梦恬,2022)。银行业进入农村金融体系有助于提供更灵活的跨期配置资金,并且有助于重构产业发展的业务逻辑和治理逻辑,将集体经济的资金收支纳入市场化和正规化的治理框架内。银行规模化经营带来的低资金成本优势可以在很大程度上减少非正规融资渠道引发的高资本成本问题,引导经济资源留在实体经济。在资金约束宽松的条件下,农业经营主体将有更大动力追求以产业融合为导向的高附加值活动,从而提高现有劳动力的生产水平。因此,正规融资渠道有助于降低企业的融资成本,提高农业劳动生产率。

另外,随着金融科技的普及,银行业通过与多样化交易平台相对接,实现资金收付和存贷联动的一体化发展,并逐步将这种模式开拓到农村领域。农村集体经济的发展本质上还是依赖产品销售端的打通。银行业的介入有助于通过信息技术手段开辟农产品销售的线上模式,并利用其在中心城区的客户资源为郊区农产品实现"带货",从而进一步夯实农村经营主体的比较优势。同时,平台的搭建还可以开拓更多创意农产品、乡村精品旅游线路等的销售渠道,实现产业融合,从而进一步提高农业经营主体的劳动生产率。

(四)推进农村公共设施建设

银行业支持有助于为大规模不可分项目提供资金。农业经营主体生产效率的提高主要依赖两方面的助力:一方面是产量扩大带来的规模经济,另一方面是公共设施建设日趋完善带来的外部经济。从银行的角度看,对大规模不可分企业的资金支持有助于实现企业的内部规模经济,而对公共设施的建设支持则有助于实现外部经济。在支持城市公共设施建设的框架中,银行主要依靠城投公司、国有建设主体等完成批量化的资金投放。随着农村"投、建、管"一体化的整村运营主体模式不断成熟,银行可以通过这些主体完成资金投放。例如,商业银行参与下的银团贷款可以为支持人才公寓、道路等产业配套建设,有助于农业经营主体将资源集中于生产性活动和人才引进,从而提高农业劳动生产率。

综上所述,银行业支持对劳动生产率的作用主要体现在三个直接路径和一个间接路径。直接路径包括通过克服生产季节性推动农业资源的跨期合理配置、推动农业技术进步贡献率提升、促进农业产业融合。间接路径是指提升乡村公共设施建设水平。相关机制如图1所示。

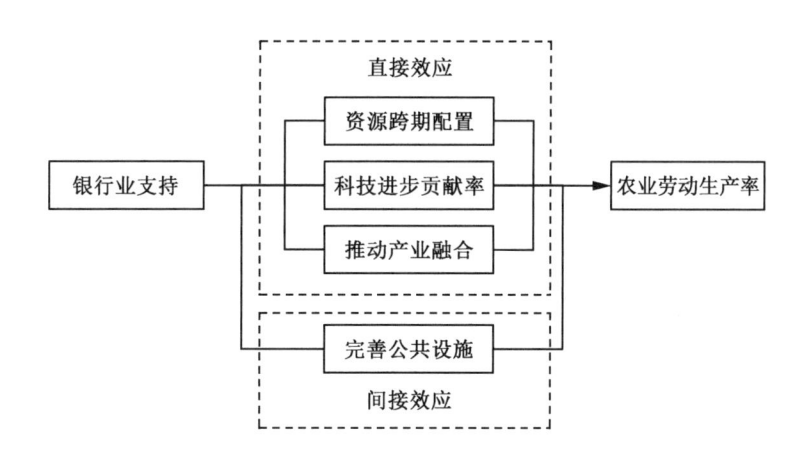

图1 银行业支持对农业劳动生产率的作用路径

二、实证分析

(一)指标选取、数据来源和数据描述性统计

1. 银行业支持指数

本文研究借鉴其他省市、中国人民银行、中国人民大学、上海市发展改革研究院等在普惠金融和乡村振兴指数评价方面的研究成果,围绕金融活动的基本逻辑和乡村地区的基本经济运行特点,构建指标体系,见表1。

表 1　　　　　　　　　　　　银行业支持评价指标体系

一级指标	二级指标	衡量手段（整村部分）	衡量手段（经营主体部分）
涉农金融基础设施	农村每万人银行网点	村银行网点总数/银行网点总数	村银行网点总数/银行网点总数
	最近的银行网点到本村的距离	公里	公里
	每万人金融服务站数	金融服务站数/各村总人口	金融服务站数/各村总人口
涉农贷款服务	涉农经营主体[①]授信率	∑被访经营主体授信总额/∑被访经营主体年收入	被访经营主体授信总额/被访经营主体年收入
	涉农小微企业[②]信用贷款率[③]	∑涉农被访小微企业信用贷总额/∑被访小微企业年收入	涉农被访小微企业信用贷总额/小微企业年收入
	农民专业合作社信用贷款	∑被访农业合作社信用贷总额/∑被访农业合作社年收入	被访农民专业合作社信用贷总额/被访农民专业合作社年收入
	涉农大中企业信用贷款[④]	∑被访涉农大中企业信用贷总额/∑被访涉农大中企业年收入	被访涉农大中企业信用贷总额/涉农大中企业年收入
	经营主体固定资产抵押贷款	∑被访经营主体固定资产抵押贷总额/∑被访经营主体年收入	被访经营主体固定资产抵押贷款总额/被访经营主体年收入
	涉农经营主体土地使用权质押贷款	∑被访经营主体土地使用权质押贷总额/∑被访经营主体年收入	被访经营主体土地使用权质押贷款总额/被访经营主体年收入
	涉农经营主体知识产权质押贷款	∑被访经营主体知识产权质押贷总额/∑被访经营主体年收入	被访经营主体知识产权质押贷总额/被访经营主体年收入
	涉农经营主体采购环节贷款率	∑被访经营主体采购环节贷款总额/∑被访经营主体年收入	被访经营主体采购环节贷款总额/被访经营主体年收入
	经营主体生产经营环节贷款率	∑被访经营主体生产环节贷款总额/∑被访经营主体年收入	被访经营主体生产环节贷款总额/被访经营主体年收入
	经营主体销售环节贷款率	∑被访经营主体销售环节贷款总额/∑被访经营主体年收入	被访经营主体销售环节贷款总额/被访经营主体年收入
涉农扩展服务	经营主体存款率	∑被访经营主体存款额/∑被访经营主体年收入	被访经营主体存款额/被访经营主体年收入
	经营主体理财产品购买率	∑被访经营主体涉农理财购买额/∑被访经营主体年收入	被访经营主体涉农理财购买额/被访经营主体年收入
	银行是否带动参与本经营主体的农产品销售	是或否	是或否
涉农金融创新	所在行政村是否涉及整村授信	是或否	是或否
	移动支付对线下支付的替代率	∑被访经营主体移动支付额/∑被访经营主体支出总额	被访经营主体移动支付额/被访经营主体支出总额
	线上贷款业务对柜面业务替代率	∑被访经营主体线上贷款余额/∑被访经营主体贷款总额	被访经营主体线上贷款余额/被访经营主体贷款总额

注:①在后续银行业支持对农民专业合作社的实证分析中,涉农经验主体仅考虑农民专业合作社。

②农、林、牧、渔业营业收入 2 000 万元以下的为中小微型企业。其中营业收入 500 万元及以上的为中型企业,营业收入 500 万元及以下的为小型企业,营业收入 50 万元以下的为微型企业。

③在后续银行业支持对农民专业合作社的实证分析中没有此项。

④在后续银行业支持对农民专业合作社的实证分析中没有此项。

2. 农业劳动生产率

学术界一般使用劳均产出衡量劳动生产率。因此,本文以经营主体年产值与员工总人数之比①衡量农业劳动生产率。

3. 控制变量

本文的控制变量主要包括乡村宏观经济发展情况、乡村人口状况、乡村农业发展质量和经营主体发展状况四个方面,中介变量主要包括技术进步、产业融合和公共设施三个方面。具体指标如表 2 所示。

表 2　　　　　　　　　　控制变量和中介变量的数据来源

涉及层面	变量类型	变量名称	衡量方法
农村	乡村宏观经济发展	农业生产总值	各村农业生产总值
		人均收入	各村人均收入
	乡村人口	乡村总人口	各村总人口数
		乡村外来人口占比	各村外来人口/各村总人口
	乡村农业发展质量	农业品牌	各村被纳入农产品地理标志数量
		经营主体带动性	各村被纳入上海市市、区两级示范性合作社、龙头企业数量
经营主体	基本情况	经营主体成立年限	经营主体存续年份
		经营主体面积	经营主体占地面积
中介变量	技术进步	农业经营主体科技进步贡献率	数字化、智能化种植面积/种植总面积
	产业融合	产业融合程度	涉及第二、第三产业收入/经营主体年收入
	公共设施	乡村公共设施规模	每万人公共设施投入额

(二)计量模型的建立

本文运用主成分分析法计算银行业指数。主成分分析法(Principal Components

---

① 由于农业经营主体会在农忙时雇用临时工从事生产活动。为了保证研究的准确性,本文的员工总数包括农忙时的临时雇用工作者。

Analysis,PCA)是一种分析和简化数据集的技术,其方法主要是通过对协方差矩阵进行特征分解,得出数据的主成分(特征向量)和它们的权值(特征值),将原来的变量重新组合成一组新的相互无关的全局变量,并根据各变量的权值计算最终得分,如下式：

$$F_{jr} = ZXa_{jr} = \sum_{j=1}^{j=n} a_{jrj}zx_{jrj} \quad (1)$$

式(1)中,F_{jr}表示需要计算的银行业支持指数,ZX表示原始数据的标准化矩阵,$a_{jr}=(a_{jrj})_{(n\times n)}$是特征值对应的特征向量矩阵转置。接着,本研究用固定效应模型计算二者关系指数,如下式：

$$labor_i = \alpha_0 + \alpha_1 F_{jri} + \alpha_2 A_{it} + u_{it} \quad (2)$$

式中,$\alpha_0 \sim \alpha_2$代表待估参数,A为控制变量,u代表随机扰动项,i代表个体数。

(三)实证结果

根据式(2),本文运用stata软件分别计算了主成分分析法下的银行业支持指数,并将其与经营主体劳动生产率回归,如表4第1列所示。

表3　银行业支持对农业劳动生产率影响的基准回归、内生性检验和稳健性检验

变量	labor 主成分分析法	labor 算术平均法	labor 熵值法	F_{jr} 2sls	labor 2sls	labor 农民专业合作社	labor 整村
F_{jr}	0.123*** (0.017)	0.134*** (0.021)	0.129*** (0.015)			0.097*** (0.026)	0.209*** (0.043)
dis				0.775*** (0.164)	0.100*** (0.008)		
$human$	0.204 (0.316)	0.205 (0.317)	0.202 (0.317)	0.575*** (0.098)	0.245 (0.333)	0.165 (0.207)	
$ANDP$	0.380*** (0.056)	0.382*** (0.056)	0.381*** (0.055)	0.422*** (0.067)	0.383*** (0.056)	0.292** (0.111)	
$salary$	0.108*** (0.013)	0.110*** (0.014)	0.109*** (0.014)	0.366*** (0.077)	0.112*** (0.015)	0.075** (0.032)	0.744*** (0.199)
pop	−0.009 (0.007)	−0.010 (0.008)	−0.009 (0.007)	0.039 (0.048)	−0.011 (0.007)	−0.003 (0.002)	
$immo$	0.380*** (0.056)	0.382*** (0.059)	0.379*** (0.054)	0.062** (0.030)	0.393*** (0.051)	0.242*** (0.051)	0.896*** (0.178)
$paten$	0.234*** (0.075)	0.231*** (0.074)	0.229*** (0.077)	1.004*** (0.262)	0.235*** (0.076)	0.199*** (0.068)	0.355*** (0.047)

续表

变量	labor	labor	labor	F_{jr}	labor	labor	labor
	主成分分析法	算术平均法	熵值法	2sls	2sls	农民专业合作社	整村
$firm$	0.522*** (0.144)	0.509*** (0.147)	0.511*** (0.137)	0.662*** (0.109)	0.509*** (0.142)	0.395*** (0.098)	0.153*** (0.021)
观测值	179	179	179	179	179	134	154
个体变量	YES	YES	YES	YES	YES	YES	YES
区变量	YES	YES	YES	YES	YES	YES	YES
R^2	0.553	0.557	0.554	0.771	0.563	0.422	0.474

注：***、**、*分别表示在1%、5%和10%的显著性水平上显著；括号中数值为回归系数估计量的稳健性标准差，下同。

为了验证结论的稳健性，本文首先使用熵指数和算术平均两种方法进一步对银行业支持对劳动生产率的影响进行稳健性检验。结果发现，无论是运用何种方法计算出的银行业支持指数，都与农业劳动生产率呈现显著的相关关系，且这种关系在1%水平上显著，结果见表4中的第2和第3列。然后，本文以整村为研究对象，采用各村农业生产总值与各村人口之比为农业劳动生产率的衡量指标，发现整村层面银行业支持指数与村劳动生产率依然呈现显著正相关，进一步验证了银行业支持对农业劳动生产率提高的重要性。

但是，银行业支持指数与农业劳动生产率的实证分析存在严重的内生性问题。首先，农业劳动生产率的影响因素很多，涵盖技术进步、乡村治理、经济环境等，这些影响因素与银行业作用密切相关；其次，银行业在支持乡村振兴的过程中优先考虑基础较好、信贷能力较强的经营主体，这就意味着基准回归部分存在互为因果。为了克服这种内生性问题，本文借鉴郭峰等（2015）采用距离作为工具变量的研究方法，以该经营主体到上海市各涉农区一级支行的最短距离为工具变量，使用2SLS进行回归。具体见表4的第4和第5列。结果发现，距离是银行业支持指数合适的工具变量，且在引入工具变量后，回归系数依然显著，这就意味着本文的研究结论可信，银行业对农业劳动生产率确实产生了重要的正向影响。

最后，本文在研究的过程中需要考虑农业经营主体构成的特殊性。集体经济在农业生产过程中占据了重要地位，而合作社就是集体经济的主要成分（王曙光等，2018）。因此，本文使用农民专业合作社单独作为研究对象，并将银行业对合作社的支持指数与合作社农业劳动生产率进行回归，结果发现支持系数相对于整体样本来说有所下降，具体见表4第6列。结果发现，银行业对合作社支持力度相对较弱。因为农民专业合作社在账目、风险控制、资产权属等方面都落后于现代企业,这就意味着银行难以将适用于工业类的贷款模式纳入合作社中,因而合作社在资金获取方面无法获得与工业企业等值的贷款投放力度。

相比农民专业合作社,农业专业合作社在产权问题上的表现更为明显。在集体土地尚未开启全面的入市、抵押模式之前,由村集体实际控制的农业专业合作社难以通过土地为抵押物获取资金,这就意味着土地的抵押在制度上和程序上都难以实现。因此,农业专业合作社的融资相比农民专业合作社更加受限。例如,本文走访的9个农业专业合作社样本中,没有合作社与银行有过往来,经过详细访谈发现这些主体都不符合银行征信条件。

三、结论和建议

本文探讨了银行业支持与农业劳动生产率的关系,论述了银行业通过促进资金跨期配置、推动农业科技进步贡献率和促进产业融合三条路径支持农业劳动生产率提升,得到如下结论:

(1)银行业支持对农业劳动生产率有明显作用,但这种作用在合作社经济层面有所降低。从本文的分析来看,银行业支持显著推动了农业劳动生产率的提升。但是相比农业有限责任公司和股份有限公司,对农民和农业合作社作用相对较小。一方面是由于合作社征信系统和财务、风险等数据尚不完善,另一方面是由于其土地等资产在权属上为集体所有,入市和质押在政策层面和操作层面相对于企业更加复杂。因此,银行业难以将适用于工业企业的信贷模式移植进合作社经济。

(2)银行业对农业劳动生产率的支持模式主要以贷款支持为主,且不同贷款方式的作用差异较大。从实证结果来看,贷款投放在银行业支持农业劳动生产率中的作用最大,金融创新的作用则稍有不足。在贷款细分领域中,抵押贷更加符合农业生产的客观规律,且具有更长的贷款周期,在很大程度上契合了农业生产的长周期性。质押贷款支持模式本质上属于"类信用贷款",因为银行并没有处置土地、商标等质押品的权限。因此,质押贷款和信用贷款对农业劳动生产率的作用趋同。

(3)银行业支持对农业劳动生产率的作用主要通过促进资金跨期配置、推动农业科技进步贡献率和促进产业融合实现。实现资金跨期配置是银行业的基本功能属性。从中介效应的分析看,农业科技进步贡献率和产业融合作为中介变量的作用也更加显著,但是公共设施的作用相对不显著。主要原因在于银行业对农村公共设施建设的投入力度受到资产权属、隐性负债等方面问题的制约,影响了该中介效应的实现。

基于此，本文认为银行层面需要进一步支持农业农村领域的金融创新，加大金融科技的运用以及资金在乡村道路等公共设施领域的投放；推动农村信用体系建设，为银行业的资金投放打造良好环境。政策层面需要大力盘活集体经营性建设用地、生物资产等集体资产，进一步打通和推广集体经营性土地入市、抵押的路径；提升农业品牌建设水平，提高品牌附加值，延长农业品牌等质押贷款的贷款周期，使之真正成为能够区别传统信贷的创新性支持门类。

参考文献

[1]宾伟华. 现代农业金融服务短板[J]. 中国金融,2016(7):100.

[2]蔡昉. 改革时期农业劳动力转移与重新配置[J]. 中国农村经济,2017(10):2—12.

[3]陈意,郭梦恬. 农村集体经济发展的金融支持[J]. 中国金融,2022(17):80—81.

[4]郭峰,孔涛,王靖一. 互联网金融空间集聚效应分析[J]. 国际金融研究,2017(8):75—85.

[5]江鑫,黄乾. 耕地规模经营、农户非农兼业和家庭农业劳动生产率[J]. 农业技术经济,2019(12):4—20.

[6]林毅夫,孙希芳. 银行业结构与经济增长[J]. 经济研究,2008(9):31—45.

[7]王曙光,郭凯,兰永海. 农村集体经济发展及其金融支持模式研究[J]. 湘潭大学学报(哲学社会科学版),2018(1):74—78.

[8]王曙光. 金融发展理论[M]. 北京:中国发展出版社,2010.

[9]吴海霞,郝含涛,史恒通,等. 农业机械化对小麦全要素生产率的影响及其空间溢出效应[J]. 农业技术经济,2022(8):50—68.

[10]余泳泽,张少辉,杨晓章. 税收负担与"大众创业、万众创新"[J]. 经济管理,2017(6):162—177.

[11]张爱英,孟维福. 普惠金融、农业全要素生产率和城乡收入差距[J]. 东岳论丛,2021(9):63—76.

[12]赵振宁,王畔畔. 金融支持农业发展实证分析[J]. 南方金融,2013(11):71—73.

[13]朱明. 服务投入与中国农业劳动生产率的追赶进程:对中国农业劳动生产率阶段性特征的新解释[J]. 财经研究,2016(7):111—121.

[14]Merton, R. C. A functional perspective of financial intermediation[J]. Financial Management, 1995,24(2):23—41.

[15]Solow, R. M. A contribution to the theory of economic growth[J]. The Quarterly Journal of Economics,1956,70(1):65—94.

(原载于《新金融》2023年第2期)

村企联动　整村运营

——岑卜村集体经济高质量发展案例

（王珏　张晔　张秋凤）

集体经济是我国农村经济的重要组成部分，集体经济组织是解决乡村振兴战略实施中组织困境的重要抓手。实现集体经济高质量发展，增强集体发展能力，是推动乡村振兴战略实施、实现共同富裕的必要要求。青浦区岑卜村通过搭建村企联动机制，依托本村地理区位优势、自然资源优势，通过整合资源、整村谋划，积极探索村集体经济高质量发展的有效路径。2022年夏天，岑卜村以"萤火虫""小亚马逊""桨板"等关键词成为新晋网红村，在小红书、抖音等社交平台上被人们看到，吸引了众多年轻人前去"打卡"。

一、岑卜村的基本情况

青浦区金泽镇岑卜村位于金泽镇西岑社区，邻近水乡客厅和环淀山湖区域创新绿核的核心区，距华为研发中心基地及 A9 高速出口 2 公里处，是 2009 年全国首批 26 个生态文化村之一，2021 年 7 月被列入上海市 2021 年度（第四批）乡村振兴示范村建设计划名单。

岑卜村全村面积约 2.3 平方公里，享有得天独厚的地理优势，村内河网交叉纵横，水陆交通便利，住房沿河而建。长期以来，岑卜村坚持生态优先的原则，以村庄环境治理为突破口，以美丽乡村建设为切入点，广泛动员和鼓励全村干部群众大力开展植树造林，不断放大生态优势。生态环境的优先打造为岑卜村发展乡村旅游产业打下坚实基础，岑卜村充分把握区位优势、文化优势与环境优势，把握乡村旅游产业定位，探索生态价值向经济价值转变的可行路径，打造上海特色郊区旅游观光点。2006年，岑卜村推出"农事体验园"，提供给游客亲自下田、种菜等多种体验活动。2009 年，全村开始筹划构建"生态文化乐活社区"，充分盘活闲置农宅，吸引外地租客陆续落户岑卜村，成为岑卜村新村民。为满足乡村旅游资源开发的配套需求，岑卜村累计盘活利用闲置宅基地 700 余平方米，盘活闲置农宅 8 幢，用于民宿及小餐饮建设。近年来,伴随着乡村旅游的蓬勃发展,岑卜村每年接待观光旅游人数超过 10 000 人次。

依托自身生态环境优势与地理区位优势,岑卜村不断探索农业产业发展的多元化功能。自 2021 年以来,在市级乡村振兴示范村建设过程中,岑卜村引入微笑草帽乡村发展集团(以下简称"微笑草帽"),尝试打破"吃租经济"的传统集体经济发展路径,整合利用集体土地资源,盘活闲置固定资产,以"岑卜·国潮文化村"为主题整村运营,充分挖掘乡村的生态价值和美学价值,采用"保底+分红"的利益分享模式,开发休闲旅游和文化传承,创造经济价值,开创了上海市首个由社会资本参与整村运营的市级乡村振兴示范村创建模式,探索出集体经济发展的新形式。未来,在村企携手联动、整村合力运营的统筹谋划下,岑卜村将逐步优化文旅及商业服务反哺农村集体经济、带动农民共同富裕的利益联结机制。

二、特色做法

(一)主题鲜明,导入产业

岑卜村充分利用市级乡村振兴示范村建设契机,聚焦"国潮文化"主题,引入符合国潮理念的"农特产品""非遗""汉服"等产业,持续优化资源配置,拟打造上海首个以文化产业为主的农文旅综合乡村社区。具体而言,以国潮主题为轴,围绕观光农业、乡村市集,聚焦餐饮、民宿、水上活动项目,重点打造乡村微度假体验,逐步形成集归园田居、休闲农业、乡村旅游、智慧农业、原乡文创等功能为一体的"国潮场景式体验聚集地",彰显乡村生态价值和美学价值,预计未来将带动乡村旅游产业全面升级,成为城市后花园,吸引更多年轻人走进岑卜、游在岑卜、玩在岑卜。

(二)企业运营,整村打造

对村集体来说,发展壮大农村集体经济心有余而力不足,村"两委"人手不足,专业知识相对欠缺,难以摆脱路径依赖,实现转型发展。为持续优化现有产业、做强核心产业、挖掘潜力业态,进一步激活乡村活力,营造宜业宜居宜游的良好环境,充分发挥第三方主体和村集体的长处,规避短板,实现投资者、经营者、消费者、村集体、农户的多方共赢,岑卜村完善管理机制,由微笑草帽和岑卜村村民委员会共同成立岑卜村整村运营管理委员会(以下简称"管委会")。管委会从"运营+管理"的角度出发,主要承担岑卜村整村运营和整村管理的职责,其中微笑草帽百分之百持股公司——草帽驿站文化传播有限公司作为旅游、餐饮管理的专业机构,负责整村运营,对引入产业的业态发展定位、招商运营等进行整体布局策划,搭建统一运营平台,优化整合资源、配套数字系统、整合营销、宣传活动等系列服务。

(三) 村民自治，配套服务

岑卜村芦苇和乱子草高低错落，沿河岸边可以欣赏来往的桨板，江南水乡原生态的独特风景给游客带来了身处自然、享受古朴、自得其乐的游玩体验。为维护村内生态环境，营造良好的经营环境，岑卜村计划未来由岑卜经济合作社负责岑卜村整村管理，包括村内安保、保洁等养护维护项目及日常公共管理和服务等，配套河道、路面、村庄整体环境及公共设施的日常维护养护。由更加熟悉村内情况的村经济合作社负责村内公共服务供给，一方面能够结合实际情况，为村庄打造良好的环境面貌，以吸引更多产业主体和游客；另一方面也可以解决部分村民就业问题，有效提升农民工资性收入。

(四) "保底＋分红"，共享收益

除运营和管理职责外，微笑草帽和村集体共同执行相关决议，具体而言，包括配合协调村民与经营主体关系、对产业导入的整体体制机制进行审核和监督管理等。双方约定"保底＋分红"的合作模式，管委会提供创业就业条件，优先为本村村民提供就业岗位；对利用公共资源及空间的适用对象，依规收取管理费及公共能耗费，按比例进行分红。此外，岑卜村有约15亩集体经营性建设用地，同样计划以"保底＋分红"的方式出租，村经济合作社获得现状建筑租赁收入作为保底，另加将运营方在该宗地范围内各类经营收入2%的提成作为分红，每年也会为村级集体经济带来固定收益。

三、经验和成效

(一) 农村集体经济统筹发展

近年来，随着乡村建设的发展，农村人居环境有明显提升，天蓝了、草绿了、水清了，越来越多的城市居民走入乡村，在周末和节假日城郊的民宿、农家乐常常一房难求。部分村庄引入社会资本，不同主体各自打造民宿、农家乐、旅游项目等，风格各异，缺乏整体性。因为游客增多，对村庄环境和村庄治理造成巨大压力，村集体不仅要维持村庄秩序，处理引发的纠纷，还要负担垃圾清运、保洁等，维护费用大大上升。而岑卜村整村打造"国潮文化村"的做法，可以有效规避因乡村旅游发展而增加村集体负担的问题，实现村集体和社会资本的共赢。一是整体统筹。岑卜村采用整村运营的方式，制定了《岑卜村整村运营管理办法（试行）》，成立管委会，设定主题，明确业态定位规划、准入规定、管理收费标准等，保证了村庄产业导入的整体性和计划性。结合岑卜村自然禀赋特征和目前的产业发展情况，确定餐饮、民宿、水上活动为今后业态发展方向，科学布局，形成差异化发展。二是提升产业发展能级。在村庄整体业

态规划框架下进行项目导入,不盲目追求产业项目导入的数量,而是结合村庄自然环境承载力等因素,科学测算项目数量上限。项目导入时,对其合法性、安全性、生态环保等方面进行严格审查,确保导入项目优质可持续。在引入同类型项目时,设置ABC三档标准,鼓励差异化的农家乐、民宿等产业发展。三是有偿服务。为了共同维护村庄环境,营造良好竞争氛围,岑卜村结合村规民约制定了政策管理收费标准,对在岑卜村开展相关经营活动及其他活动的主体进行服务收费,服务内容主要包括村内安保、保洁等养护维护项目及日常公共管理和服务等,一方面可以巩固发展资金池,有效减轻村集体负担;另一方面可以让经营主体共同参与村庄维护,增强经营主体的归属感,也有助于吸引经营主体进一步增加投资。

(二)构建集体与社会资本的利益联结机制

未来岑卜村"国潮文化村"打造好后,按照"保底＋分红"的收益分配模式,将持续壮大农村集体经济。一是盘活村庄闲置资产。岑卜村地处青西地区,村庄周边少有工业发展,就业岗位相对缺失。近年来,随着乡村人口的流失,村内闲置农房数量增多。引入社会资本不仅能盘活集体经营性建设用地,在村庄整体打造好后还将吸引更多主体进入岑卜村,让农民的闲置农房"活"起来,开办民宿或农家乐,助力产业升级,焕发活力。二是拓宽收益渠道。通过产业的导入,为村民创造更多的就业和创业机会,拓宽村民收入渠道,村民不仅可以获得农房出租带来的财产性收入,还可以通过村内非农就业获得工资性收入,甚至通过创业辅导,在村内创业获得经营性收入,长期分享乡村振兴示范村建设带来的多重红利。

(三)实现乡村生态价值

习近平总书记在党的二十大报告中提出,"坚持山水林田湖草沙一体化保护和系统治理"。在保护的同时,需要使山水林田湖草沙可持续,要在提升乡村经济附加值的同时,实现乡村文化自然环境、历史风貌与传统文化的有机结合。岑卜村邻近高速公路出口和正在建设的华为研发中心基地,具有明显的区位优势,利用其文化特色、物产资源、自然环境促进村民增收,文旅和商业服务来反哺村级集体经济,充分发挥村庄自然资源的生态价值,将景观保护与休闲游憩相结合,增加其经济附加值,为乡村振兴聚合"价值力量"。未来可凭借其区位优势和生态环境优势,成为华为研发中心基地的"后花园",吸引更多年轻人,创造更多的经济价值。

四、相关建议

岑卜村整村打造市级乡村振兴示范村,让我们看到了利用乡村生态环境和自然景观优势发展农村集体经济的美好蓝图。但岑卜村"国潮文化村"的建设才刚刚起步,岑卜村的未来还是未知数,在实现村集体和企业双赢的道路上还有诸多瓶颈亟待克服。

(一) 关于乡村建设和发展的统筹谋划

乡村建设和发展涉及乡村规划、人居环境、集体经济发展等多个方面,整村打造是岑卜村乡村建设和发展的起点,未来需要管委会、社会主体、村民等共同努力,才能最终实现农村集体经济转型升级,让村集体和农民获得持续稳定的收入增长。一是国潮文化村的错位竞争。青西地区生态旅游资源丰富,具有典型江南水乡特征的村庄众多,发展餐饮、民宿和水上活动的经营主体也比比皆是,且水上活动受天气和季节情况影响较大,岑卜村如何突出重围值得深入思考。建议岑卜村利用好自身独特的区位优势,在保留餐饮、民宿和水上活动产业的同时,不断丰富游玩项目,形成自身特色,更好地吸引游客、留下游客。二是政策和资金的统筹问题。调研过程中,基层干部反映乡村振兴的支持政策、资金分散在各个条线,或需要通过重大项目、创建任务"一事一议"落地,大多数专款专用、整合度低,叠加效应不明显,村干部希望可以探索更为灵活的资金政策,在资金来源方面探索更加灵活、向村集体倾斜的招商引资激励及税收返还政策,不仅能扩大村集体的资金来源渠道,还能提升村干部发展壮大集体经济的积极性。三是乡村建设的统筹问题。村干部和村民反映,道路、桥梁、河道等建设时序经常前后颠倒,造成重复施工、重复投入,影响工作效率。建议相关部门综合考虑乡村建设特点,将道路、桥梁、河道等进行统一规划和设计,有计划地开工建设,避免重复施工的现象出现。

(二) 关于政策的灵活性

岑卜村为推动集体经济高质量发展进行了探索,引入社会资本,建立了相应的利益联结机制,经营主体获得经济效益的同时,反哺乡村,为村集体提供的服务买单,目前看来解决了村庄未来发展的可持续问题。但在实际操作中,仍有部分困难有待克服。一是部分资源开发缺乏明确的法规规定。村域内部分资产,如林地、湖泊、湿地等部分集体资源资产受制于上位法规,二次开发利用仍属敏感地带、灰色地带,目前难以用于产业导入,无法形成经济效益。建议从政策层面进一步拓宽集体经济发展路径,制定产业导入白名单、黑名单,引入生态友好型产业,为农村产业发展创造良好条件。二是部分营商政策还有待突破。为调动经营主体的积极性,让其愿意让渡收益,需要进一步完善税收政策,优化体制机制,让渡更多的利益给集体,只有这样,才能进一步调动基层干部发展壮大集体经济的积极性,推动农村集体经济持续健康发展。

(原载于《上海农村经济》2023年第5期)

第三部分

乡村建设

关于乡村特色价值保护的思考和建议

(王珏)

一、韩德法荷美等国乡村特色价值保护和开发经验

韩德法荷美等发达国家的乡村发展经历了从传统乡村到现代化乡村再到生态化乡村的转变，在实现农业生产现代化的同时，维持了乡村的原始风貌，延续了当地的地域和历史特征，深厚的历史文化遗产也被保留，给我们提供了很好的经验借鉴。

(一)通过转变乡村建设理念和目标，发达国家实现了乡村特色价值保护和提升

第二次世界大战后，韩德法荷美等发达国家进入快速工业化和城市化发展阶段，对粮食安全高度重视，乡村被认为是资源最优效率配置定律支配下土地和人口等生产要素的来源地，进而引发了乡村地区耕地被侵占、特色消失、景观格局失衡等问题，陆续出现了农业规模减小、乡村人口持续减少、传统乡村景观风貌改变等趋势。20世纪90年代后，发达国家逐渐认识到摒弃传统建筑风格及民俗要素的现代化建设破坏了乡村原生态的聚落形式和自然景观风貌，开始反思如何回归乡村原来的景观风貌和特色价值，由此催生了其乡村建设理念和目标的转变，开始更加尊重自然和历史，将可持续发展理念融入乡村建设，向生态综合性发展，德国和荷兰从单纯追求农业发展带来的经济价值转变为追求经济、社会、环境的统一和协调，韩国、法国、美国等国家则开始注重对农耕文化、乡村历史建筑和景观的传承和保护。

(二)通过立法、规划、设立专门机构、公众参与等方式，发达国家实现了乡村特色价值保护

一是立法和政策指导乡村特色价值保护和发展。韩德法荷美等发达国家为保护乡村特色和生态环境、守护自然和历史遗产，陆续出台了涉及土地整治、环境保护、历史遗址保护等多个方面内容的政策法规。二是建立多层次的引导与规划体系。德国的"乡村更新"规划明确保护传统建筑与风格，法国将生态环境保护和特色价值守护纳入城乡规划，荷兰自2000年以来先后实施了三个7年期《乡村发展规划》，将75%的预算用于建立自然保护区和公园等项目。三是推动社会资本和农民协同参与乡村

特色价值保护与发展。德国的土地整理与村庄革新中,村民积极主动参与组织,强化"自下而上"的参与过程,赋予了村民更多的责任。法国有 8 000 多个注册的非政府组织从事国家遗产保护,涉及研究、保护、整修、增值和开展活动等多个方面。

二、启示与建议

(一)韩德法荷美等发达国家乡村特色价值保护带来的启示

为了延续和传承各地宝贵独特的乡村自然环境、历史风貌和传统文化,发达国家乡村特色价值保护的理念、目标及发展路径发生了变化,为上海乡村特色价值保护和开发带来了如下启示:一是乡村空间基本稳定,上海乡村发展亟须转型。韩德法荷美等发达国家在农业现代化和城市化发展到一定阶段时,开始探索乡村特色价值保护。上海郊区土地流转率已经达到 90% 以上,主要农作物耕种收综合机械化率达到 93%,农业已初步探索出具有上海特色的都市现代农业发展模式,处于全国领先水平。时任上海市委书记李强在 2021 年 4 月 9 日的现场推进会上指出,随着耕地保护的严格,乡村空间将基本稳定,未来上海乡村将要承担更加多元化的复合功能,要凸显农业农村的经济价值、生态价值和美学价值,标志着上海乡村建设理念发生重大转变,我们在推进乡村建设的过程中,要挖掘保护乡村生态面貌、空间布局、文化和传统景观等特色价值,延续上海地域和历史特征,兼顾生态和休闲游憩的需要,实现乡村地区更高质量发展。二是从静态到动态、自然到人文,上海乡村特色价值保护还存在较多不足。韩德法荷美等发达国家注重乡村建筑与自然环境的协调性,不断挖掘和保护乡村历史建筑资源,保留乡村文化底蕴。上海虽然制定了郊野单元规划,但许多乡村在建设中忽略了与自然环境的协调性,从河网密布的江南水系变为一马平川的平地,从就地取材的自然生态变为钢筋混凝土构建的现代建筑,导致部分乡村地区的江南文化底蕴日渐丧失。发达国家通过立法等多种手段和方式推动了乡村特色价值保护,而上海的乡村特色价值保护尚存在一定的制度缺失,乡村所特有的自然景观和文化价值目前缺乏专门的立法保护,对于不同的特色价值保护和开发也缺乏明确分工和财政扶持。

(二)对上海乡村特色价值保护和开发的对策建议

习近平总书记指出,山水林田湖是一个有机的生命共同体。"十四五"期间,我们应将乡村经济价值、生态价值和美学价值保护和开发作为目标,在提升乡村经济附加值的同时,实现乡村文化自然环境、历史风貌和传统文化的有机结合,增强上海城市软实力。借鉴发达国家经验,转变理念,采取管用措施,推动乡村特色价值保护。一是开展上海乡村特色价值整理工作,对上海乡村特色价值进行分层分类梳理。广义上，乡村的特色价值既有自然层面的生物多样性和生态景观，又包括文化层面的农耕文明、历史遗产和乡村生活方式等。经学习发达国家经验和实地调研，我们认为上海乡村特色价值分为物质价值和非物质价值两类，前者包含珍稀动植物、自然生态景观、建筑景观等，后者则包含传统技艺、风俗禁忌、历史神话传说等。建议各部门各司其职，按照其职能范围深入乡村对物质价值和非物质价值进行挖掘、收集和整理，按照市、区、镇三级形成乡村特色价值目录，其中具有重要价值的文化资源资料要列入国家和市级非物质文化遗产保护名录及农业文化遗产保护名录，因地制宜引入博物馆、展示中心和文化教育基地。二是采取切实有效的措施，从立法、规划、政策和财政扶持等方面做好乡村特色价值保护和开发工作。立法方面，在《上海市乡村振兴促进条例》的制定过程中，明确乡村特色价值保护的相关内容。规划和政策方面，在乡村振兴示范村建设指南修订中，注重挖掘乡村特色价值，对其进行保护和利用，明确对村域范围内的市级乡村特色价值进行重点保护，对于区、镇级乡村特色价值进行有效保护和提升，同时要求各区、镇在乡村振兴示范村和美丽乡村示范村建设过程中，对纳入目录的乡村特色价值进行重点保护和开发。财政扶持方面，为市级乡村特色价值设立专项经费，进行保护和开发。宣传推广方面，推动乡村特色价值进校园、进社区，通过宣传教育和体验活动，让乡村特色价值保护深入人心，让更多群体参与其中。三是价值转化，推动上海乡村特色价值传承。上海乡村的经济价值、生态价值和美学价值互相联系、互相促进、有机统一，只有将生态价值和美学价值转化成可以使农民直接获利的经济价值，维持农民生计，才能实现乡村人才振兴，让特色价值得到传承，实现可持续发展。要深入把握和贯彻落实习近平生态文明思想，不断满足人民日益增长的优美生态环境和文化需求，鼓励社会资本以资金赞助、项目开发等多元形式共同参与，将一二三产业相融合，预留文化发展空间，如将景观保护与休闲游憩、教育、养老结合形成乡村服务业，非物质文化遗产与农业结合实现资源综合利用等。在保留乡村历史和部分风貌特色的基础上，引入创新思想和产业，在尊重自然和历史的基础上将传统与现代融合，延续历史，展望未来，创造性转化，创新性发展，利用中保护，不断丰富发展乡村特色价值内涵，让更多年轻人投身乡村，感受到乡村生态价值，欣赏到美学价值，并对其进行合理利用，增加其经济附加值，为乡村振兴聚合"价值力量"。

关于上海市郊农场人居环境的调研报告

(刘旭辉)

为全面促进上海郊区人居环境的改善和提升,近期,上海市乡村振兴研究中心针对市郊农场开展了人居环境调研,摸清现状、梳理问题、提出建议,以期推进上海农村人居环境整治和优化工作的深入落实。调研以 2021 年度上海市农村人居环境优化工程任务清单内容为主要依据,聚焦于农场场容场貌、绿色田园建设、垃圾治理、生活污水处理、水体环境质量、农村公路、管护机制七个方面的现状分析。经与上海实业(集团)有限公司、上海地产(集团)有限公司沟通,并多次赴光明食品(集团)有限公司所属农场实地踏勘,调研组认为,当前市郊农场对人居环境相关工作高度重视,并长期大力投入、高效统筹,农场人居环境整治内容大部分得到落实。但还存在一定的短板,主要表现在光明集团所属农场农业生产配套连队住房、老旧厂房等人居环境问题突出。人居环境优化工程应体现对农场的支持,确保上海郊区全域宜居宜业。

一、市郊农场人居环境工作情况

本次调研在梳理并了解上海市郊农场基本情况的基础上,以上海市郊光明食品集团崇明农场、光明食品集团五四农场为重点调研对象。重点调研农场用地面积合计约 277.74 平方公里,占上海市域内农场总用地面积(326.01 平方公里)的 85.19%。

长期以来,光明食品(集团)有限公司高度重视农场的环境整治和维护工作,投入了大量的人力、物力、财力,农场人居环境建设取得了显著成效,居民满意度处于较高水平。农场场部、产权房居住小区、产业区、农田等大部分区块在场容场貌、绿色田园建设、垃圾治理、生活污水处理、水体环境质量、农村公路、管护机制方面达到了人居环境整治和优化的要求。主要工作包括:

一是加大力度建设美丽家园。崇明农场在不同阶段,先后通过产权房福利分配、廉租房、自建房等形式,推动农场职工集中居住,开展农场旧住房改造,大力改善职工居住条件。2018 年以来,崇明农场先后投资 1 亿多元,针对住宅小区进行美丽家园建设计划,涉及建筑面积超过 24 万平方米,受益户数近 5 000 户。

二是持续深化生活垃圾分类减量。聚焦"质能效"(促提质、促增能、促常效),结合"一网统管",做好垃圾分类,落实生活垃圾分类减量长效管理。

三是推进农村生活污水处理工程。崇明农场实施农村生活污水改造项目,收集处理 8 040 户居民生活污水,新建污水处理站 55 座,管道敷设 126 公里,5 年内运营维护等,批复总投资 11 568 万元。五四农场结合道路建设,敷设污水管道。污水处理覆盖率达 100%。

四是减少面源污染,进行现状环境整治。崇明农场进行生猪养殖场的关停退养回收工作,共投入约 1 亿元,减轻农场水气污染负荷;开展租赁鱼塘回收,共投入约 5 000 万元,减少水体超负荷。

五是推进环境薄弱点的深化治理。崇明农场对标"迎花博、治五棚"专项行动,对辖区进行地毯式排查,推动薄弱点位治理进网格,完成"散乱污"单位的深化治理。投资 2 000 多万元,对北沿公路沿线风貌进行整治和优化。

六是全面提升水体环境。成立河长制办公室,"十三五"期间崇明农场完成所辖河道轮疏 26 条段,43.47 公里,每年养护河道约 96 条,总投资约 1 654 万元;完成河道综合整治及水系整治 22 条段,10.36 公里,总投资约 1.5 亿元;打造光明田园生态景观区,其中水系面积约 2.21 平方公里,对应投资约 11 亿元。五四农场全力推进河道整治,按照"七无标准"进行管养。2020 年度已全面消除农场域内所有消黑、消劣任务。

七是补充完善道路体系。在政府管护市政道路的基础上,投资建设农村道路,实现散户居民点路路通。

上述工作使农场人居环境得到了全面改善,同时,光明食品(集团)有限公司作为企业主体,承担了投资建设、运营和维护管理等工作,也面临以下几方面的困难和需求:一是环境建设和维护成本高、投资大,财政支持少,企业压力巨大。二是运营管理需长期投入,属地化管理需进一步落实。居住产权房的社区管理、市政基础设施的运营和维护工作需要长期进行,企业难以持续跟进,这部分工作需要进一步移交城镇。三是在崇明生态岛建设中崇明农场高标准、严要求做了大量投入,但是没有按照岛民身份得到相关政策覆盖。四是土地利用指标制约农场环境整治。农场历史遗留的存量建设用地没有纳入集中建设区范围,企业对这部分用地的整治和更新感到被动,缺乏具体的实施政策和措施。

二、存在的问题和原因分析

(一)存在的问题

调研发现,在人居环境现状方面,农场在规划集中建设区外因历史遗留原因还存在一定数量的连队住房和租赁房,在场容场貌、垃圾治理和管护机制上尚需整治优化;另外,在规划集中建设区内部分工业厂房闲置,场容场貌、垃圾治理等工作没有覆盖,需要进一步完善。

一是集建区外连队住房和租赁房需进行环境整治。当前农场在规划集中建设区外围还散落了大量的、历史遗留的连队住房。崇明农场和五四农场连队住房总用地面积合计约171.08公顷,建筑面积合计约24.59万平方米,均位于规划集中建设区以外。其中,崇明农场连队住房总用地面积163.38公顷,占崇明农场总用地面积的7.27%,总建筑面积约20.50万平方米;五四农场连队住房用地面积共7.7公顷,占五四农场总用地面积的0.15%,总建筑面积约4.09万平方米。这些连队住房90%以上建设于20世纪70年代,由于位于规划集中建设区的外围,大多处于废弃状态,主要问题表现为:建筑、设施陈旧,场地杂乱,场容场貌与其他地区有较大差距;部分出现垃圾乱堆乱放的现象,垃圾收储和治理措施没有覆盖;作为历史遗留的原居住用房,生活污水处理等方面基础设施建设相对落后、不完善;农场其他社区的管护机制没有覆盖到这些区域。

除连队住房外,崇明农场个别租赁房由于建设年代较久,也存在建筑和设施陈旧、场容场貌有待更新的现象。

二是集建区内部分闲置工业用地需进行更新和环境治理。崇明农场集建区内部分工业用地处于闲置状态,缺乏维护。这部分闲置工业用地面积约为40公顷,分布在北沿公路1257号、北沿公路2696弄等地。这些厂房建筑主要建设于20世纪70、80年代,主要问题表现为:建筑部分坍塌,场地较杂乱,场容场貌有待改善;垃圾收储和管理有待完善;管护机制没有覆盖。

(二)原因分析

(1)土地利用规划目标与建设现状有待进一步衔接,存量建设用地缺乏明确实施措施。2018年5月30日,上海市人民政府发布关于原则同意《崇明区总体规划暨土地利用总体规划(2017—2035)》的批复。经过对现状建设用地的充分评估,规划没有将早期的连队住房和部分租赁房纳入城镇集中建设区范围。在规划实施上,还缺乏具体的实施策略,使企业对该类地块土地指标的处理,以及地块的环境整治和更新尚有疑虑。相较于其他农村地区现状用地,这部分用地具体的规划实施策略需会同有关部门进一步深入研究。

(2)企业管理有待于向属地化管理进一步过渡和落实。农场的大部分区域归属光明食品(集团)有限公司,由国有企业管理,而位于城镇集建区的部分归属城镇属地化管理。尽管在很多市政基础设施建设中企业已花大力度推进,基本达到城镇建设相关要求,但与地方城镇规划建设管理还需进一步衔接,在规范管理的同时,减少企业负担。

三、工作建议

(一)将农村人居环境整治和优化工作实行郊区全覆盖

在全面推进乡村振兴的背景下,着力针对农场区域进行人居环境优化和提升工作。尤其要针对第一轮农村人居环境整治工作中农场仍存在的问题进行拾遗补阙,研究和制定针对性政策,作为后续工作依据。同时,对农场地区要结合属地化管理的要求建立长效化机制,使环境改善和维护成效长久保持。

(二)对农场集建区外围存量用地研究制定针对性策略

当前农场人居环境矛盾较多地集中在集中建设区外围的存量建设用地。建议建立市、区两级土地、规划、财政等部门的沟通和协调机制,加强研究,对于这部分存量建设用地,尤其是连队住房制定针对性土地政策,指导土地整治和环境治理。而对农场在集中建设区内的现状工业用地也需要加强更新和流转的相关研究。

(三)进一步加强农场社区管理

对于农场范围内城镇化区域,建议按照属地化管理的要求进一步落实责任主体、完善管理机制;农场范围内集中建设区外围区域,建议进一步完善社区管理体制和机制,促进农场整体协调发展。

(四)引导企业参与人居环境整治和优化

建立和完善企业参与人居环境整治和优化的渠道,鼓励企业和政府采取PPP模式进行市政设施建设。加强关于企业参与市政设施建设财政支持的相关研究,发挥国有企业参与乡村人居环境整治和优化工作的积极性。

(五)按崇明生态岛建设要求给予企业支持

2017年6月23日,上海市第十四届人大常委会第三十八次会议表决通过《关于促进和保障崇明世界级生态岛建设的决定》,明确努力按照国际先进水平将崇明建设成为具有引领示范效应,具备生态环境和谐优美、资源集约节约利用、经济社会协调可持续发展等综合性特点的世界级生态岛。崇明农场作为岛内重要企业,对生态岛建设有大量投入,建议将崇明农场及员工作为岛内企业和居民,纳入相关政策支持对象。

上海乡村风貌现状特征及相关建议

(刘旭辉　李攀　李璐璐)

一、研究背景

为贯彻落实党的十九大提出的乡村振兴战略,推动落实"产业兴旺、生态宜居、乡风文明、治理有效、生活富裕"总要求,根据《上海市乡村振兴战略规划(2018—2022年)》以及《上海市国民经济和社会发展第十四个五年规划和二〇三五远景目标纲要》,上海市政府于2021年7月制定印发了《上海市乡村振兴"十四五"规划》。该规划提到,当前上海乡村发展面临空间稳定、地位凸显、功能复合"三个趋势"。作为超大城市的乡村,要落实保障供给功能,为上海超大城市提供高品质鲜活农产品;保持生态涵养功能,依托乡村田、水、林、湿等各类自然资源,发挥水土保持、水源涵养、环境净化、生物多样性等作用;提升生活居住功能,持续改善农村居民生活居住条件,为城市产业发展和功能拓展提供适宜的生活配套服务;发掘文化传承功能,传承好传统乡土文化、民俗风情和农耕文明,成为记得住乡愁、留得下乡情的美丽家园和广大市民向往、舒心游憩的后花园。到2025年,全市规划保留村美丽乡村建设实现全覆盖,建设300个以上市级美丽乡村示范村、150个以上乡村振兴示范村,形成一批可推广、可示范的乡村建设发展模式。因此,在"十四五"时期,上海市将加强对乡村的风貌管控,结合区域乡土风情,因地制宜开展农村平移集中居住点风貌和建筑设计,保持乡村风貌和建筑肌理,体现上海江南水乡传统建筑元素风貌。

本研究从乡村地域风貌特色的内涵出发,根据上海市美丽乡村发展蓝图中"超大城市的稀缺资源,城市核心功能重要承载地"和"上海国际大都市的亮点和美丽上海的底色"的战略定位,提炼出体现乡村空间"地域基因"的"三生"系统,即经济生产系统、村落生活系统、自然生态系统,作为上海乡村风貌特色的构成体系、分类基础和总体营建思路。其中,经济生产系统包括农业生产、乡镇企业和第三产业等各因子。农业生产以及各种特色产业的发展,都会影响乡村的景观格局、聚落形态等,从而对乡村风貌的变迁产生影响。村落生活系统分为物质空间系统和非物质文化系统两部分,包括聚落形态、乡村建筑、场所环境、习俗文化和行为方式等。自然生态系统包括气候、地形地貌、水系、山脉、植被等因子。自然生态系统各因子的不同组合构成了乡村地域风貌的基础底图,不仅对乡村宏观外貌起决定性作用,而且彰显了各区域资源利用和开发的肌理。另外,新材料、新技术的应用都会反映新的物质空间变化,从而影响乡村风貌。

本次研究主要从生产、生活、生态空间形成的风貌空间入手形成内容框架,对上海乡村风貌的现状进行分析。另外,着重对既有文献中提到的风貌问题展开分析并提出建议。

二、当前上海乡村风貌现状

近年来,上海市认真贯彻党中央、国务院部署,开展了农村村内道路桥梁建设、"五违四必"区域环境综合整治、中小河道综合整治、农村生活污水处理、村庄改造、生态廊道建设等,大力推进农村基础设施建设和生态环境改善,农村人居环境整治取得显著成效。另外,按照乡村振兴战略"产业兴旺、生态宜居、乡风文明、治理有效、生活富裕"的总要求,上海市以建设"美丽家园、绿色田园、幸福乐园"为目标,积极开展乡村振兴示范村建设实践探索,着力推进村庄布局优化、乡村风貌提升、人居环境改善、产业提质增效、乡村治理深化等工作,为后续进一步实施好乡村振兴战略积累了丰富的经验。除此之外,推进农民相对集中,是上海实施乡村振兴战略的关键举措,也是实现"农业强、农村美、农民富"目标的关键。

至2019年底,全市村庄布局规划、郊野单元村庄规划编制工作全部完成,并因地制宜地开展建设用地、基本农田、生态用地等各类用地布局。在充分尊重农民意愿的前提下,采取"上楼""平移"等差别化方式,推进农民相对集中居住。按照"整镇推进、成片实施"的方式,全域实施农村人居环境优化工程,推进村容村貌提升、垃圾治理、农村生活污水处理、农村水环境整治、"四好农村路"建设、村内道路硬化等12大类工作,成为提升乡村风貌的重要抓手。

经过人居环境整治工程、乡村振兴示范村建设,以及持续推进农民相对集中居住等一系列工作,上海市乡村风貌得到了显著提升,村民满意度较高。

(一)环境优化

村庄整洁是乡村风貌的首要内容。经过人居环境整治任务的推进,至2020年,全市累计完成76万户农户的村庄改造,涉及1 026个行政村,基本实现村庄内外干净整洁。房前屋后、河岸水系、道路沿线、林下等区域基本无生活生产废弃物及建筑垃圾堆积;公共区域无废旧杂物堆积;宅前屋后整洁有序,无违法建筑、乱搭乱建和鸡鸭散养等;电杆墙面上无张贴、喷涂各种非法小广告与废弃宣传标语等。

(二) 绿化造林稳步推进

聚焦市级生态廊道、崇明世界级生态岛和重点环境综合整治区域,持续推进落实造林计划,充分利用闲置土地开展植树造林、湿地恢复等活动。

(三) 公共服务设施配置更加完善

一是村内道路通行良好、硬化率高,农民出行条件得到极大改善;二是村综合服务中心、党建服务、事项受理、文化服务、联勤联动、卫生室等公共服务功能逐步健全。

(四) 垃圾治理更加规范

设置垃圾综合治理评定标准,投放收集设施按标准配置,垃圾分类更加规范,并且建设就近就地型湿垃圾处理站,实现湿垃圾不出村;同时,生活污水处理率达到目标要求。

三、存在的问题及分析

(一) 经济生产系统

"十三五"以来,上海积极构建与超大城市相适应的乡村产业体系,着力打造了多个以生鲜蔬果、畜禽养殖、优质稻米等产业为主的农业现代化片区;加大农村土地流转力度,为都市现代绿色农业的发展奠定了良好基础;加快农业产业结构调整的步伐,向优质化、特色化、品牌化方向发展,绿色认证率位列全国第一;不断提升农业科技创新能力和装备水平,全市农业科技进步贡献率位居全国前列;着力发展乡村休闲旅游业,打造了郊野公园、采摘基地、现代观光农业园等多样化的休闲载体。但是,相较于乡村振兴示范村,目前广大普通农村的农业及其他产业仍存在发展无序、缺乏规划引导等问题。

1. 农田风貌

在发展都市现代绿色农业的背景下,部分乡村的农业仍存在缺乏规模效应的问题,农田小、散、乱,没有形成集中成片的现代农业景观,个别耕地撂荒,露天耕地和大棚无序并存。同时,个别农田设施老旧破损,田间围栏、防盗网歪斜,采用铁丝网等材质,色彩突兀、过高过密,割裂了农田景观。

图 1 非法占用基本农田、耕地撂荒

2. 其他产业

在上海市乡村地区,以农业为主的第一产业以外,二三产业及产业融合的发展也相对全国其他地区更加完备,但目前存在各个产业项目分头实施建设,缺乏统一规划,部分工业园区的引入破坏了原有村庄格局等问题。

(二)村落生活系统

1. 乡村建筑

部分乡村建筑风貌需要优化提升。如,某些新建住宅偏向欧陆风建造,窗套、窗花、批檐等装饰过于繁复;某些住宅在进行建筑立面的提升时,图案过多,或者仅作简单粗暴的整体粉刷、盲目粉墙黛瓦,失去了原有建筑底色、特色和多样性。

在空间布局上,个别居住点总体布局尚显呆板;农宅材料和材质以及农宅设计上还需要结合当地特点,尽可能采用绿色节能、室内舒适度等设计理念。

从庭院美化的角度来看,还需要加强乡土设计。例如,硬化空间的设置,院墙的设置,"小三园"的布置,等等。

图 2　庭院硬化过度　　　　　图 3　封闭高墙侵占视线

2. 公共环境

部分乡村公共环境塑造还需要进一步引起重视。当前,村庄公共区域需要进一步整合提升的方面为:场地、街巷及公共活动场地铺设需要结合绿地空间统一布置和优化;部分小微空间还需要充分利用;村内缺乏必要的特色景观节点,乡村风貌单一;村庄的标识系统还需要统一设计。

另外,部分现有公共建筑房屋陈旧,改造中也需要加强与村庄整体风貌的协调。

图 4　过度铺装与硬化

3. 道路交通及市政设施

在道路交通系统建设中,部分村沿用了城市道路设计手法,造成了使用不便。存在部分道路穿越耕地的现象,容易造成对耕地自然肌理的破坏。桥梁的形式、材质也需要在后续工作中予以关注。

此外,垃圾厢房、公共厕所、排涝泵站、开关站、变电站、污水处理等市政设施也是乡村风貌中需要关注的方面。

图 5　套用市政桥形式

4. 乡村文化

"十三五"期间,上海各涉农区已基本建成现代公共文化服务体系,村居综合文化活动室服务效能进一步提升。市、区、街镇公共文化资源持续向远郊地区和基层村居倾斜、下沉,并推动了养老服务的优化。但是,目前上海市乡村仍然存在人口结构空心化、老龄化,农村社区缺乏活力,非物质文化遗产传承困难等问题。

(三)自然生态系统

农村生态文明建设是实施乡村振兴战略的一项重要内容。近年来,上海农村的生态文明建设取得了明显成效,一大批农村突出的生态环境问题得到解决。同时,上海地处长三角区域,河网密布,水系众多,各类自然地理要素交错复杂,传统的乡村自然风貌和生态格局容易受上海城市化进程的影响而出现不和谐的现象。

1. 水系环境

水系驳岸的处理对地区风貌有重要影响。大面积和连续统一形态的硬质驳岸,容易导致环境尺度失衡。另外,亲水平台是联系水体与周边人群、周边环境的空间设施,对于水系空间合理使用、优化有重要影响。在其体量和数量设置、材质选用、围栏布置方面都要做一定的研究。

2. 林地绿化

林地绿化空间是保证生态环境质量的重要因素。一方面,应保证绿化空间的覆盖比例,保证一定的"数量";另一方面,应确保林地和绿化空间切实可达,便于利用。同时,部分公益林等既有林地围栏封闭,林相层次单一,植被群落构建不合理,需要进行优化。

村庄绿化中,应避免大面积移植人工草坪等现象,不仅造成经济上的浪费,也为后续管护带来难度。

图 6　公园化造景

四、相关建议

基于目前上海广大一般村风貌中仍然存在的个别问题,为避免未来乡村物质空间乡土特色缺失的问题,本报告有针对性地提出以下建议:

(一)强化农业景观风貌引导,持续推动一二三产业融合发展

1. 农田风貌

一是持续改善农田环境。进一步确保农田环境整洁,清理各类障碍物、漂浮物、淤泥、杂草及岸边生产堆物,确保沟渠畅通整洁、田间道路环境整洁;加强田间生产设施、配套设施管理,一方面按照相关标准实施建设,另一方面,注重设施外观形态与自然环境相协调,保障功能使用和总体风貌提升的多方面要求。农田整体空间应因地制宜,促进大地农业自然景观风貌的展现。

二是加强高标准农田建设。合理组织土地利用,开展土地整治和复垦,优化配置农田水利资源、生产设施和配套设施。适当调整种植结构,形成田野季相变化;鼓励种植特色农作物,形成"稻田成景,滴灌成景,果蔬成景,花卉成景",打造富有特色的田园风貌;推广立体循环种植,形成多作物、多层次、多时序的立体交叉种植结构。防护网、围栏采用木头、竹子等材料,结合灌木、鲜花点缀,高度适中,视觉通透,并结合乡村旅游产业发展需要适度开放农田景观,体现地域耕作文化。除此之外,还应充分利用村落边缘、村宅周边、闲置地、废弃地种植蔬菜、果蔬、竹林和乡土野花,强化乡野特色,打造拾边地农业种植微景观。

图7 高标准农田建设   图8 开敞的大地农业自然景观

2. 其他产业

应统一规划乡村地区的土地利用,控制其他产业尤其是工业园区对乡村风貌的影响,并落实减量化发展,缩减低效工业用地,淘汰低效落后产业。结合第一产业,打造美丽田园精品示范园,推动乡村旅游示范村的建设,提升休闲农业和乡村旅游水平。

(二)提升乡村全域全要素风貌品质,传承江南文化

1. 村落格局

延续原有格局,强化村庄区域与自然历史要素相互依托的特色肌理。一是保护

村落与水系的共生关系。水系格局是上海乡村空间肌理的重要基础,应维护村庄沿河生长、整体线型、局部聚集的水网空间结构,以及沿主要河道分布的空间形态。二是维持与"田"的良好空间关系。延续乡村发展长久以来自然形成的"村在田中,田在村中"的错落格局,充分利用围绕村落的农田资源,将村庄融入其中,从田园环境整体进行相应的塑造。三是延续历史形成的街坊空间肌理。居住街坊是经过长期发展自然形成的空间形态,承载了几代人的生活记忆,对村庄社会关系、历史文化发展有重要影响。应延续和突出村庄原有的重要街坊与道路走向,重点凸显村落内由河道、街巷、地块、建筑共同形成的街坊肌理,以此为基础,体现民居组团肌理布局特色。

在推进农民集中居住时,新建住宅组团宜错列布置,围合出公共活动空间。平面布局可通过户型组合、立面造型等设计手法,加强组团的丰富性和可识别性,实现错落有致、移步异景。

图 9　新建村落延续原有沿河肌理　　**图 10　平面布局错落有致**

2. 乡村建筑

为了追求乡村整体风貌的协调,新建与改建部分应保持与村落传统风格相协调。对于已形成特征的村落,新建农宅鼓励延续本村风貌;对于风貌不统一的村落,可以通过立面改造、色彩调整、装饰物增减等方式,逐渐形成整村统一风格。同时,建筑风貌还应有一定的包容性和多元性。上海市住房和城乡建设管理委员会发布的《上海市村民住房方案图集》从不同地域(冈身松江文化圈、淞北平江文化圈、沿海新兴文化圈、沙岛文化圈等)特点出发,对乡村建筑风貌提出不同引导,包含乡野花宅、海派洋房、现代中式、水韵乡居、乡土野趣、丹青水巷、地域传统、清新典雅八种类型的建筑风格,在乡村建筑改造中可以借鉴。

图11　历史建筑修旧如旧

图12　江南风格为主导,风貌协调

在色彩上,宜选用柔和中性的色调,通常情况下,组团建筑色彩不宜超过三种,单体主色调不宜超过两种。主色调应结合既有风貌特点和周边环境特色,强调环境融合和村民认可。同时,材料选用上,宜通过经济、环保以及本土化材料,对建筑风格进行塑造。

在建筑装饰上,总体宜以简洁为主要原则,可以结合地方特点进行点缀和修饰。同样,立柱、窗框等样式不宜过于烦琐和突兀,色彩也宜以淡雅协调为主。建筑小品也是增进良好景观的重要内容,村庄环境中的田园围墙、院落围墙、座椅板凳的良好搭配,都可以为整体景观风貌增添亮点。

图13　立面总体简洁,局部丰富

在屋顶形态上,鼓励采用适应上海气候特征、传承传统风貌的多种坡屋顶组合,局部平坡结合,营造江南聚落的山水意境。适当整改影响村落整体风貌、不符合体量设置标准的屋面。屋面可采用传统瓦面,辅以与之协调的新材质、新技术。

图 14　各种坡屋顶组合

在庭院美化方面，院落设置要考虑与周边建筑、街巷、公共空间的布局关系，与周边自然环境相互映衬，与周边绿化、竹园、篱笆、爬藤植物、农业植被、河流湖泊等共同构成"墨绿静院"等印象。合理布局内院结构，协调院内各要素的关系；强化入口设计，通过台阶、绿化、院门等形成虚实相间的空间韵律；院内铺装宜就地取材，采用块石、青砖、瓦片、花钵等乡土材料进行院落分割，并保持原有高度错落肌理，避免"一抹平"。设置灵活多样的院落边界，有墙则透墙成景，无墙则绿荫勾勒。禁止选用高且实的围墙，鼓励采用乡土材质设置低矮围墙，通过栅栏与木、石、砖、瓦等天然材质之间的组合，形成半通透的院墙形式，丰富院墙风格。房前屋后的零星土地宜充分利用形成小菜园、小花园、小果园，"小三园"种植整齐有序，围砌采用砖、瓦、篱笆、绿篱等材料塑造自然边界。

图 15　因地制宜打造"小三园"　　图 16　半通透的院落边界

在实施绿色低碳的乡村建筑时，应尊重自然环境，充分利用自然采光、通风，设计天井、天窗等构件，帮助自然系统有机循环，同时尽可能选用节能灯具、智能化遮阳系统，以及高性能的墙体保温材料，普及光伏、光热的应用。外围护空腔做法，加强建筑

防潮,改善建筑围护结构的隔热保温性能。提倡乡村资源再利用,可以循环利用各类老旧材料,木头、树根等生态材料。

图 17　充分利用天井、老虎窗与外围护空腔,绿色低碳

3. 公共环境

为了提升乡村公共环境的整体风貌,应持续开展清洁行动。整治各类违法建筑,拆除违章搭建;对严重残破、危及安全、影响村容风貌的老旧房屋、残垣断壁应制定清拆或整治措施,逐步推动实施;农户家禽实现规范养殖,及时清理畜禽粪污,棚舍干净整洁,并全面清理农房周边、房前屋后的各类堆积物、废旧杂物、破旧网布围护等;整治墙面上张贴、喷涂的各种非法小广告、"牛皮癣"、废弃宣传标语等,规范村内广告牌设置。

在进行存量更新时,应注重村庄绿化水平的提升。通过"见缝插绿"的方式,充分利用边角地、房前屋后等零星空地,全面推进宅旁、路旁、水旁造林绿化。对于村内自留地、小片园地,应整合布局、充分利用,通过打造小微田园,并综合考虑经济作物周期和效益种植布局。结合点、线、面构建街巷主题空间,营造特色鲜明的主题街巷空间,发掘街巷节点空间价值进行功能转型,促进空间再生。

图 18　打造小微田园

在景观节点的设置上,应保护村庄原有特色空间。结合村口、池塘、河流、桥头、戏台、宗教宗祠等公共历史建筑、古树名木、村委会等布局,打造公共活动节点。增加

乡村微空间，通过小微空间打造，提升村庄环境品质。充分挖掘村内空地、边角地、废弃地，丰富村民日常交往空间，并在部分微空间节点增设运动健身设施。充分考虑各景观节点的可达性，将微空间与乡村绿道、水系、街巷衔接起来，步行串联，并加强标识和指引，形成富有传统底蕴的文化探访线路。

图 19　结合原有特色空间，打造公共活动节点

在提升公共环境的整体风貌时，不可忽视装饰小品的作用。可在各微空间节点设置体现村庄特色的小品设施，形式应经过设计，体现本土文化风貌；对不符合风貌特征的构筑物拆除或改造，适当布设亭、廊架、路灯、休憩桌椅等景观构筑物；灵活运用砖瓦、竹木、卵石、旧磨盘、老门窗、废瓦罐等材料和物件，体现江南元素和乡土特征。

图 20　灵活运用各类老物件

对于公共建筑的风貌提升，应充分挖掘历史存量公共建筑，适当利用现代材料和设计手法有机更新，传承历史文化，形成标志性节点。应保证新建公共建筑的尺度适宜、造型美观，通过一定的组合变化，带来空间的趣味性。提炼独特空间的组织和元素符号，用于建筑装饰。

图 21　公共建筑尺度适宜、造型美观

4. 道路交通及市政设施

在道路布局时，应充分利用原有路网，保持走向。对于具有历史风貌特色的乡道，应保护留存，不随意拓宽和改建。按照主路、支路、宅间路分层次组织，控制宽度，避免农村道路高等级公路化；并在重要节点设置标识系统，位置醒目、指示明确、风格一致、材质乡土、特色鲜明。同时，应盘活村庄闲置用地，分时灵活布置停车空间。

道路是乡村风貌组织的重要轴线。应强化乡村道路的交通和景观双重功能。路网格局顺应现状地形地貌，与河流水系、林田村落有机结合，统筹考虑，采用对景、展景、让景等方式，保护和展示沿途自然景观资源。健全田间道路网络，既确保生产、生活等各区块之间的连通率，又要兼顾景观性和体验性，充分展示田园美景，为休闲农业提供交通支撑。

发展骑行、步行等慢行系统。结合绿化系统、公共服务设施等组织，路面宜采用透水混凝土、碎石、石板、鹅卵石等柔性材料铺装。减少城市化照明方式，采用在植被中增加微小反光板、行道树涂抹点状反光漆等方式代替路灯使用。保持乡野特色，避免城市化建设方式，禁止使用树池和路缘石。通过丰富的植被配置，使路面和道路两侧的植被直接联系，塑造郁郁葱葱的乡间道路景观。

加快推进破损桥梁的改建。桥梁布设应与道路线形协调一致、衔接平顺。桥梁的结构形式与外观应安全美观，体量适中，形态与色彩宜与环境协调；可用石、木等传统材料，避免水泥、混凝土砌块浇筑等用材方式。

按照因地制宜、规范美观、安全有序的要求，整治村内供电、电信、广电等杆线"空中蜘蛛网"现象，重点治理乱接乱牵、乱拉乱挂、线杆倾斜、废弃杆线等影响安全和村容村貌的现象。

开关站、变电站、污水处理、垃圾厢房、公共厕所、排涝泵站等设施选择隐蔽性好、与周边环境相协调的位置和形式,并通过色彩、材质调整等方式适度装饰美化,与周边自然环境协调。

图 22　强化乡村道路的交通和景观双重功能 　　**图 23　公共厕所等与自然环境协调**

5. 乡村文化

通过物质空间的保护和改造,有效传承物质文化和非物质文化遗产。

应有效保护传统民居、文物古迹、农业遗迹等乡村物质文化遗产;通过特色文化活动的组织和开展,展现乡村生活文化内涵。

松江顾绣 　　徐行草编 　　金山农民画

奉贤滚灯 　　钱万隆酱油 　　浦东铜锣书

图 24　上海非物质文化遗产

(三)尊重自然、融合生态,维护各环境要素的完整性与真实性

1. 水系环境

一是加强治理河道,提升水质。巩固乡村河道治理成果,分年度、分情况疏浚镇村级河道,清理水系环境;实施生态清洁小流域建设,集中连片治理河湖水系生态;持续保持、改善河湖水质。设置滨岸湿地,结合"退塘还湿",将农田排水、养殖污水、生活污水通过湿地净化后再排入河道。

二是尊重河道的自然特性。保留河道蜿蜒曲折的特性,维护其原有地形地貌,避免过度裁弯取直。河湖岸坡宜采用自然式驳岸、生态型护坡,避免大面积和连续统一形态的硬质驳岸,鼓励探索多种形式的透水性硬质驳岸;已建硬质驳岸可逐步生态化改造,如栽种水生植物、岸坡垂蔓植物适当遮挡。木桩、叠石等护岸高度适宜,与常水位协调。驳岸两侧可种植芦苇、莎草、马蹄莲等固土能力较强的净水植物。

三是加强河道滨岸绿化带的建设。保留和保护河道两岸现有植物群落和乡土树种,发挥生态廊道效应和景观效应。自然造景为主,避免大量模纹剪形和大面积草皮造景,形成乔、灌、藤、竹、草垂直分层的种植格局和共生景观。

四是提高水岸空间的可达性,设置合理规模的滨水开发空间。局部节点增加桥、廊、亭、台等小品构筑物,与其他自然要素相互印衬,凸显水体的灵动特色。步行道、亲水平台、安全护栏等设施应尺度适宜,间隔适中,采用轻巧通透的自然材质。

图 25　选择自然式驳岸、生态型护坡

2. 林地绿化

为了保护现有林地,扩大林地规模,一方面应保护现有林地资源,另一方面,应增加林木种植,在现有基础上,提高森林覆盖率。

继续积极推进林地开放,对林地绿化空间充分利用。在林地特征上,完善林地形态,丰富层次,乔、灌、草合理搭配,塑造具有韵律感的林冠线,并注意季相色彩。加强林地空间的设施配置,通过体量适宜的园路、排水系统、标识牌、游憩设施等,更好地发挥林地绿化空间的作用。

图 26　路河渠基本绿化,形成农田林网

参考文献

[1] 上海市住房和城乡建设管理委员会. 上海市村民住房方案图集. 2018.7.
[2] 上海市规划和国土资源管理局,上海市住房和城乡建设管理委员会. 上海市郊野乡村风貌规划设计和建设导则. 2020.3.

上海市乡村振兴示范村如何彰显美学价值

(刘旭辉 徐力 李攀 陈怡君)

一、乡村振兴示范村是乡村美学价值的重要载体

2018年以来,上海先后开展了四批乡村振兴示范村建设,增强了上海乡村发展的显示度、示范性、引领性。作为上海乡村建设的样板和抓手,示范村建设中如何依托生态特色与文化资源,打造各具特色的上海乡村,更好地实现乡村的美学价值,成为各个乡村振兴示范村当前面临的共同任务。

结合前期示范村跟踪调研的相关结论,对照三个价值的实现要求,当前示范村建设还需要深入思考以下几个方面的问题:一是如何更好地为乡村功能拓展提供空间?乡村建设需要更好地与乡村功能定位相结合,为乡村的产业发展和村民生活需求提供支撑。二是如何体现上海乡村的特色?示范村建设应避免城乡同质化、乡村同质化。三是如何推动乡村文化在村民日常生活中重现?乡村文化振兴是乡村振兴的一项重要内容,它对于人才振兴、生态振兴、组织振兴具有重要的引领和推动作用,乡村文化振兴必须根植于村民的日常生活才有生命力。四是如何在乡村建设中更好地维护、利用好乡村丰富的绿化和生态资源?上海乡村振兴示范村建设需要从上海乡村的资源和特色出发,分析上海乡村在空间形态、生态资源、文化意识、生活方式等方面的主要特征,探索乡村美学价值的彰显之路。

二、上海乡村的美学资源分析

(一)上海乡村的空间特征

一是江南水乡的空间聚落。水系形成了上海乡村的空间基础并影响了上海乡村居民的生活方式。上海乡村地区水网密布,乡村聚落的布局与水系的走向紧密相关,"人家尽枕河,往来皆舟楫",密布的水网形成江南独特的水乡景观。乡村聚落蜿蜒曲折、错落变化的空间形式成为乡村空间的美学资源。同时,滨水而居对当地村民而言,更是一种紧贴自然的生活方式,乡村聚落表现出的人与自然和谐共生的局面,与

乡村的生态美相互交融,形成江南地区乡村的特质。

二是多样化的建筑风格。上海乡村的建筑既有江南水乡建筑的基本形式,又极具丰富多样的变化。从基本形式看,20世纪70年代及以前的上海乡村民居多为"粉墙黛瓦",硬山顶、石灰抹灰大白墙,木架承重,部分房屋也会出现悬山顶、歇山顶等形式。80年代以后,上海乡村建筑开始走向简洁、实用的风格;2000年以后,乡村民居建筑在形式上更加接近城市低层住宅,并且更加注重实用功能。乡村建筑尺度上更加宽敞、样式更加简洁,材料和色彩选择多样,显现出丰富的建筑景观。乡村建筑反映了乡村自然地理环境下不同阶段居民的审美和居住需求,使上海乡村建筑时代特征明显,多样化特征突出。一定程度上,上海乡村建筑不存在固定的具有美学意义的表达形式,在建筑形式多样化的情况下,整体环境的维护是促进乡村建筑美学的重要方式。

三是功能混合的道路空间。乡村道路在功能上具有混合性。除了交通功能,乡村道路尤其是村庄内部道路还承担了村庄的生活性功能,是村民休闲活动、社交活动,以及很多村庄公共活动的重要空间。同时,乡村道路具有丰富的景观性和生态性。乡村道路两侧往往有比城市更为丰富的绿化资源,且由于各级道路串联了乡村的各个功能空间,道路体系是乡村景观风貌的重要组织脉络。

四是小而灵活的公共空间。上海乡村的公共空间具有自然性和灵活性的特征。就上海的乡村而言,公共空间的数量有限,最多见的宅前屋后的公共空间往往是自然形成的,布局有其灵活性。乡村公共空间具有文化性。乡村公共空间是村民公共生活、邻里交往的场所,村内很多广场等空间的功能往往依附于其他的功能,如祭祀、拜祖等活动。一定程度上,乡村的公共空间在功能上有其文化性,是乡村文化和民风民俗的展现载体。

(二)上海乡村的文化资源

乡村的文化振兴具有多元性、复杂性、丰富性。精神文化方面,崧泽文化、广富林文化、马桥文化三大古文化对今天上海乡村的文化底蕴形成有着重要影响,江南文化、海派文化、红色文化三大现代文化使上海文化经历了极其深刻、复杂的变迁。公共文化主要涵盖了乡土社会中乡村治理与运行逻辑、村民的行为方式与关系网络等内容。礼俗是村民主动遵循社会公认合适的处事行为规范;乡绅是国家制度与乡土生活的中介,乡绅的存在使得乡村可与大体制沟通、迂回,村民的话语能够被凝练和表达;乡村社会的基层结构是差序格局,关系亲疏决定了交往准则。审美文化是指乡村的物质文化遗产与非物质文化遗产,是传统乡村留下来的智慧财富。上海郊区自清末民初相继出现的手工业,成为今天的非物质文化遗产,典型的如嘉定的黄草编织业,原南汇的织袜业,原川沙、上海、宝山等县的花边编织业等。产业文化指的是农业产业与文化元素深度融合所形成的新的业态模式。产业发展蕴含着丰富的文化内涵,其核心在于产业文化化与文化产业化。

(三)上海乡村的生态发展

上海乡村地区的生态资源主要包括水、田、林,以及生态岛等。水是乡村地区生态涵养、气候改善、环境美化的重要元素,物质层面上的水空间和桥、水埠、水广场等相关要素共同构成了水空间的整体。上海乡村有丰富的森林资源,森林绿化构筑了上海珍贵的绿色屏障,在改善城市环境质量、提供休闲游憩场所、美化城市生态景观、提供动植物栖息地等方面发挥着不可替代的作用。崇明岛是上海最具潜在战略意义的发展空间之一。作为上海面向未来最重要的生态发展空间,崇明岛以不足市域 1/5 的国土面积,为全市提供了约 40% 的生态资源和 50% 的生态服务功能,保护了长江河口的原始生态系统。这些资源的保护成为乡村建设应坚持的底线,并应结合生态资源特征,充分发挥其特殊的美学潜力。

三、上海乡村振兴示范村美学价值的实现路径

(一)乡村振兴示范村美学价值的构建原则

一是因地制宜,注重保护地方资源。在发展历史和发展脉络上,保护每个村的自身资源和差异性,确定乡村美学价值的实现路径,是乡村振兴示范村的建设基础。

二是形神兼备,注重传承和表达地方文化。文化是乡村美学的内核,物质空间是乡村美的表现形式,只有二者相结合,才能塑造健康持续的乡村美,赋予乡村深刻的美学内涵。

三是以农民为主体。农民对居住、生产的认知,以及对生产生活的需求决定了其对乡村环境的改造意愿。农民的需求有一定的阶段性,示范村建设应尊重农民的主要需求,在具体设计、建设上给予支持和引导。

四是与生态建设相融合。在美学价值构建过程中,应充分考虑乡村生态资源和生态价值的实现,并且与经济价值的提升相结合,最大化实现乡村发展的综合效益。

(二)协调各类要素,促进乡村振兴示范村的空间美

一是聚落空间形态引导。保护、保留各类乡村振兴示范村建筑、水体、道路以及绿化等的布局方式和相互关系,维护江南水乡聚落格局。应密切关注对村域范围内河流水体的保护利用,采用成组成团的布局模式,一方面有助于邻里关系的延续,另一方面也有利于创造富有层次的空间关系。

二是建筑空间形态引导。在乡村振兴示范村建筑空间改善上应以风貌维护为

主,形成良好的乡村风貌秩序。一是对乡村建筑要素进行设计和建设引导。农村住房建筑屋顶应通过多样的组合、错落的分布、细部和构件的处理增加建筑立面的丰富度和轮廓的层次感;建筑栏杆设计宜简洁大方并满足安全要求,材料和样式应与建筑外立面风格相协调;门窗形式宜简洁淳朴,宜遵从上海地区传统形式,在经济条件许可的情况下适当设置装饰构件;院落围墙应尺度适宜、虚实得当,突出地域性和乡土性;建筑墙体应通过色彩、材料、质感的变化,体现地域特色,应注重与周边建筑和植被等环境风貌因素相协调。二是建筑空间的协调。要处理好新建建筑与旧建筑的关系。新建建筑要考虑保护村庄及周边区域整体的空间肌理和风貌格局;对与村庄整体风貌极不协调的,通过建筑装饰、构件改造、色彩调整等手法进行外观整治;对不同时代的有留存价值的建筑进行保护性保留;对严重残破、影响村容风貌的老旧房屋清拆或整治。对建筑体量和建筑风格进行统一。应尊重历史,允许不同风格的建筑存在,在公共空间部分,做好建筑之间的衔接。对建筑材料和工艺进行协调。在建筑材料和工艺上应尽量做到与地方风格相符合。提炼和运用地方特色文化符号和建筑形式,探索顺应社会经济和技术发展的设计和建造创新。

三是公共空间形态引导。打造良好的门户空间。对于主干路周边、村出入口、桥头以及传统的村民聚集活动地点,应建设小微活动节点,满足使用功能并反映乡村日常活动特色。宜充分运用乡土景观,打造低成本、少维护、具有吉祥寓意或体现传统特色的乡村入口景观。合理利用现状空间,适当增加公共活动场地;宜盘活村庄内部存量空间,形成小微空间,增加村民活动交流场地。

四是道路空间形态引导。示范村建设中,不仅要把道路作为交通骨架,还要作为多种公共活动进行的重要场所,从安全、整洁、便捷的要求出发,实现乡村道路的多种功能,同时注重道路沿线景观的塑造和联系。强调经济生态的理念,提出生态设计策略。

五是庭院空间形态引导。按照"各美其美、美美与共"的原则,引导居民美化庭院空间。对于庭院种植空间,可以进行分割和合理规划;对于庭院景观空间,既要满足审美需求,又要考虑到村民生活习惯。

(三)融入生活,增进乡村振兴示范村的文化美

一是重构乡土秩序。乡土秩序的重构是指上海乡村的传统文化、价值体系、社会规范、关系网络等的再嵌,将乡村的底色留住,打通乡土社会与现代乡村的连接点。首先,再现传统文化。有条件的乡村应当充分挖掘文化资源禀赋,通过故事讲述、文化讲座、文物展示、教育研学等多种形式,将传统文化再现于上海乡村的日常生活、上海市民的休闲方式中。其次,传承文明乡风。将礼治社会与法治社会的特点相融合,构建自治、法治、德治"三治融合"的乡村治理体系。通过村规民约、家风家训的引导，提升村民文明素养，弘扬传统家庭美德，滋养淳正民风；吸引乡贤返乡，有效改善乡村治理，树立文明乡风，促进社会主义精神文明建设。最后，重建社会关系网络。在上海推进农民相对集中居住的背景下，如何重塑地域认同和整合机制是农民相对集中居住区应当首要考虑的措施。要消弭传统—现代、农民—居民、乡村—都市的二元结构，使来自不同地域空间的村民相互融合。重构新型地域社会生活共同体，实现农村生活与城市体验空间融合、农耕文明与都市文化地域重构、礼俗秩序与法理规范协同共治。

二是复兴手工业。手工业的复兴对于农村具有振兴产业、传承文化的作用，对于农民具有致富增收、寻找价值、表达审美的作用。文化美的实现在传统乡土秩序重构促进现代乡村稳定团结之外，还有赖于手工业的复兴。手工业的复兴为乡村产业发展提供了路径，可以增加乡村厚度、焕发乡村活力。目前的重点是传承人的培养与传承方式的创新，使手工业以工艺创新、含义丰富、跨行业合作等新样貌再次回归到上海乡村中。

三是发展文化产业。文化与产业结合的重点在于高科技的引入与加持，充分发挥上海作为国际科技创新中心的科技优势，改变文旅产业单一的参观模式，增加互动感、体验感、真实感；改变灌输式文化教育模式，激发民众自主了解上海文化的兴趣与热情。此外，延伸产业链，发展文创农业。结合高科技手段，让传统文化重新焕发活力。

（四）发挥优势，展现乡村振兴示范村的生态美

乡村振兴示范村建设要充分结合水、田、林、岛的特点，将乡村的绿色生态优势发挥到最大。

一是遵循自然原则，顺应乡村发展。上海作为国际大都市，在全面推进乡村振兴的过程中，必须根植生态理念，树立生态意识，挖掘"山水林田湖"等特色生态要素，塑造上海乡村特有的水乡和田林景观。

二是以"田"为基底。农田是构成乡村生态景观的主体部分。应在切实保护耕地的前提下，通过多样化的种植方式塑造农田风貌，展现田园风光。要严守耕地保护红线，构建合理的宅田布局，鼓励农业特色种植，开展田间环境治理，合理规划布局农业设施，高效利用闲置用地。

三是以"林"为肌理。顺应自然生态体系，适度引入休闲游憩活动，丰富林地功能。优化林地资源配置，加强各类林地建设，整治污染隔离林地，提升林地生物多样性，保护原生态景观格局，构建原生态农林田网，开放林地空间。

四是以"水"为脉络。合理搭建乡村水系,保护自然水体资源,加强生态环境建设,形成空间上层级分明、连续开阔的乡村网络肌理。梳理水系结构,构筑水系格局,丰富河岸类型,构筑水系生态,营造良好的滨水空间。

五是以"路"为骨架。乡村道路规划要考虑道路与其他用地的衔接,指引不同的道路景观风貌,实现农林复合,丰富林地的可实施区域,形成多元的游憩空间。

六是加强生态岛建设。崇明岛作为核心承载区,需要提供生产、生活等全方位的功能,优化各功能区间的连通与衔接,推动生态用地之间的集约利用,形成乡村生活、产业、文化、生态相互交融的空间格局。

空间美是上海乡村美学的具体表现形式,文化美是上海乡村美学的历史底蕴,生态美是上海乡村美学的成长基石。上海乡村有丰富的发展资源,乡村振兴示范村发展要遵循自然肌理、深挖文化底蕴、保护生态资源,将美学价值与农业农村发展紧密联结,推动农村更美、农业更强、农民更富。

四、实施保障

一是注重三个价值的统筹发展。将美学价值的挖掘融入生产和生活的各个方面,提高美学价值在经济和产业发展中的附加作用。

二是将乡村美学价值的实施路径纳入各项乡村建设标准和工作规范。以研究为基础,通过标准化工作,凝练概括美学价值的实施策略,理论与实践相结合,通过具体抓手促进相关策略的深化落实。

三是加强各个层级相关单位和部门的工作统筹。乡村建设和发展涉及市、区、镇、村经济、文化、建设等各个部门,需要统一思想,加强组织协调,统筹推进。

四是加强宣传教育,促进社会参与。通过各种形式的宣传教育,不断提高农村居民和相关人员对乡村美学价值的认识和重视,在乡村建设工作中不断展现乡村发展的魅力。

高密度人居环境条件下社区建成环境对老年人健康的影响与干预路径

(刘旭辉 于一凡)

引言

越来越多的研究表明,建成环境与健康有密切关联。从建成环境出发,探索促进和改善健康的方法和手段,成为城市规划研究的重要目标。这是城市规划学科走向精细化、科学化,并且不断增强实效性的重要体现。

上海是我国最早迈入老龄化的城市,2021年户籍人口中60岁及以上人口占23.4%、65岁及以上人口占16.3%(上海市统计局上海市第七次全国人口普查领导小组办公室,2021),老龄化给社会和经济发展带来了巨大压力。健康是影响老年人生活质量和生活满意度的最重要的要素之一,促进老年人的健康,推进"健康老龄化""积极老龄化",是应对老龄化挑战、减少老龄化带来的压力的重要措施。

很多研究把建成环境要素与体质健康或者心理健康的关系作为研究内容,分析不同的研究背景下建成环境要素对健康的影响[1-5]。已有研究主要把社区作为研究范围、把全龄人群作为研究对象,选择某项或者某几项建成环境要素作为研究变量,分析其对体质健康或者心理健康的预测作用。大量实证分析在很多结论上显示出一致性,但由于研究对象和所处的城市背景不同,研究结论上表现出很多差异性。在以西方城市为主要背景的情况下,以东方城市为背景、以我国超大城市高密度人居环境为对象的研究将是已有研究的重要补充。同时,全面、系统地梳理建成环境要素,并基于此分析其对健康的影响,是完善相关研究的必然要求,而基于我国城市规划体系选取的建成环境要素将更加符合我国实际,有利于研究结论与我国建设实践相衔接并在实践中加以应用。更为重要的是,以老年人为对象的研究是应对老龄化挑战的需要。老年人对社区环境高度依赖,是社区建成环境与健康关系研究中更加有代表性的样本,这也是本研究的重要目标和意义所在。

基于此,本次研究以上海超大城市高密度人居环境为研究背景,通过建成环境与健康概念模型的理论构建、115个社区建成环境与老年人健康的实证分析,探讨社区建成环境要素对老年人健康的影响及其影响程度,以及在此过程中各项社区建成环境要素的关联,提出高密度人居环境条件下建成环境改善的策略建议。

一、相关研究及研究变量选取

(一)相关研究概述

大量研究表明,建成环境与健康显著相关。一方面,建成环境的密度、多样性、连通性等特征与人的肥胖、糖尿病等体质健康有显著的关联;另一方面,基于注意力恢复理论和压力缓解理论,建成环境的绿地、开敞空间等要素以及其他建成环境特征与人的幸福感、压力水平等心理健康状况有显著关联。这使本次研究的科学性和可行性有了重要基础。

从建成环境看,已有研究多以其特征要素或者构成要素作为研究变量。特征要素研究是基于建成环境5D理论[6],对建成环境的密度(density)、多样性(diversity)、设计(design)、目的地可达性(destination accessibility)、公交换乘距离(distance to transit)等的衡量;构成要素主要为建成环境中绿地、开敞空间等要素的规模数量等属性。已有研究以实证分析为主要手段,建立建成环境与健康的关联,通过多元逻辑回归、线性回归分析等方法,探索二者的关系。

很多已有研究的结论倾向于建成环境的特征要素对体质健康有显著影响。包括更高的密度有利于人们改善以肥胖、糖尿病等为表征的体质健康[7-9];更加多样化的社区功能和服务设施配置,有利于改善人的体质健康[8,10];并且,更好的街道连通性[11-12]和更适合步行的社区[13-14]对于体质健康有积极的影响等。分析认为,随着建设密度及人口密度的增加、社区土地功能或者公共服务设施的多样性增加,有助于增多人们的外出机会,并且会提高步行出行的概率,这将会增加人的体力活动从而促进体质健康。

但从另一个方面讲,很多研究认为密度对心理健康表现出消极影响。包括高的人口密度会降低人的生活满意度[12]、导致压力[15]等。研究证实了物质空间环境与心理健康之间的跨领域联系,认为密度与人所感受的拥挤感有关[16]。而多样性更多地表现为对心理健康有积极影响,如土地利用混合程度的提高有助于减少心理痛苦[17]。一个功能多样的社区可能会让这个区域更加具有趣味性,从而改善人的心理感受。

绿地和公共开敞空间作为建成环境的构成要素,是相关研究中被重点关注的对象。无论对于体质健康还是心理健康,绿地和开敞空间在大多数研究中都表现为显著的积极影响[3,18−20]。这些研究结论符合亲生命假说(biophilia hypothesis)的观点,指出绿地这一具有自然环境特征的要素对人的健康有积极的影响。

在较多的循证研究基础上,21世纪10年代后期,越来越多的研究开始深入探求建成环境影响健康的作用机制,其中,体力活动和社会活动成为这一影响作用的重要中介变量[21],并在实证研究中证实了以体力活动和社会活动为中介的建成环境影响健康的作用机制[22]。

(二)研究变量选取

已有研究表明,建成环境的特征要素和构成要素都是分析其对健康影响的重要维度。居住环境理论中,住宅、绿地、道路、公共设施是基本的构成要素,同时,区位对建成环境特征具有重要的决定性作用,是城市规划编制过程中拟定不同等级建设指标的重要依据。综合以上几个方面,将社区建成环境要素综合成六个主要维度:密度、连通性、住房、绿地、公共设施、区位。

从我国和上海市控制性详细规划相关的技术要求中选取各个维度的社区建成环境要素指标,对基础数据进行初步分析后,筛选形成以下包含14项指标的社区建成环境要素指标体系。

表1　　　　　　　　　　　　社区建成环境要素指标

项　目		本研究采用的指标
密度	1	人口密度
	2	容积率
	3	建筑密度
连通性	4	道路网密度
住房	5	住房类型
	6	住房建造年代
	7	住房建筑面积
绿地	8	绿地面积比例
	9	绿地可达性
公共设施	10	公共服务设施数量
	11	公共服务设施可达性
	12	交通设施数量
	13	交通设施可达性
区位	14	到市中心距离

本次研究综合体质健康和心理健康两个方面开展研究。国家卫健委指出，近年来慢性病已成为中国居民的主要死亡原因，是居民健康的头号公敌。1963年Katz提出用日常生活自理能力（ADL）来评价老年人的健康状况，在国际上得到广泛采用。从主观健康来看，健康自评是个体对其健康状况的主观评价和期望[23]，是死亡率的有效预测指标[24]，由于其综合性、使用便捷，且信效度高，被广泛认可。对老年人幸福感、生活满意度以及抑郁状况、孤独感的测评，是研究老年人心理健康的重要维度。

结合数据的可得性，形成以下老年人健康的研究变量（见表2）。

表2　　　　　　　　　　老年人体质健康和心理健康指标

项　目		指　标	备　注
体质健康	1	慢性病状况	以慢性病数量进行表征，数量越少，状况越好
	2	日常生活自理能力	Activities of Daily Life，ADL
	3	自评健康	
心理健康	4	孤独感	
	5	幸福感	

（三）数据来源和研究方法

本次研究主要数据来源于2015年8月全国老龄办、民政部和财政部组织的"第四次中国城乡老年人生活状况抽样调查"（以下简称"四调"）。研究保留3 431份样本，包括了上海9个行政区33个街道的115个居委会（见图1），包含了多种居住社区类型。3 431份研究样本中，女性占52.2%、非农业户籍占98.2%、75岁以下的老年人占69.3%、已婚有配偶的老年人占77.9%。

借鉴上海市十五分钟社区生活圈研究的工作方法，通过GIS缓冲区分析工具，将各个居委会行政边界外扩空间距离1公里，作为本次老年人社区建成环境的研究范围。除"四调"问卷外，其他建成环境指标数据来源包括2015年上海市土地使用现状信息数据、2015年百度热点数据、上海市统计年鉴2016等。

本次研究以结构方程模型中的路径分析为主要方法，采用Mplus7.4进行分析。结构方程模型整合了传统多元回归和因子分析[25]，可以同时处理多个因变量，更加有利于发现多个变量之间的相互关系，这与社区环境较为复杂的现实状况更为相符。

二、上海社区建成环境影响老年人健康的综合分析

（一）路径分析模型

以老年人社会经济属性、社区建成环境为自变量，以老年人体质健康和心理健康

图 1　研究样本所在社区在上海的分布

图片来源：作者自绘。

为因变量，构建结构方程模型。将自变量分成三部分依次放入模型：模型一中仅放入密度、设计、住房和绿地的社区建成环境硬件基础要素；模型二在社区建成环境变量中加入公共设施；模型三中进一步加入区位变量。以此分析和比较不同社区建成环境维度对老年人健康影响的差异。

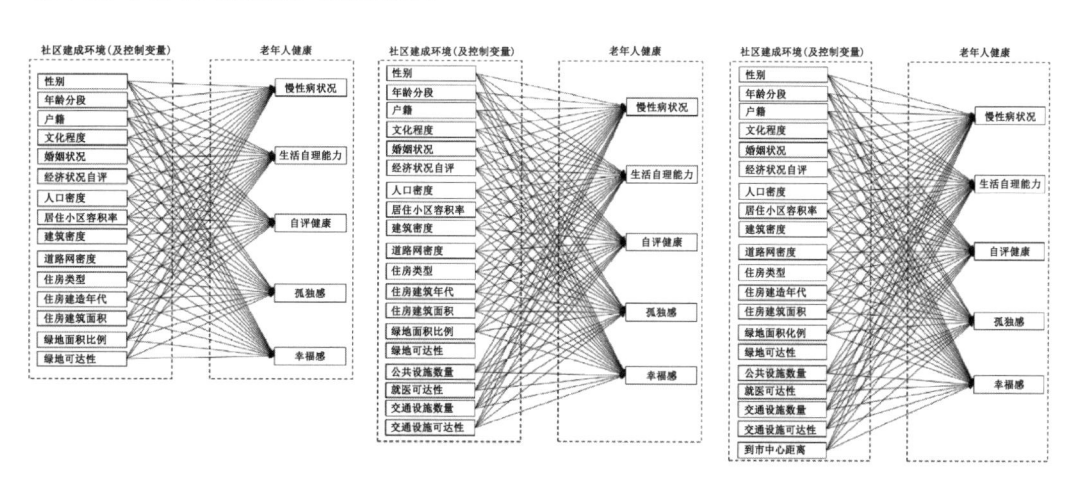

图 2　路径分析模型一　　图 3　路径分析模型二　　图 4　路径分析模型三

图片来源：作者自绘。

(二)分析结果

分析显示,在控制老年人个人社会经济属性的情况下(下同),密度(人口密度、容积率、建筑密度)、设计(道路网密度)、住房(住房类型、住房建造年代、住房建筑面积)、绿地、公共设施以及区位要素都对老年人健康有显著的影响。

表3　　　　　社区建成环境对老年人体质健康的影响(基于模型三的分析结果)

	慢性病状况		生活自理能力		自评健康	
	Estimate	P-Value	Estimate	P-Value	Estimate	P-Value
人口密度	−0.098	0.003**				
居住小区容积率	0.04	0.02*				
道路网密度	0.063	0.023*				
住房类型	−0.038	0.021*				
公共设施数量	0.079	0.027*			0.082	0.016*
就医可达性(距离反向)	0.059	0.001**	0.046	0.015*	0.127***	
交通设施数量	−0.059	0.048*				
交通设施可达性	−0.039	0.03*				
到市中心距离					0.099***	

注:* $P<0.05$;** $P<0.01$;*** $P<0.001$。

表4　　　　　社区建成环境对老年人心理健康的影响(基于模型三的分析结果)

	孤独感		幸福感	
	Estimate	P-Value	Estimate	P-Value
人口密度			−0.074	0.022*
建筑密度	0.065	0.002**		
道路网密度	0.113***		0.081	0.005**
住房建造年代			0.076	0.002**
住房建筑面积	0.06	0.005**	0.064	0.001**
绿地面积比例			0.04	0.029*
交通设施数量			−0.094	0.002**

注:* $P<0.05$;** $P<0.01$;*** $P<0.001$。

人口密度对老年人的慢性病状况和幸福感都有显著的消极关联,人口密度高的社区老年人幸福感相对较差,慢性病数量也较多,并且这种消极关联不受社区设施状况以及区位条件的影响。居住小区的容积率与老年人慢性病状况有显著的积极关联,容积率较高的社区老年人慢性病状况相对较好;容积率与老年人心理健康的关联不显著。相较于容积率,无论是对老年人的慢性病状况,还是对老年人幸福感,人口密度影响的显著性都更强、影响程度更大。这可以理解为,在上海的城市背景下,相较于容积率,人口密度的增加带来的老年人的拥挤感以及引起的消极影响更加强烈。

在同时考虑设施和区位条件的情况下,建筑密度与老年人的孤独感有显著的积极关联,建筑密度较高的社区老年人的孤独感相对较少。即在当前状况下,较密集的住宅建筑排列方式相较松散的排列方式可能更加有利于减少老年人的孤独感。

道路网密度与老年人的慢性病状况、孤独感和幸福感都有显著的积极关联,道路网密度的增加有利于改善老年人的体质健康和心理健康,并且,相较之下道路网密度对老年人心理健康的影响更大。

住房类型与老年人慢性病状况有显著关联。具体表现为:住房类型为楼房的老年人报告的慢性病数量更多;住房较新的老年人幸福感相对较强;住房建筑面积较大的老年人孤独感相对较少、幸福感相对较强。并且,这些显著关联不受设施和区位条件的影响。

绿地面积比例与老年人幸福感有显著的积极关联。绿地面积比例较高的社区老年人幸福感相对较强。

公共服务设施数量、就医可达性都与老年人的慢性病状况和自评健康有显著的积极关联;就医可达性与老年人的生活自理能力也有显著的积极关联。交通设施数量与老年人慢性病状况和幸福感存在显著的消极关联;交通设施可达性也与老年人的慢性病状况有显著的消极关联。

关于区位条件的分析显示,远离市中心的老年人自评健康相对较好。此外,区位条件对其他社区建成环境要素与老年人健康的关联有影响,包括公共设施数量与老年人幸福感、交通设施数量和交通设施可达性与老年人自评健康、人口密度与老年人自评健康的关联在加入区位条件后不再显著。

(三)不同要素对老年人健康影响的比较

对路径分析结果进行统计发现,社区建成环境要素中,道路网密度、就医可达性显著影响的老年人健康指标最多,其次是人口密度、住房建筑面积、公共服务设施数量和交通设施数量。采用题目打包法[26],分别将慢性病数量、生活自理能力、自评健康,以及孤独感和幸福感的标准化数值相加,以总分表征老年人的体质健康和心理健康水平,重新进行路径分析。结果显示,就医可达性、人口密度和道路网密度是对老年人体质健康影响最大的社区建成环境指标;道路网密度、住房建造年代、住房建筑面积是对老年人心理健康影响最大的社区建成环境指标(见表5)。

因此,无论是影响老年人健康指标的数量,还是对老年人健康的影响程度,道路网密度、就医可达性都是对老年人健康影响最为显著的社区建成环境要素。其中,道路网密度与老年人体质健康和心理健康都有显著关联,就医可达性主要与老年人的体质健康显著关联。此外,人口密度、住房建造年代和住房建筑面积也是影响老年人健康的重要因素。

表5　　　　　　　　　　社区建成环境对老年人健康影响的路径分析

		体质健康		心理健康	
		Estimate	P-Value	Estimate	P-Value
密度	人口密度	−0.086	0.01*		
	建筑密度			0.05	0.016*
连通性	道路网密度	0.053	0.048*	0.117***	
住房	住房建造年代			0.077	0.002**
	住房建筑面积	0.071***			
公共设施	就医可达性(距离反向)	0.106***			
区位	到市中心距离	0.044	0.029*		

注:* $P<0.05$;** $P<0.01$;*** $P<0.001$。

三、上海社区建成环境要素对老年人健康的影响分析

(一)密度的影响

密度对老年人健康的影响表现出多样性的结果,且可能存在一定的阈值。与已有研究不同的是,本次研究中人口密度的增加对老年人健康表现出显著的消极影响。上海各个社区的人口密度有巨大差异,部分社区人口的高度集聚对老年人体质健康和心理健康都产生了一定的负面影响,需要从避免人口过度集聚的角度采取一定的措施。

在已有研究中,高的容积率带来了土地的紧凑发展和多样性,被认为有利于人的体质健康,本研究再次证实了这种积极关联。而已有研究中,容积率往往表现出与人的压力、抑郁有关,高密度会给人的心理带来负面影响。在本研究的所有模型中,容积率与老年人心理健康的关联都不显著。有研究指出,人们既愿意清净,又惧怕孤独[27],密度过高会引起拥挤感,密度过低则会引起冷落感,同样是不可取的[28]。从本次研究样本看,老年人居住小区的容积率平均值为1.62,总体容积率差异较小且水平不高。在这种开发强度相对有限的情况下,容积率的增加没有对心理健康形成不利

影响。上海在城市规划和建设中一直对容积率进行严格控制,尽管部分社区人口高度聚集已经表现出与老年人健康的消极关联,但从老年人健康的角度,当前社区的容积率仍处于合理的范围。此外,对建筑密度的分析表明,在当前上海的社区建设强度下,高的建筑密度可能对减少老年人孤独感更加有利。

(二)连通性的影响

综合已有研究结论,道路网密度的积极效应在不同背景下表现出一致的研究结果。街道的连通性和可步行性是促进健康的重要内容。

(三)住房的影响

本次研究中,住房的建筑面积与老年人同吃同住人数显著相关(Sig.＝0.010),较大的建筑面积与较多的同吃同住人数有关,有利于减少老年人孤独感,增进老年人心理健康。同时,相关分析表明,老年人的住房条件与其经济状况自评并没有显著关联,因此可以说,住房条件是独立于经济状况而本身对老年人健康有显著的积极影响。本次研究还表明,相对于老年人体质健康,住房条件对老年人心理健康有更多的显著影响。

(四)绿地的影响

大多数已有研究证实了绿地对人的健康的积极影响,但本次研究中绿地可达性没有与健康有显著关联。也有研究没有发现这种联系,如德国的研究中,没有发现到最近的绿地的距离与健康老龄化之间有明确的联系[29];丹麦的研究发现,近一半的受访者没有使用他们最近的绿地,养狗是唯一显著增加使用频率的因素[30]。本次研究中,有92%的样本社区到绿地的距离在2公里以内、有80%的社区到绿地的距离在1公里以内,绝大多数社区到绿地的可达性较好。相关分析表明,绿地可达性与老年人体育锻炼频率的相关性不显著。因此,可以理解为,在大多数社区的绿地可达性较好的情况下,到绿地的距离没有成为影响老年人身体锻炼活动频率,进而影响老年人健康的关键因素。

另外,本研究中的绿地按照城市绿地类别进行统计,未包含居住小区内部的绿化和开敞空间,以及其他街头广场等。而事实证明,很多情况下社区内的街道步行空间以及小型开敞空间是老年人锻炼、休闲的重要场所。后续研究中,需要结合社区内更多类型及更多层级的场所选择,进一步分析环境与老年人体力活动及与老年人健康的关系。

此外,本研究中尽管包含了社区绿地数量和可达性的测度指标,但是没有关于绿地质量的测度。有研究显示,绿化的数量和质量与健康显著相关,而质量关系比数量关系更强[31]。在可达性相对较好的情况下,公园和绿地的质量,比如景观设计水平、设施配置、生物多样性等情况的改善,可以是充分发挥其对健康的有益影响的重要条件。

(五)公共设施的影响

就医距离能够增加老年人的安全感,从而提高老年人自我认知的健康水平[32]。在本研究中,就医可达性对自评健康的影响尤为显著,是对这一结论的进一步验证。

通常认为,更多、更方便的交通设施的配置能促进人的积极交通行为,从而增进体力活动、增进健康,但本研究中,交通设施数量和可达性都对老年人健康表现出显著的消极影响。由于老年人主要的活动范围在社区生活圈,远距离出行较少,轨道交通的使用率相对较低,公交配置与老年人日常生活有更紧密的联系。而从上海交通设施布局来看,公交车路线和站点在全市的集中建设区内分布相对均衡,在这种情况下,交通设施数量的增多以及可达性的提高都没有对老年人健康发挥显著的积极效应。

(六)区位的影响

区位反映了总体的人群分布差异,同时,区位也对建成环境要素有重要影响。区位对于老年人健康本身,以及对于社区建成环境与老年人健康的关系,都有着重要意义。

四、规划干预建议

社区建成环境为老年人提供了日常活动的物质空间载体并满足其物质需求和精神需求,这是社区建成环境与老年人健康关联的基础。这要求规划始终回归到以人为本的核心思想,重视老年人的各项需求,并作为规划干预的探索方向。

一是社区建成环境需要更多地满足老年人的社会性需求。本次研究中,相较于绿地,影响老年人健康的社区建成环境要素较多地反映在密度、住房、公共设施等方面。在既有研究中,绿地对人群健康的促进作用主要在于绿地给予人群更多的活动场所,满足了人的亲自然性的需求,与此相对应,密度、住房以及公共设施等内容则反映了老年人参与社会生活、享有现代化城市高效和完善的公共服务等社会性需求。本次研究中,老年人的社会性需求对于老年人健康表现出更加重要的意义,这与老龄理论中的活动理论[33]相契合。因此,在当前上海的高密度人居环境条件下,自然和生态环境是促进老年人健康的社区的必要条件,但促进老年人交往的物质空间环境可能对老年人健康起到更显著的作用。

二是社区建成环境应高度重视老年人对医疗设施的需求。相较于老年人体育锻炼、购物等日常活动,就医活动并没有在老年人日常生活中占据最高的频率,但相较于其他要素对老年人健康表现出更强的影响,这表明,靠近医疗设施和因此带来的就医服务的可得性和便捷性,除了维护老年人体质健康本身,在老年人生活中具有重要地位。

三是社区建成环境应为老年人提供多样化、可选择的公共活动场所。在本次研究中,城市绿地没有对老年人的体力活动频率和健康产生显著影响。从另一方面讲,社区规划应满足老年人对体力活动场所的多样化的需求,通过多样化的场所配置更加有效地促进老年人健康。

四是应重视住房在物质基础之外的意义。作为基本的生活空间载体,住房对老年人健康尤其是心理健康有直接的显著的积极影响。同时,住房对老年人健康的影响不仅是由于住房作为基本的物质基础而存在,而且住房对老年人还有着超越"居住"这一功能的更深层的意义。比如,住房承载了不同的生活经历,是老年人获得家庭支持的纽带;住房在一定程度上标识着老年人的社会阶层,给予老年人一种社会认同;等等。改善老年人的住房条件,是促进老年人健康的直接手段。

五、结论

本次研究以上海高密度人居环境为背景,证实了建成环境与老年人健康不同程度的显著关联,为已有研究提供了补充案例。从社区建成环境出发,通过规划干预增进老年人的健康是应对老龄化的必然要求。从根本上讲,规划干预的重点在于通过社区建成环境的改善,更好地满足老年人的需求。根据本次研究的结果,可以采取的措施包括:构建良好的社区形态,丰富社区功能和公共服务,尤其要完善老年人的就医服务设施;维持合理的建设密度和开发强度,协调好人口集聚与建设集聚之间的关系;增加社区公共活动场地、改善老年人的住房条件;等等。

本次研究在验证了已有的研究结论的同时,也有与已有研究不同的发现,包括绿地对老年人健康的影响、密度(如容积率)对健康的影响等。后续研究可以结合更多的案例分析,进行更加深入和更加精确的论证。

参考文献

[1]Jackson L. E. The relationship of urban design to human health and condition—Science Direct[J]. Landscape and Urban Planning,2003,64(4):191-200.

[2]Evans G. W. The built environment and mental health[J]. Journal of Urban Health-bulletin of the New York Academy of Medicine,2003,80(4):536-555.

[3]Catherine Paquet,Thomas P. Orschulok,Neil T. Coffee,Natasha J. Howard,Graeme Hugo,Anne

W. Taylor, Robert J. Adams, Mark Daniel. Are accessibility and characteristics of public open spaces associated with a better cardiometabolic health？[J]. Landscape and Urban Planning, 2013, 118: 70-78.

[4]Annemarie Mantler, Alan C. Logan. Natural environments and mental health[J]. Advances in Integrative Medicine, 2015, 2(1): 5-12.

[5]Keralis J. M., Javanmardi M., Khanna S., et al. Health and the built environment in United States cities: measuring associations using Google Street View-derived indicators of the built environment[J]. BMC Public Health, 2020, 20.

[6]Ewing R., Cervero R. Travel and the built environment: a meta-analysis[J]. Journal of the American Planning Association, 2010, 76(3): 265-294.

[7]Melody Oliver, Karen Witten, Tony Blakely, Karl Parker, Hannah Badland, Grant Schofield, Vivienne Ivory, Jamie Pearce, Suzanne Mavoa, Erica Hinckson, Paul Sweetsur and Robin Kearns. Neighbourhood built environment associations with body size in adults: mediating effects of activity and sedentariness in a cross-sectional study of New Zealand adults[J]. BMC Public Health, 2015, 15(1): 956.

[8]Rundle A., Diez Roux A. V., Freeman L. M., et al. The Urban Built Environment and Obesity in New York City: A Multilevel Analysis[J]. American Journal of Health Promotion, 2007, 21(4s): 326-334.

[9]Hirsch J. A., Moore K. A., Barrientos-Gutierrez T., et al. Built environment change and change in BMI and waist circumference: Multi-ethnic Study of Atherosclerosis[J]. Obesity, 2014, 22(11): 2450-2457.

[10]Frank L. D., Andresen M. A., Schmid T. L. Obesity relationships with community design, physical activity, and time spent in cars [J]. American Journal of Preventive Medicine, 2004, 27(2): 0-96.

[11]Kelly-Schwartz, A. C. Is sprawl unhealthy？: A multilevel analysis of the relationship of metropolitan sprawl to the health of individuals[J]. Journal of Planning Education and Research, 2004, 24(2): 184-196.

[12]Xinyu (Jason) Cao, How does neighborhood design affect life satisfaction？ Evidence from Twin Cities[J]. Travel Behaviour and Society, 2016. 5: 68-76.

[13]Li F., Harmer P. B., Bosworth M., et al. Built environment and 1-year change in weight and waist circumference in middle-aged and older adults: Portland Neighborhood Environment and Health Study[J]. American Journal of Epidemiology, 2009, 169(4): 401-408.

[14]Sarah Foster, Billie Giles-Corti, Matthew Knuiman. Neighbourhood design and fear of crime: A social-ecological examination of the correlates of residents' fear in new suburban housing developments [J]. Health & Place, 2010, 16(6): 1156-1165.

[15]Becky P. Y. Loo, Winnie W. Y. Lam, Rathi Mahendran & Keiko Katagiri. How is the neighborhood environment related to the health of seniors living in Hong Kong, Singapore, and Tokyo？ Some in-

sights for promoting aging in place[J]. Annals of the American Association of Geographers,2017,107(4):812—828.

[16]Guite, H. F. , C. Clark and G. Ackrill. The impact of the physical and urban environment on mental well-being[J]. Public Health,2006,120(12):1117—1126.

[17]Chinmoy Sarkar,John Gallacher and Chris Webster. Urban built environment configuration and psychological distress in older men:Results from the Caerphilly study[J]. BMC Public Health,2013,13:695.

[18]Parra D. C. ,Gomez L. F. ,Sarmiento O. L. ,et al. Perceived and objective neighborhood environment attributes and health related quality of life among the elderly in Bogotá,Colombia[J]. Social Science Medicine,2010,70(7):1070—1076.

[19]Payam Dadvand,Xavier Bartoll,Xavier Basaga?,et al. Green spaces and General Health:Roles of mental health status, social support, and physical activity[J]. Environment international, 2016, 91 (may):161—167.

[20]Jennifer L. K. , Thompson S. The three domains of urban planning for health and well-being [J]. Journal of Planning Literature,2014,29(3):239—256.

[21]于一凡. 建成环境对老年人健康的影响:认识基础与方法探讨[J]. 国际城市规划,2020,35(1):1—7.

[22]于一凡,刘旭辉. 建成环境健康影响研究的行为变量及其中介效应——以上海市社区老年人的健康行为为例[J]. 科技导报,2021,39(8):94—101.

[23]Katz S. ,Ford A. B. ,Moskowitz R. W. ,et al. Studies of illness in the aged:The index of ADL:A standardized measure of biological and psychosocial function[J]. The Journal of the American Medical Association,1963,185(12):914—919.

[24]Ellen Idler ,Howard Leventhal,Julie Mclaughlin,and Elaine Leventhal. In sickness but not in health: Self-ratings, identity, and mortality [J]. Journal of Health and Social Behavior, 2004, 45 (3):336—356.

[25]Bentler,P. M. and Bonett,D. G. Significance tests and goodness of fit in the analysis of covariance structure[J]. Psychological Bulletin,1980,88:588—606.

[26]吴艳,温忠麟. 结构方程建模中的题目打包策略[J]. 心理科学进展,2011,19(12):1859—1867.

[27]李道增. 环境行为学概论[M]. 北京:清华大学出版社,1999.

[28]Rapaport A. Observations Regarding Man-Environment-Studies[J]. Man-Environment System,1970,1:1—28.

[29]Susanne Vogt,Andreas Mielck,Ursula Berger,Eva Grill,Annette Peters,Angela Doring,et al. Neighborhood and healthy aging in a German city:Distances to green space and senior service centers and their associations with physical constitution, disability, and health-related quality of life[J]. European Journal of Ageing,2015,12(4):273—283.

[30] Jasper Schipperijn, Ulrika K. Stigsdotter, Thomas B. Randrup, et al. Influences on the use of urban green space—A case study in Odense, Denmark[J]. Urban Forestry & Urban Greening, 2010, 9(1): 25—32.

[31] Sjerp de Vries, Sonja M. E. van Dillen, Peter P. Groenewegen, Peter Spreeuwenberg. Streetscape greenery and health: Stress, social cohesion and physical activity as mediators [J]. Social Science & Medicine, 2013. 94: 26—33.

[32] 朱伟珏. 社会资本与老龄健康——基于上海市社区综合调查数据的实证研究[J]. 社会科学, 2015(5): 69—80.

[33] Havighurst, R. J. successful aging [J]. The Gerontologist, 1961(2): 8—13.

(原载于《城市发展研究》2023 年第 8 期)

上海国际大都市城乡融合发展的现状分析及对策建议

(刘旭辉　李璐璐　张瑜)

城乡关系是现代化建设过程中必然要面临和解决的重大关系。新中国成立以来,我国的城乡关系从城乡二元分割、以城市为发展重点,到城乡统筹和城乡一体化,逐渐迈向城乡融合发展的新阶段。2019年4月发布的《中共中央国务院关于建立健全城乡融合发展体制机制和政策体系的意见》提出了新时代城乡融合发展的目标和措施,为进一步推动城乡融合发展指明了方向。

习近平总书记强调:"要把乡村振兴战略这篇大文章做好,必须走城乡融合发展之路。"上海市委书记陈吉宁指出,上海要"实现更高水平的融合""优势互补,走出具有大城市特点城乡融合发展的新路子"。城乡融合,是上海国际大都市建设、上海农业农村现代化发展的必然要求和关键所在。

本文通过梳理上海城乡融合发展的历程、分析当前城乡融合过程中面临的瓶颈、借鉴国际经验,提出了进一步促进上海城乡融合、推进上海乡村振兴的策略建议,为相关工作提供参考。

一、上海城乡融合发展的现实基础

(一) 上海城乡融合发展探索的主要历程

上海从20世纪80年代就开启了对城乡融合发展道路的探索与实践。其过程包括四个阶段[1]:

第一阶段:20世纪80年代,掀起乡村工业化的浪潮。1986年上海市农村工作会议提出了"城乡开通、实施城乡一体化发展"的战略,确立了上海农村工作的"一二三四"工作方针,即加快城乡一体化建设、坚持两个立足点[1]、促进三业[2]协调发展、建设

---

[1] 即农民口粮立足自给、城市主要副食品供应立足郊区。
[2] 即一、二、三产业。

四个基地①。乡镇企业异军突起,改变了工业化与乡村割裂的格局,农村经济得到迅猛发展的同时,也推动了国民经济的快速增长。

第二阶段:20世纪90年代,以"三个集中""三个重心转移"为重点。从20世纪90年代开始,上海市委、市政府提出了"三个集中"战略,即人口向城镇集中、产业向园区集中、土地向规模经营集中。郊区农村产业的发展方针从"一、二、三"调整为"二、三、一",并提出工业发展的重心、基础设施建设的重心、经济建设的重心由中心城区向郊区转移。郊区城市化进程加快,城乡之间要素流动的速度加快,城乡之间的功能布局、产业结构进一步得到优化。

第三阶段:进入21世纪,围绕农村体制机制改革,实施"三倾斜一深化"。上海从本世纪初开始,相继开展了农村税费改革、农村综合改革、农村经营体制改革和农村集体产权制度改革。2015年3月上海推出的《关于推进新型城镇化建设促进本市城乡发展一体化的若干意见》强调要全面落实"三倾斜一深化",即公共服务资源配置向郊区人口集聚地倾斜、基础设施建设投入向郊区倾斜、执法管理力量向城乡结合部倾斜,深化农村土地制度改革。在这一阶段,上海深入以构建城乡一体的新型工农城乡关系为目标,不断完善城乡发展一体化体制机制,逐步缩小城乡发展差距。

第四阶段:自党的十八大以来,围绕"三个百里""三个价值""三园工程"迈向了崭新的城乡融合发展阶段。以缩小城乡发展差距和居民生活水平差距为目标,以完善产权制度和要素市场化配置为重点,促进城乡要素双向流动,推动城乡一体化,城乡融合向纵深发展,农业农村现代化步伐不断加快。

(二)上海城乡融合发展的基础

1. 资源要素优势凸显

作为迈向卓越的全球城市,上海持续推进"五个中心"建设,凝聚了世界级的人才、科技、市场、资金、信息资源。在城镇化和乡村振兴的"双轮"驱动下,城市对乡村的带动和需求强大,城乡融合发展的基础和潜力巨大。2021年,上海城镇化水平达到89.3%②。"大都市、小郊区""大城市、小农村"的特征使上海城乡之间形成了巨大的发展势差,超大城市经济体的带动作用成为上海农业农村发展的最大优势。

2. 空间体系持续优化

早在1946—1949年编制的《大上海都市计划》中,上海就明确提出城市有序发展、有机疏散。1983年编制完成的《上海市城市总体规划方案》首次提出形成"多心开

---

① 即大工业扩散基地、副食品生产基地、外贸出口基地、科研中试基地。
② 数据来源:2010—2020年上海市常住人口以及城镇化率_依申请转主动公开_上海市统计局,https://tjj.sh.gov.cn/ysqzzdgk/20220926/650792e3930346b193fb16077187acbd.html。

敞"的规划布局,1984年编制的《上海市城市总体规划方案》进一步明确了中心城—卫星城—郊县小城镇—农村集镇4个层次的城镇体系,1999年编制的《上海市城市总体规划(1999—2020)》确定了中心城—新城—中心镇——般镇的城镇体系,并于2006年提出"1966"的城镇体系[2]。在此基础上,《上海市城市总体规划(2017—2035)》提出了"网络化、多中心、组团式、集约型"的空间结构和"主城区—新城—新市镇—乡村"的市域城乡体系。随着城市规模不断扩大,上海城乡空间结构和城镇体系持续优化,为城乡协同发展奠定了良好的基础和框架。

3. 乡村建设不断改善

"十三五"期间,上海全面完成了农村人居环境整治任务,并进一步实施农村人居环境优化提升工作。至2022年底,已建设90个乡村振兴示范村和261个美丽乡村示范建设,以点带面,积累了多方面的经验,展现了上海农村的现代化新形象。农村卫生厕所普及率达100%,生活污水治理率达到93.3%,5G网络在农村地区基本覆盖,1 538个行政村通达公共交通,水电气网实现了城乡供应一体化①。

4. 产业体系逐步构建

"十三五"以来,上海积极构建与超大城市相适应的乡村产业体系。农业科技创新能力和装备水平不断提升,2022年农业科技进步贡献率达80.13%,居全国前列②。组建了7个现代农业产业技术体系,培育和推广了一批有影响力的新品种;提升发展乡村休闲旅游业,培育乡村新型服务业,农业产前产后社会化服务市场快速发展。农产品营销服务快速成长,多元化产业发展的框架体系基本形成。

5. 农民收入和社会保障水平持续提升

近年来,上海农村居民人均可支配收入不断增长,其增幅高于城市居民人均可支配收入。2022年,上海农村居民家庭人均可支配收入达到39 729元,名列各省市前茅。上海农村社会保障水平不断提高,基本建成了广覆盖、分类施保的农村社会保障体系。2022年城乡居保基础养老金标准为每人每月1 300元,最低保障标准为每人每月1 420元,均为全国最高③。

---

① 数据来源:上海市农业农村委员会,上海市统计局,国家统计局上海调查总队.上海市乡村振兴统计手册(2022年度)。

② 数据来源:上海市农业农村委员会,上海市统计局,国家统计局上海调查总队.上海市乡村振兴统计手册(2022年度)。

③ 数据来源:上海市农业农村委员会,上海市统计局,国家统计局上海调查总队.上海市乡村振兴统计手册(2022年度)。

二、上海城乡融合发展的瓶颈

围绕中央重点部署,上海以要素流动、空间协同、产业升级、社会保障等为核心,将上海城乡一体化水平推上了新高度。但当前,上海城乡融合发展仍然存在一定的瓶颈。

(一)发展资源丰富,但要素流动仍然不够通畅

近几年,政府和社会各界加大对农业农村的投入。2022年,上海落实农业农村优先发展要求,把三农投入作为财政支出优先保障领域,一般公共预算涉农支出超过388亿元,全市农业招商引资额190.92亿元,农村综合帮扶累计投入资金55.29亿元。但上海城乡之间各类要素流动仍然不够充分,表现在:一是土地资源保障难。2021—2023年,上海市共落实减量化用地指标2.73万亩,其中用于乡村振兴的建设用地共计0.36万亩,约占13.1%;用于乡村产业的用地面积共计约0.14万亩,占减量化用地总量的5.3%①。但相对1 548个行政村的数量及其产业发展需求,建设用地仍然极为紧缺。在镇村干部访谈中了解到,有的村因为建设用地无法落实,导致谈好的项目无法落地而无疾而终。土地成为制约乡村发展的一大瓶颈。二是资本投入持续难。企业参与乡村振兴的过程中,由于收益难保障、相关机制还不完善,单向投入的参与行为难以持续。三是社会参与深入难。人才参与乡村振兴的过程中,与农村乡土社会、经济发展的联结还不够,对乡土文化、乡愁经济的挖掘力度还不够。

总体来看,上海对乡村振兴的投入表现出"政策实施力度强、市场调配作用弱"的特点。城乡资源要素流通的路径还未完全打通,难以通过统一的市场机制进行优化配置。以政府为主导对乡村的单向投入还存在一定局限,包括:与每个村的需求难以完全精准匹配、难以解决乡村发展的所有问题等。对乡村最重要的支持是给予乡村足够的空间和支撑,让其寻找适合自己的发展路径、建立良好的发展机制、走上良性的发展轨迹。在这个过程中,建立城乡对等的市场机制,打通资源要素流通的路径是解决问题的关键。

(二)乡村建设水平大大提高,但城乡差距依然存在

在乡村振兴战略引领下,上海农村人居环境和整体建设水平明显提高。但城乡差距仍然存在,表现在:一是农村居民的住房条件亟待改善。2023年上海市农业农村委组织的百村万户大调研显示,57.08%的被访农户房屋建于1993年前,房屋状况陈旧;75.54%的被访农户期望改善现有住房条件。二是乡村风貌水平不均衡。经过持

---

① 数据来源:上海市农业农村委员会。

续的村庄改造、风貌提升和两个示范村建设,乡村建设形成了很多亮点,但仍有很多一般村存在"布局分散、风貌凌乱"的状况。三是城乡公共服务水平存在较大差距。如公共交通在农村的服务水平还相对有限;商业服务不够便捷;农村老人医疗资源相对欠缺等。以医疗资源为例,2021年上海中心城区平均每万人拥有卫生机构数3.19个、床位数132.51张、卫生技术人员204.43名;而郊区分别是2.31个、44.53张、57.62名[①]。

(三)乡村产业向多元化发展,但产业能级仍待提升

近年来,上海市引导各类新型农业经营主体融合发展。但农业及相关产业的质量效益还有一定进步空间,表现在:一是农业产业规模效益不高。从近十年看,上海市农业总产值呈下降趋势,由2013年的323.48亿元[②]波动下降至2022年的273.53亿元[③],减少49.95亿元,降幅达15.44%。二是产业融合水平不强。农产品品牌存在"多、散、小"的情况;农业"接二连三"的实力还不够强,产业融合发展程度还不够深。三是经营服务有待完善。国家级经营主体数量还不多,带动力量还比较有限;农业社会化服务组织服务覆盖面还不广泛;种质资源"卡脖子"问题有待进一步解决。

形成上述三大瓶颈的主要原因在于农业农村土地、劳动力和环境因素有制约,城乡产业效益有差距,产业资源不对等,乡村难以获得与城市同等的发展机会,进而形成恶性循环。上海城市的虹吸效应巨大,城乡资源要素单向流动的状况在短时间内难以改变。

(四)农民收入水平虽位居全国首位,但城乡收入绝对差距持续增大

上海农村居民人均可支配收入在过去十年间持续增加,2022年达到39 729元,是2013年(19 208元)的2.07倍。但提高上海农民收入水平仍然存在较大瓶颈,表现在:一是城乡居民收入差距的绝对值不断拉大。上海城乡居民收入比从2013年的2.28下降到2022年的2.12,一方面,对标国际发达地区,还有较大差距[3];另一方面,城乡居民收入差距的绝对值由2013年的24 643元扩大到2022年的44 305元,仍在不断拉大[④]。二是农村居民可支配收入结构不平衡。据国家统计局上海调查总队开展的"农户人均可支配收入"调查,2022年上海农户人均可支配收入中,转移净收入占比最高,达51.30%,工资性收入占37.82%,经营净收入和财产净收入仅占3.88%和6.81%。

---

① 数据来源:上海统计年鉴2022。
② 数据来源:上海统计年鉴2014。
③ 数据来源:上海市农业农村委员会,上海市统计局,国家统计局上海调查总队.上海市乡村振兴统计手册(2022年度)。
④ 数据来源:上海统计年鉴2014;2022年居民人均可支配收入及消费支出_居民人均可支配收入及消费支出_上海市统计局(sh.gov.cn)。

(五)农村集体产权制度改革取得重要进展,但部分工作仍需深化

上海持续深化农村集体产权制度改革,相关工作走在了全国前列。2019年率先在全国基本完成镇、村两级集体产权制度改革任务,基本实现应改尽改目标任务。但很多影响城乡融合发展的体制机制障碍仍然没有消除,表现在:一是集体经营性建设用地入市还需要在全市继续推进;二是农村宅基地"三权"分置实现路径还需探索;三是农村集体资产管理制度有待深化改革,当前大量村庄存在资产闲置问题,且农村集体资产产权主体和管理主体不明确,农村集体资产管理制度改革需提上日程;四是工商资本下乡的管理制度有待建立,工商资本下乡投资管理部门不明确,对工商资本投资领域和项目还缺少必要的规划和指导。

三、城乡融合发展的国际经验

借鉴国际发展经验,一个地区在城市化水平超过50%时,区域社会由传统社会步入现代社会,开始向城乡融合方向迈进[4]。在此过程中,城乡一元的制度框架和结构体系是城乡经济社会融合发展的重要前提,而空间规划引导、基础设施建设以及对农业农村的倾斜和支持都是政府推动、社会参与的重要举措。

(一)空间体系是城乡融合的基础

参考纽约、伦敦、东京、巴黎等国际大都市发展历程,各个大城市均把持续优化城乡空间体系和功能布局作为城乡融合的重要框架。纽约从20世纪50年代开始,逐渐形成了以中心城区为枢纽、多中心、功能联系紧密的大都市地区,具有开放、梯度辐射效应的"大都市区"城镇体系是推动纽约城乡融合发展的关键[5];伦敦以中小城镇为抓手,通过规划五大类241个市镇中心并提高市镇中心的质量和丰富性,推动整体城乡融合水平提升[6](见图1);巴黎在多轮规划中,都把疏散城市功能、多中心均衡发展作为重要理念,通过新城建设、城乡基础设施构建,极大地促进了巴黎大区多中心空间结构形成[7][8][9](见图2);东京将首都圈设置成即建成区、近郊绿地保护区、都市开发区和近郊整备地带多个政策区域[10],不断引导外围地区新城和小城镇建设,形成了以分散型网络为基础,"多中心多核"的城市空间结构[11][12](见图3)。

(二)产业多元是城乡融合的核心

在城市发展的最初,郊区多以相对单一的农业作为主要产业。随着城乡一体化的发展,城市的更多功能溢出,郊区在以农业为基础的同时,承担了越来越多的城市功能,产业体系更加多元。如伦敦市郊乡村的典型村庄包含了教堂、酒馆、农舍、庄园和古堡遗址等各类要素,乡村旅游产业兴旺发展,以中小城镇为核心,承载了大量制造业、物流业、服务业和知识密集型产业等多元业态。巴黎郊区于20世纪60年代后

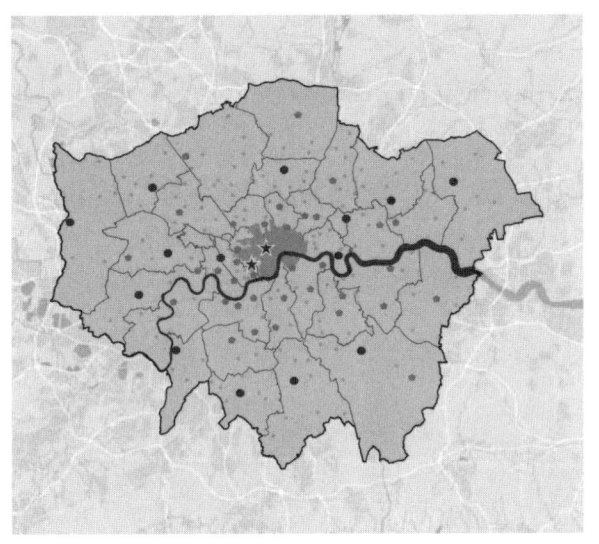

图 1　伦敦和市镇中心网络

图片来源：MAYOR OF LONDON. THE LONDON PLAN：THE SPATIAL DE VELOPMENT STR ATEGY FOR GRFATFR LONDON[R]. 2021.3. 笔者翻译整理。

开启了从传统农业到现代农业的转变，之后逐渐强调生态农业作为城乡绿带的地位和作用。目前，巴黎大区都市农业兼具生产、生态、生活、体验、休闲等多重功能，是大都市区不可分割的组成部分[13]。东京设立了《市民农园整备促进法》以规范化都市农业建设，除提供高品质的绿色农产品外，还承担了城市的景观绿化与生态循环功能，是促进城乡市场交流和改善城市生态环境的重要空间单元[10]。

（三）基础设施是城乡融合的支撑

联系城乡的基础设施是城乡功能统筹、融合发展的基础支撑。纽约遵循城乡互惠共生为原则，积极投资乡村公共性服务及基础设施建设，为区域范围内的生产要素流动提供载体，提升乡村现代化水平；伦敦为缩小城乡差距，持续加大对农村地区的基础设施投资，努力提高公共服务均等化。包括加强大力投资建设农民住房；为农村家庭接入管道燃气；扶持农村公交；对农村地区医疗卫生机构进行补贴等。巴黎于19世纪60年代就开始了乡村基础设施的建设工作，由地铁、铁路、公路等组成的交通体系加强了区域间的人口、经济流动，促进功能转移和相互融合。

图 2　巴黎大区空间结构规划图

图片来源：SCHÉMA DIRECTEUR DE LA RÉGION ÎLE-DE-FRANCE. Île-de-France 2030[R]. 2013.12. 笔者翻译整理。

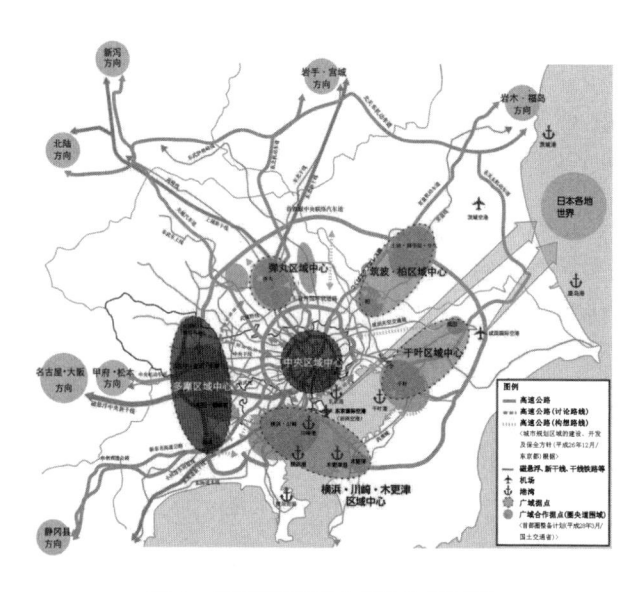

图 3　东京都市圈城市结构规划图

图片来源：东京都城市整备局. 都市营造的宏伟设计——东京 2004[R]. 2022.6. 笔者翻译整理。

(四)文化复兴是城乡融合的内在

各个大都市重视传统农村地区的文化传承和复兴。东京将市郊乡村传统建筑与民俗作为乡村文化建设和旅游发展的核心要素,延伸了传统文化的价值链,重塑乡村形象、激发乡村活力、搞活乡村经济,并提升城乡交流与文化传播[14]。巴黎将文化作为乡村振兴和城市发展的重要资本,乡村文化在推动乡村振兴和社会融合中起到了其他资本类型无法比拟的积极催化作用。巴黎大区通过建立自然保护区保护自然遗产与传统村落,提炼地域文化元素[15],促进旅游业态的产业转型。同时,通过发展乡村非物质文化提高了农民自我身份的认同感。

(五)制度建设是城乡融合的保障

各个国家通过相关制度和机制完善,为农业农村农民发展提供保障。一是完善市场机制,为农业发展提供扶持。东京建立了工农商合作的多种利益联结机制,培育多元化经营主体,在股权配额上限制工商资本的持有量,注重保障农民分享产业链增值,确保农民的主体性[14]。巴黎通过制定相关政策为生态农业的发展提供保障,实行"农户+协会+政府"的联动机制支持乡村旅游的本土性和特色性发展。二是财税制度。东京设立农业科技创新、人才引进、技术推广等专项资金,重点扶持新型农业经营主体发展[14]。三是社会保障和公共资源保障的相关制度。东京建立了多层次的养老保障体系保障农民权益[14]。纽约完善法规与计划体系支持乡村社区发展,确保乡村高质量的就业机会、乡村商业繁荣及可持续能源供给等。

四、上海城乡融合发展的核心目标

对标国际经验,上海城乡融合发展最重要的是通过资源统筹、体制机制保障,赋予城乡均等的发展机会,从而实现城乡整体协同推进,促进共同富裕和现代化的实现。当前,上海城乡融合的核心目标包括三个方面:

(一)以功能统筹促进城乡空间高品质融合

以构建新型城乡关系为着眼点,通过国土空间统筹和高效利用,明确城乡空间的发展策略,确立新型城乡的空间秩序,通过城乡之间要素的优化配置,实现城乡功能互补与协调发展。以实现共同富裕为导向,在"主城区—新城—新市镇—乡村"的市域城乡体系下,促进不同区域各展所长、因地制宜,达到融合互补。

(二)以多元发展推动城乡产业高效率融合

上海国际大都市有强大的现代化产业基础和资源,需要通过有效的配置,增强相关产业在乡村的布局和发展。要在持续提升农业产业链供应链现代化水平基础上,通过城乡一体化统筹,推进城乡产业高效率融合,加快构建现代化乡村产业体系,带动乡村经济发展。根据新时代新发展阶段的更高要求,依据上海城乡发展的整体框架,确定上海乡村发展的产业定位与功能布局,使上海乡村成为高科技农业的领军者、优质产业发展的承载地。

(三)以文化繁荣实现城乡社会高质量融合

上海城乡社会融合的重点是要补齐公共服务和基础设施短板,丰富乡村生活,从全过程的政策支撑和服务、高效严谨的现代化乡村治理,促进城乡社会资源和社会体系建设的互融互通。强化乡村文化资源的挖掘、传承与再利用,通过制定有力的保障措施,突出乡村特色,使乡村达到与城市"有差异无差距"的状态。

五、上海城乡融合发展的路径

以城乡统筹为基本理念,以城乡一体化为手段,以城乡融合为根本目标,上海需要在体制机制、要素支撑、环境建设、产业发展等方面深化创新,建立城乡平等协作的平台,加大对农村地区的政策倾斜,不断缩小城乡差距。

(一)打破城乡政策壁垒,优化资源要素配置

打破城乡二元结构屏障,建立城乡一体的发展机制,是促进城乡要素资源流动和交换的核心关键和根本措施。

持续深入探索农村土地制度改革。土地是乡村最重要的生产要素,是助力乡村振兴的重要资源。在已有的试点工作的基础上,继续总结经验、深入探索,逐步建立城乡统一的建设用地市场,赋予集体建设用地与国有建设用地同等权能,充分发挥市场在土地资源配置中的决定性作用,激发农村土地资源活力。在城乡规划中秉持刚性与弹性相结合的管理方式,赋予农村建设用地更多的兼容性,以更加符合农业农村发展的实际需要,同时,激活农村房屋资源,让农村闲置房屋有更加灵活的使用方式,满足农业农村多样化的功能需求。

完善社会资本参与乡村振兴的平台与机制。社会资本的参与有利于推动农业农村效率提升和实现农业农村现代化。但从实践角度来看,农业农村的特殊性、市场的不完善、体制与法规政策等问题都制约了社会资本作用的发挥。完善社会资本参与乡村振兴的平台,加强信息沟通,为企业投入明确方向;转变政府职能,由管理更多地向服务转变,为企业下乡提供更多支持;进一步提高相关政策的连续性和稳定性;加大对社会资本的支持和补贴;完善社会企业与农户的利益联结机制,发挥新型农业经营主体或村集体衔接作用;完善金融投入乡村振兴的政策支持体系。

进一步深化乡村人才振兴机制,完善农村人才培养政策。加强农民培训、农村工作干部培养、各类人才定期服务乡村制度,提高农村本地人才的能力和工作水平。建

立乡村专业人才统筹使用制度、完善人才向农村基层一线流动的激励政策,吸引更多人才投入乡村振兴。建立健全农村地区人才就业平台和相关政策,逐步探索城乡户籍双向流动渠道,为乡村人才振兴提供保障。

(二)统筹城乡环境建设支撑

深化落实城市总体规划,加大新城建设的规划实施力度,继续优化和完善城乡空间结构。通过空间规划引导产业、人口向郊区布局。进一步发挥乡镇在资源调配、区域统筹上的重要作用。作为衔接城市与乡村、资源集散的重要节点,乡镇可以从更高的视角衔接政策指导与政策实施,具有更强的资源调配能力。应从镇域整体协调发展的角度,对乡村振兴做出谋划,对统筹城乡发展水平提出具体策略。

继续推动城乡公共服务均等化,促进基本公共服务普惠共享。制定农村地区公共服务设施专项规划,结合农村土地与房屋资源使用管理的优化,根据农村地区人口结构和布局特征,提高上海农村地区商业、文化、体育、教育、医疗卫生、养老等设施的配置水平,在提高使用效率、满足使用要求的前提下,不断拓展服务半径。

继续提高农村地区基础设施配置水平。在骨干交通网络基础上,继续强化和规范农村内部道路的建设水平,并加强交通设施的配置,提高农村地区公共交通服务水平。在基础设施基本覆盖的情况下,结合农民相对集中居住的推进,有序推进天然气入村、入户。

持续优化乡村整体风貌水平。通过农村人居环境优化提升,补足乡村建设短板,改善乡村建设水平不均衡的现象。注重各个区镇、各个村乡村风貌的基本特征,充分尊重农民意愿,加强引导,促进地方传统文化和乡村特色的展现。

(三)赋予乡村经济增长引擎

进一步加大现状产业的培育和升级。以现状资源为基础,挖掘优势资源,促进产业规模化、市场化,形成优势主导产业。引导龙头企业利用技术先进、实力雄厚等优势,加强研发投入和成果转化,促进乡村产业转型升级。

充分给予乡村发展自主权,探索多种形式的宜居宜业的乡村发展模式。结合政策支撑、资源盘活和土地供给,鼓励农村居民和外来人员创新创业,不断优化城乡一体的市场环境和市场机制,促进乡村产业业态多元化。

进一步完善扶持政策、加大支持力度。在优化土地资源配置、促进农业生产、鼓励新型经营主体发展、促进农产品流通、支持农业资源综合利用等方面深化完善税收优惠政策,促进乡村经济由"输血式"转变为"造血式"发展。

(四)持续增进农民福祉,促进共同富裕

发挥联农带农的中坚作用,引导龙头企业牵头组建农业产业化联合体,巩固契约

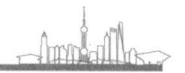

式、推广分红式、完善股权式利益联结机制，带动农民就业增收致富，激发乡村产业发展新活力。持续壮大农村集体经济。通过盘活集体资源资产，整合利用集体积累资金、政府扶持资金等，通过入股龙头企业、村企联建等多种形式，不断壮大农村集体经济。继续推进和完善城乡一体的社会保障机制，建立健全普惠式的养老金制度。不断优化制度设计，注重公平性和合理性，提高统筹的层次，不断扩大制度政策的效应。

参考文献

[1]王东荣.从城乡一体化迈向城乡融合发展[J].上海农村经济,2019(12):7—11.

[2]刘旭辉.城市生态规划综述及上海的实践[J].上海城市规划,2012(3):6.

[3]郭燕,李家家,杜志雄.城乡居民收入差距的演变趋势:国际经验及其对中国的启示[J].世界农业,2022,518(6):5—17.

[4]新玉言.国外城镇化比较研究与经验启示[M].北京:国家行政学院出版社,2013.

[5]庞德良,唐艺彬.纽约都市圈的城市空间结构功能及其演化动力因素[J].社会科学战线,2012,205(7):252—254.

[6]Mayor of London. The London Plan:The Spatial de Velopment STR Ategy for Greater London[R].2021.3.

[7]SCHÉMA DIRECTEUR DE LA RÉGION ÎLE-DE-FRANCE. Île-de-France 2030[R].2013.12.

[8]陈洋.巴黎大区2030战略规划解读[J].上海经济,2015(8):38—45.

[9]曾刚,王琛.巴黎地区的发展与规划[J].国外城市规划,2004(5):44—49.

[10]游宁龙,沈振江,马妍,等.日本首都圈整备开发和规划制度的变迁及其影响——以广域规划为例[J].城乡规划,2017(2):15—24,59.

[11]吴唯佳,唐燕,向俊波,等.特大型城市发展和功能演进规律研究——伦敦、东京、纽约的国际案例比较[J].上海城市规划,2014(6):12.

[12]東京都都市整備局.都市づくりのグランドデザイン[R].2017.9.

[13]彭程,李京生.大巴黎地区都市农业空间分布的特征[C]//.共享与品质——2018中国城市规划年会论文集(18乡村规划).2018:1997—2012.

[14]茹蕾,杨光.日本乡村振兴战略借鉴及政策建议[J].世界农业,2019,479(3):90—93.

[15]那鲲鹏,方丹.国外复合型首都市郊乡村振兴模式研究——以巴黎为例[J].小城镇建设,2019,37(11):103—108.

（原载于《上海农村经济》2023年第8期）

第四部分

乡村治理

上海农村移风易俗现状及问题研究

(魏澜)

风俗是表征民众日常生活的一种特殊文化形态,作为民众日常生活的具象化,风俗是一种集体性、习惯性的文化模式。风俗反映了日常生活"既成性"和"未完成性、开放性",以及"自在性、非反思性"和"理所当然性"的特点。正因为风俗具有的这些特性与地域、族群文化差异,难以有一种统一的优劣标准。因此,"移风易俗"是一个需要漫长适应周期的过程。

移风易俗工作在中国社会的不同历史阶段呈现不同特点。本文主要包含以下四个部分:第一部分对移风易俗工作的历史变迁进行简要概述;第二部分总结了地方层面的移风易俗工作经验;第三部分关注上海市的移风易俗工作现状与问题;第四部分提出了针对上海市移风易俗工作问题的建议。

一、近现代以来我国的移风易俗工作

(一)民国时期的移风易俗

1927年国民政府建立后,不仅需要继承辛亥以来的诸多良风美俗,也要破除因北洋时期的"复古"而依旧兴盛的陋俗旧染[1]。民国时期可以说是中国从未有的中与西、新与旧的杂处、碰撞、融合的剧变时期[2]。民国时期,国民政府主导进行了一系列革命性的移风易俗活动。

1. 措施涉及民俗各个类别,全面推行

民国伊始,以孙中山为首的临时政府便着手推行全国范围内的习尚改革,包括改历改元、严禁鸦片、改革称谓、推行剪辫、劝禁缠足、严禁赌博、禁唱淫戏、管制娼妓、禁止体罚、废除刑讯、禁卖人口、解放贱民、酌改礼仪、树立新风等诸多方面[3]。以上海为例,根据民国期间的《上海特别市市政法规汇编(初集、2—7)》和《上海市政府公报》等资料统计,从1927年到1934年,上海市政府共出台各种变俗法规28项,由公安局、社会局、卫生局、教育局四个部门主办和参与主办的法规有27项,达96%以上,涉及物质民俗、社会民俗、精神民俗、社会陋俗各个类别,市政府针对各民俗事象的不同特点和现实情况,采取不同方式,逐层推进[1]。

2. 立新与破旧两个向度并重,革故鼎新

立新与破旧是移风易俗不可分割的两个方向。自民国后至国民政府成立,立新与破旧并行难以实现[1]。尽管移风易俗蓬勃,但传统习俗仍占主流地位,其中的蛮风恶俗难以铲除,新风新俗也难以普及[3]。北洋时期复古逆流,政策限制了改革步伐[1]。例如,四川绵阳仍盛行缠足风俗,女孩被迫缠小脚以迎合童年议婚风俗[3]。由于民国时期政权多次更迭,政府未进行深入的宣传教育,导致改革停滞[2]。1934年2月社会风气革新运动启动,从改善日常生活和提高国民素质入手,但在思想上融合了多种元素,引发质疑,未达预期效果[4]。在此期间,上海成为新生活运动的窗口,开展有组织的运动,团长徐庆誉和蒋介石的亲信钱大钧均对上海的成绩作出了较高的评价,移风易俗追求秩序生活在上海得以初步实现。

3. 移风易俗中,政府进行了一定的干预,倡导示范

在移风易俗的实施中,政府干预主要就是表现在舆论宣传和树立模范两个方面。以上海的集团结婚为例,政府通过广泛宣传和媒体介绍,推广集团结婚,包括在报纸、杂志上刊登《新生活集团结婚办法》、集团结婚的文章,以及邀请中外影片公司如派拉蒙、米高梅、福克斯等为婚典拍摄新闻片[6]。

此外,政府亲自参与举办和推广集团结婚,以示范和实践改革婚礼的方式。这种形式的婚礼收费低廉、形式新颖、程序简洁、规格较高,同时具有社会化色彩,具有社会示范效应。政府的积极介入有助于传达集团结婚"简单""经济"的同时又不失"庄严"的特点,促使更多人选择这一婚礼形式[6]。

民国时期社会风俗的现代转型,其总体趋向是以西方化为旨,以中西新旧风俗文化日趋融合为目标,促使国人的生活方式日趋现代化。然而,社会风俗的现代转型在此阶段还仅仅只是一个开始。

(二)1949年至改革开放中国共产党领导下的移风易俗活动

1949年新中国成立时,国家不仅经济贫困,社会风气也显腐化。娼、赌、毒现象普遍,党内不正之风凸显,封建迷信思想影响深刻,卫生状况堪忧,社会风气亟待整顿[6]。经过几年至十几年的整饬,20世纪五六十年代,中国共产党以构建一种以集体利益为重、平等互助的良好社会风气为目标,一定程度上促使社会风气发生根本转变。

1. 强制打击、说服教育相结合,转变社会风气

新中国成立后,社会制度的革新、社会结构的变动、社会关系的调整,冲击了人们的价值观念和社会风气。但要彻底改变世代传承的旧思想、旧习惯并非易事。毛泽

东等中国共产党领导人在推动社会风气转变时,采取了强制性手段,并主张强制与说服教育相结合的方法[7]。禁娼行动是其中之一,例如,北京市在1949年11月大规模展开了封闭妓院、取缔卖淫嫖娼的行动,一夜之间关闭了全市224家妓院,并抓获相关人员[8]。妓女被收容到生产教养院进行改造,各地采取多种方式帮助她们重返社会[7]。通过持续整治整改,到了50年代中期,性服务在社会上基本被取缔。与民国政府相比,中国共产党在中华人民共和国成立初期推动社会风气转变方面采取了更大的力度和彻底的措施。

2. 狠抓党风廉政建设,肃清不正之风

1942年2月,毛泽东在党内发表了《整顿党风学风文风》和《反对党八股》的演讲,要求全体党员积极学习理论知识,摒弃教条主义。整风运动随后在各级党组织范围内展开。毛泽东明确提出了"惩前毖后、治病救人"的方针,强调分析批评错误时要用科学的态度和有理有据的方式,同时注意挽救同志。这一原则强调了严格的党性,将党性培养与挽救同志相结合[9]。

解放战争爆发后,党的队伍不断壮大,但一些非无产阶级分子混入党内,脱离群众,侵蚀了党组织的健康。1947年12月25日至27日,毛泽东指出需要整顿和改编党的队伍,积极发动有革命觉悟的群众参与,加速解放战争的胜利进程[9]。

1950年5月1日,中共中央发布《关于在全党和全军开展整风运动的指示》,第一次大规模开展整顿党内作风的运动,主要对象是党内干部,重点整治脱离实际、官僚主义、违法乱纪等错误行为。1951年11月1日,中共中央东北局书记高岗提出"反贪污、反浪费、反官僚主义"的概念,并将其与反贪污运动结合。经过"三反"运动,党内整风取得了一定成果,涉及贪污的人员被查出,贪污总额高达6万亿元(旧币)[8]。

(三)改革开放至新时代前

改革开放对中国的经济和社会产生了深刻变革,提倡科学、文明、健康的生活方式。政府也积极探索了新的方式来实现移风易俗,以适应社会主义市场经济的条件。在新中国成立初期的历史转型中,强制性手段发挥了重要作用,塑造了新社会需要的社会风俗习惯。然而,在十一届三中全会之后,政府逐渐放弃了以强制手段为主的方式,采取了更为温和的方法,以避免出现极端化的结果[9]。

20世纪七八十年代,中国共产党开展了多种形式的教育活动,包括爱国主义、集体主义、社会主义、普法等,强调了勤俭建国和精神文明建设。党重视公民的道德建设,培养有理想、有道德、有文化、有纪律的共产主义新人[10]。1984年4月,中共中央首次明确了文明村建设活动的重要地位、总要求和目标[11]。

（四）近年来的移风易俗工作

表 1　　　　　　　　　　　　近年移风易俗相关政策汇总

时间	政策文件名	移风易俗相关内容
2015.06	《美丽乡村建设指南》第十章第三节乡风文明	开展移风易俗活动,引导村民摒弃陋习,培养健康、文明、生态的生活方式和行为习惯
2017.02	中央一号文件《中共中央、国务院关于深入推进农业供给侧结构性改革加快培育农业农村发展新动能的若干意见》第六部分第33小节统筹推进农村各项改革	培育与社会主义核心价值观相契合、与社会主义新农村建设相适应的优良家风、文明乡风和新乡贤文化。提升农民思想道德和科学文化素质,加强农村移风易俗工作,引导群众抵制婚丧嫁娶大操大办、人情债等陈规陋习
2017.10	《十九大报告》第七节第三条加强思想道德建设	加强和改进思想政治工作,深化群众性精神文明创建活动。弘扬科学精神,普及科学知识,开展移风易俗、弘扬时代新风行动,抵制腐朽落后文化侵蚀
2017.12	中共中央办公厅 国务院办公厅印发《关于建立健全村务监督委员会的指导意见》第四节第5条农村精神文明建设情况	主要是建设文明乡风、创建文明村镇、推动移风易俗,开展农村环境卫生整治,执行村民自治章程和村规民约等情况
2018.01	《关于进一步推动殡葬改革促进殡葬事业发展的指导意见》(民发〔2018〕5号)	坚持改革,移风易俗。坚定不移推行殡葬改革,把尊重生命、绿色文明的理念贯穿于殡葬改革全过程,大力弘扬社会主义核心价值观,把文明节俭治丧、节地生态安葬、文明低碳祭扫转化为人们的情感认同和行为习惯,传承发展优秀传统文化,破除丧葬陋俗,树立殡葬新风尚,促进人与自然和谐共生等内容
2018.02	中央一号文件《中共中央国务院关于实施乡村振兴战略的意见》第五部分(繁荣兴盛农村文化,焕发乡风文明新气象)第4小节开展移风易俗行动	广泛开展文明村镇、星级文明户、文明家庭等群众性精神文明创建活动。遏制大操大办、厚葬薄养、人情攀比等陈规陋习。加强无神论宣传教育,丰富农民群众精神文化生活,抵制封建迷信活动。深化农村殡葬改革。加强农村科普工作,提高农民科学文化素养
2018.06	《中共中央 国务院关于打赢脱贫攻坚战三年行动的指导意见》第三节第十条开展扶贫扶志行动	大力开展移风易俗活动,选树一批文明村镇和星级文明户,推广"星级评比"等做法,引导贫困村修订完善村规民约,发挥村民议事会、道德评议会、红白理事会、禁毒禁赌会等群众组织作用,坚持自治、法治、德治相结合,教育引导贫困群众弘扬传统美德、树立文明新风。加强对高额彩礼、薄养厚葬、子女不赡养老人等问题的专项治理
2018.09	《中共中央国务院关于实施乡村振兴战略的意见》第五节第四条开展移风易俗行动	遏制大操大办、厚葬薄养、人情攀比等陈规陋习。加强无神论宣传教育,丰富农民群众精神文化生活,抵制封建迷信活动。深化农村殡葬改革。加强农村科普工作,提高农民科学文化素养

续表

时间	政策文件名	移风易俗相关内容
2018.09	《乡村振兴战略规划（2018—2022年）》第二十六章第三节提升乡村德治水平	深入推进移风易俗，开展专项文明行动，遏制大操大办、相互攀比、"天价彩礼"、厚葬薄养等陈规陋习。加强无神论宣传教育，抵制封建迷信活动。深化农村殡葬改革
2019.01	中共中央印发《中国共产党农村基层组织工作条例》第五章第十六条党的农村基层组织应当改善农村人居环境，倡导文明健康生活方式	传承发展提升农村优秀传统文化，保护传统村落，加强农村文化设施建设，开展健康有益的文体活动。改善办学条件，普及义务教育。开展文明村镇、文明家庭创建活动，破除封建迷信和陈规陋习，推进移风易俗，弘扬时代新风
2019.01	《中共中央 国务院关于坚持农业农村优先发展做好"三农"工作的若干意见》第六节第二条加强农村精神文明建设	支持建设文化礼堂、文化广场等设施，培育特色文化村镇、村寨。持续推进农村移风易俗工作，引导和鼓励农村基层群众性自治组织采取约束性强的措施，对婚丧陋习、天价彩礼、孝道式微、老无所养等不良社会风气进行治理
2019.06	《关于加强和改进乡村治理的指导意见》第二节第八条实施乡风文明培育行动	弘扬崇德向善、扶危济困、扶弱助残等传统美德，培育淳朴民风。开展好家风建设，传承传播优良家训。全面推行移风易俗，整治农村婚丧大操大办、高额彩礼、铺张浪费、厚葬薄养等不良习俗。破除丧葬陋习，树立殡葬新风，推广与保护耕地相适应、与现代文明相协调的殡葬习俗。加强村规民约建设，强化党组织领导和把关，实现村规民约行政村全覆盖。依靠群众因地制宜制定村规民约，提倡把喜事新办、丧事简办、弘扬孝道、尊老爱幼、扶残助残、和谐敦睦等内容纳入村规民约
2019.09	中共中央印发《中国共产党农村工作条例》第三章第十六条加强党对农村社会主义精神文明建设的领导	加强农村思想道德建设，传承发展提升农村优秀传统文化，推进移风易俗。加强农村思想政治工作，广泛开展民主法治教育。深入开展农村群众性精神文明创建活动，丰富农民精神文化生活，提高农民科学文化素质和乡村社会文明程度
2019.10	中共中央 国务院印发《新时代公民道德建设实施纲要》第四节第五条广泛开展移风易俗行动	广泛开展移风易俗行动。摒弃陈规陋习、倡导文明新风是道德建设的重要任务。要围绕实施乡村振兴战略，培育文明乡风、淳朴民风，倡导科学文明生活方式，挖掘创新乡土文化，不断焕发乡村文明新气象。充分发挥村规民约、道德评议会、红白理事会等作用，破除铺张浪费、薄养厚葬、人情攀比等不良习俗。要提倡科学精神，普及科学知识，抵制迷信和腐朽落后文化，防范宗教极端思想和非法宗教势力渗透
2020.02	中央一号文件《中共中央 国务院关于抓好"三农"领域重点工作确保如期实现全面小康的意见》第四部分总第19小节充分发挥党组织领导作用	教育引导群众革除陈规陋习，弘扬公序良俗，培育文明乡风

续表

时间	政策文件名	移风易俗相关内容
2020.05	《关于开展婚俗改革试点工作的指导意见》 (此文件不属于主动公开文件,网上找不到原文)	要积极倡导和推广体现优秀中华文化的传统婚礼,不断赋予时代内涵、丰富表现形式,为增强文化自信提供优质载体。坚持以社会主义核心价值观为引领,传承发展中华优秀传统婚俗文化蕴含的人文精神、道德规范,强化道德教化作用,弘扬"风雨同舟、相濡以沫、责任担当、互敬互爱"的婚姻理念,充分发挥其在凝聚人心、引导群众、淳化民风中的重要作用。开展对天价彩礼、铺张浪费、低俗婚闹、随礼攀比等不正之风的整治,建立健全长效机制,助力脱贫攻坚,推进社会风气好转。适应现代社会家庭组织、家庭结构的深刻变化,加强以父慈子孝、夫妻和睦、兄友弟恭、长幼有序为基础的家风建设,强化孝敬父母、尊敬长辈的道德观念
2021.01	中央一号文件《中共中央 国务院关于全面推进乡村振兴加快农业农村现代化的意见》第五部分总第25小节加强新时代农村精神文明建设	持续推进农村移风易俗,推广积分制、道德评议会、红白理事会等做法,加大高价彩礼、人情攀比、厚葬薄养、铺张浪费、封建迷信等不良风气治理,推动形成文明乡风、良好家风、淳朴民风
2021.11	中共中央办公厅 国务院办公厅印发《粮食节约行动方案》第八节第23条持续推进移风易俗	持续推进移风易俗。倡导文明节俭办婚丧,鼓励城乡居民"婚事新办、丧事简办、余事不办",严格控制酒席规模和标准,遏制大操大办、铺张浪费
2022.01	《中共中央 国务院关于做好2022年全面推进乡村振兴重点工作的意见》第六节第27条创新农村精神文明建设有效平台载体	加强农耕文化传承保护,推进非物质文化遗产和重要农业文化遗产保护利用。推广积分制等治理方式,有效发挥村规民约、家庭家教家风作用,推进农村婚俗改革试点和殡葬习俗改革,开展高价彩礼、大操大办等移风易俗重点领域突出问题专项治理
2022.05	中共中央办公厅 国务院办公厅印发《乡村建设行动实施方案》第二节第15条深入推进农村精神文明建设	推进乡村文化设施建设,建设文化礼堂、文化广场、乡村戏台、非遗传习场所等公共文化设施。深入开展农村精神文明创建活动,持续推进农村移风易俗,健全道德评议会、红白理事会、村规民约等机制,治理高价彩礼、人情攀比、封建迷信等不良风气,推广积分制、数字化等典型做法

进入21世纪以来,中国农村生活方式发生了重要转型,伴随社会发展和变革,一些新的社会风俗问题浮现,包括人情攀比、铺张浪费、厚葬薄养、农村赌博、吸毒、嫖娼等。为解决这些问题,移风易俗工作方式、方法和方向发生了调整。

2017年12月,习近平总书记在中央农村工作会议上强调,要坚持物质文明和精神文明并重,弘扬社会主义核心价值观,加强农村思想道德建设,传承发展农村优秀传统文化,开展移风易俗行动,提升农村文明程度。

针对红白喜事与殡葬问题,党的十九大报告强调了深化农村殡葬改革和移风易俗工作的重要性。在如何培养良好的民俗乡风方面,各级政府和组织也提出了一系列具体的措施和要求,包括抵制不良社会风气,推动文明乡风,整治陈规陋习,以及加强农村精神文明建设等。

这些政策和措施旨在培育健康、文明、生态的生活方式,挖掘乡土文化,改变不良社会风气,提高乡村社会文明程度,以支持乡村振兴战略的实施。

二、上海市移风易俗做法

(一)上海当前移风易俗相关政策

表2　　　　　　　　　　　　　上海市移风易俗相关政策汇总

时间	政策文件名	移风易俗相关内容
2016.10	《上海市公民科学素质行动计划纲要实施方案(2016—2020年)》第二章第五条实施农民科学素质行动	开展资源节约、环境保护、健康安全、移风易俗、乡村文明等宣传教育,增强农民文明健康意识,提高农民科学生活的能力
2018.09	《上海市乡村振兴示范村建设指南》(DB31/T 1109—2018)第11.2.1部分	开展移风易俗活动,抵制农村婚丧嫁娶大操大办、盲目攀比、高额彩礼等不良习俗,树立勤俭之风;发挥村规民约和行为手册规范作用,建立健全村民议事会、红白理事会、禁毒禁赌协会等群众组织,广泛开展乡风评议
2018.12	《关于推进乡村振兴加强农村精神文明建设的实施意见》第三部分(实施方案)第二节开展弘扬时代新风行动	在乡村创新开展"听党话、感党恩、跟党走"宣传教育活动。制止餐饮浪费,培养节约习惯,深化移风易俗,发挥村规民约作用。继续开展文化、科技、卫生"三下乡"活动
2018.12	《上海市乡村振兴战略规划(2018—2022年)》第五章第1节强化乡风文明建设和第3小节开展弘扬时代新风行动	大力弘扬上海城市精神,深化市民修身行动,探索农民方便参与、乐于参与的修身新途径,努力提高农民思想道德素质和科学文化素质。弘扬中华民族敬老、爱老、孝老的传统美德,关心爱护困难老人,独居高龄老人的生活,不断提高幸福养老感受度。开展移风易俗行动,通过建立村规民约,广泛开展乡风评议,褒扬新风,鞭挞陋习。优化殡葬用地布局,推进节地生态安葬。合理引导红白事消费标准、办事规模,加强行业管理和服务,把道德要求转化为公序良俗。推进志愿服务行动,精心设计一批配合上海乡村振兴的志愿服务项目
2019.01	《上海市民政局贯彻落实乡村振兴战略规划实施方案(2018—2022年)》第二节第八条推进农村婚姻领域移风易俗	推进农村婚姻领域移风易俗。提升新时代婚俗改革的政治站位,健全婚俗改革治理体系。鼓励和推广传统婚礼,倡导和组织集体婚礼、纪念婚礼、慈善婚礼等形式

续表

时间	政策文件名	移风易俗相关内容
2021.08	《全力打响"上海文化"品牌 深化建设社会主义国际文化大都市三年行动计划（2021—2023年）》和《上海市民政事业发展"十四五"规划》第三章第五节深化绿色殡葬改革发展	稳步开展部分殡仪馆改扩建和搬迁，推动火化炉全面升级换代。深入推进殡葬移风易俗，完善殡葬惠民政策。加强殡葬工作人才队伍建设，发展殡葬科技和殡葬文化。创新殡葬服务与"互联网＋"融合发展，强化殡葬服务机构的信用监管
2022	《上海市乡村振兴示范村建设指南》（DB31/T 1109—2022）	开展移风易俗活动，抵制农村婚丧嫁娶大操大办、盲目攀比、高额彩礼等不良习俗，树立勤俭之风；发挥村规民约和行为手册规范作用，建立健全村民议事会、红白理事会、禁毒禁赌协会等群众组织，广泛开展乡风评议
2022.01	《上海市民政系统"八五"普法规划（2021—2025年)暨贯彻落实"谁执法谁普法"普法责任制的实施意见》第三章第四节推动实践养成	把提升公民法治素养的基本要求融入居民公约、村规民约、行业规章、社团章程等社会规范，融入诚信建设、法治示范创建、文明创建等活动
2022.01	《崇明世界级生态岛发展规划纲要（2021—2035年）》第二章第三节第1条构建资源节约型社会	弘扬崇尚勤俭节约的社会风尚，大力推动消费理念绿色化，推进农村移风易俗，推广绿色消费产品，引导居民自觉践行绿色消费
2022.02	《上海市公墓管理办法》第六条	公墓的建立应贯彻节约用地和移风易俗的原则。根据城市建设规划的要求，本市对建立公墓实行总量控制
2022.06	《上海市人民政府关于充分彰显都市乡村价值全面推进乡村振兴的实施意见》第五节第六条加强农村精神文明建设	持续深化文明村镇建设，常态化开展最美家庭、星级文明户等推选活动，深化拓展新时代文明实践中心建设。在乡村创新开展"听党话、感党恩、跟党走"宣传教育活动。制止餐饮浪费，培养节约习惯，深化移风易俗，发挥村规民约作用。继续开展文化、科技、卫生"三下乡"活动

在红白喜事和殡葬领域的移风易俗方面，上海市政府采取了一系列措施，包括建立村民议事会、红白理事会、禁毒禁赌协会等群众组织，广泛开展乡风评议，推动勤俭之风，优化殡葬用地布局，引导合理的红白事消费标准，创新殡葬服务与互联网融合发展，强化殡葬服务机构的信用监管。此外，政府鼓励新式婚礼，包括集体婚礼、纪念婚礼、慈善婚礼等形式。

在培育乡风文明方面，上海市政府提出了一系列政策，包括宣传教育提升农民科学素质，增强农民文明健康意识，提高农民科学生活的能力。此外，政府鼓励资源节约、环境保护、健康安全、移风易俗、乡村文明等宣传教育，制止餐饮浪费，培养节约习惯，深化移风易俗，发挥村规民约的作用，继续开展文化、科技、卫生"三下乡"活动，推动消费理念绿色化,推广绿色消费产品,引导居民自觉践行绿色消费。

这些政策和措施旨在引导和促进农村社会风气的积极转变,倡导勤俭、绿色、文明的生活方式,以支持乡村振兴战略的实施。

(二)奉贤案例

奉贤区的"农村集中公益服务点"和"乡村治理积分制",是上海市的典型与示范。

1. 农村集中公益服务点下沉式建设

奉贤区自2018年开始全面推进便民综合服务设施生活驿站建设,这些生活驿站包含多种功能,如农村集中公益服务点、助餐点、图书屋、亲子活动室等。截至2021年底,已经建设完成84家规模型生活驿站,其中包括17家农村集中公益服务点,这些地方不仅为当地村(居)民提供了婚丧宴席举办场所,而且注重充分利用农村空间,将旧厂房等改造成具有服务功能的公共活动空间,实现了社会化转型,提升了空间质量。

奉贤区以农村居民的需求为出发点,整合各项社区服务,推动服务下沉,制定了"奉贤区公共服务资源下沉至生活驿站项目清单",以实现社区服务的复合供给模式。举例来说,区市场监管局将药店功能融入生活驿站,区民政局则推进为老服务中心功能的整合。同时,借助大数据技术和其他网络手段,奉贤区还收集社区居民对生活驿站各种服务和活动的评价,以便更精确地满足群众需求,并根据需求来设计服务项目。截止到2021年,生活驿站已经举办了超过1.28万场各类活动,共吸引了23.76万余人次的参与。

2. 乡村治理中实施积分制落实到细处

一是"生态村组·和美宅基"是奉贤特色积分制项目。以"三清三美"为目标制定创建标准,以村组为单位开展创建,验收通过后以现金奖励形式直接发到农户手中。截至2021年,全区共发放现金奖励9.33亿元。

二是设置奖罚一体,促进组内村民自我管理。以村民小组为单位创建,只要一户不达标,即视为整个村民小组不达标,培养村民的集体荣辱观念。此外,设置奖励阶梯,并突出村民小组长的作用。在新一轮创建(2020—2022年)中设置积分星级,将积分五星村组、四星村组、三星村组分别核发每户每年3 000元、2 000元和1 500元的奖励,同时,村民小组长也将分别获得1 000元、800元和500元的奖励。

三是制定创建标准合理合情,科学设定方案。在标准设计上,制定了"三清三美"一级标准,即清"五违"、清群租、清垃圾、河道美、绿化美、民风美。在验收过程中,注重公平,把握好初步验收与实地验收的关系和重点标准与一般标准的关系。

四是全过程管理,聚焦事前事中事后。创建前,广泛宣传新形势、新政策、新任务,调动村民积极性。创建中,充分发挥党员的引领作用,积极参与违建拆除和垃圾清理工作,并推动职能部门协同合作。创建后,采用智慧化平台进行长期常态管理,将"生态村组·和美宅基"创建纳入奉贤云治理平台和"一网统管"城运平台,以建立全面监测机制。

3. 杜绝浪费首创新制度

在红白事餐饮方面避免浪费,强化制度建设,健全长效工作机制。结合"美丽乡村·美丽约定",将其纳入村规民约、行业规章等社会规范,纳入群众性精神文明创建、美育工程、新时代文明实践等重点工作,列为文明家庭、星级文明户等争先评优重要指标内容。尤其是首创"违规厨师黑名单管理制度",对宴席菜单采取格式化管理,鼓励办酒户选择平台预设标准套餐,严厉查处食品生产经营环节严重浪费食品行为。打造"贤殡大讲坛"文化品牌,共走进村(居)490次,覆盖3.1万人次。

4. 村规民约红黑榜,宣传力度新台阶

在指导完善村规民约建设方面,渐进式部署修订工作。2020年,部分村将"丧事从简、厚养薄葬"等内容纳入"美丽约定",金汇镇实现全覆盖。落实红黑榜、和美宅基奖励金、村民福利等手段,引导村民信守承诺,规范和约束村民行为。另外,常态化开展督约检查,对村组美丽约定中移风易俗执约情况进行检查,对不敢顶真碰硬,虚公示、假执约的村组,实行双重扣分。此外,坚持发挥党员干部在移风易俗中的示范作用,多渠道加大农村移风易俗宣传,利用各级媒体将《奉贤区殡葬服务指南》《奉贤区白事指南》等的内容进行宣传。

(三)松江案例

松江区的移风易俗工作强调党建引领和群众参与,通过党组织和党员干部的带头作用,以及群众的积极参与,推动社会主义核心价值观在农村深入传播和贯彻,夯实乡村治理基础。

1. 推进"好邻居"社区服务体系,助力农村集中公益服务点建设

松江区自2018年起积极推进"好邻居"社区服务体系建设,打造集社会价值体系、服务空间体系、社区服务体系、多元参与体系、考核激励体系五位一体的松江特色社区服务品牌,出台《关于推进松江区"好邻居"社区服务体系建设的实施意见》《关于进一步优化提升"好邻居"社区服务站功能的工作方案》,打造"1+5+X"空间体系模式。

2018年,黄桥村项目作为全市首个乡村振兴示范村和农村宅基地改革"双试点",建设了多功能公共服务中心,包括村民大食堂和幸福老人村等设施,提供便民服务和宴请场所。在其他7个乡村振兴示范村也正在配备类似设施,推动农村综合服务

发展。

2. 全民参与的村规民约建设

2020年,松江区发布《松江区关于做好村规民约和居民公约工作的指导意见》,规范了村规民约和居民公约的修订流程,将社会价值观和健康文明生活方式纳入内容,督促村民遵守,并设定相应惩戒措施。2021年,随着村(居)委会换届,全区84个村全面修订村规民约,鼓励村民通过约定自治活动,确保其合法性、可操作性,增强群众参与和认同感。村规民约的制定严格按照前期准备、征集民意、组织起草、征求意见、表决通过和备案公布等步骤,强调程序合法性原则。群众积极参与,签署承诺书,通过多种渠道宣传村规民约,实施执行强化,建立监督执行和奖惩机制,鼓励模范遵守并进行表彰。

3. 发挥党员干部在移风易俗中的示范作用

松江区下发了《关于深化"211＋工程"加强新时代居村干部队伍建设的行动方案》文件,党员干部积极执行移风易俗规定,将相关工作内容纳入组织生活会议程,用嘉言懿行垂范乡里,全面监督落实村干部婚丧喜庆事宜报备制度,发挥组织和群众监督作用,对违规党员干部进行处理。同时,区委宣传部多渠道加大农村移风易俗宣传,利用各种平台进行丰富多样的宣传报道工作,营造良好舆论氛围。

4. 规范婚姻殡葬领域的服务管理,加强移风易俗宣传,引导村民转变观念

第一,自我加压推动农村散埋乱葬整治,排摸问题坟墓,特别针对非法占用耕地的情况,督促各街镇(经开区)制订详细整治方案,倒排工作计划,深化"无烟祭扫",通过预约祭扫和提供网络祭扫等服务有效控制人员聚集,宣传鼓励文明低碳的祭祀方式。第二,实施节地生态型葬式建设,包括树葬、草坪葬、壁葬、海葬等,以及老墓改造和叠加节地型产品。第三,提倡节俭婚俗,创建婚姻服务品牌,举办大型结婚登记集体颁证仪式,倡导婚事简办,加强婚俗改革宣传引导,营造新风。

5. 组织在乡村治理中实施积分制

2020年,制定了《松江区加快推进乡村治理体系建设试点工作的总体方案》,明确在泖港、叶榭、新浜、石湖荡、车墩、佘山6个涉农镇启动乡村治理体系建设试点工作,重点培育全国乡村治理示范镇、示范村,并设立乡村治理示范村镇培育候选库,为后续推进乡村治理工作奠定基础。在此基础上,制定下发《松江区乡村治理清单制暨农村移风易俗工作实施方案》,明确要求各候选村将农村移风易俗治理事务转化为数量化指标,以积分制形式推进移风易俗。

(四)宝山案例

近年来,宝山区积极贯彻中央有关农村精神文明建设的工作部署,以全国文明城区创建和文明村镇创建为引领,不断完善长效机制,深化乡风文明建设,提升文明程度和村民素养。

1. 发挥"草根宪法"作用,加强村民自治组织

强化村规民约激励约束。在村规民约形成中鼓励村民全过程参与,通过议题收集、充分讨论、广泛征询等途径,让村民更深刻地理解村规民约。通过民俗活动、文化展览、文艺表演等村民喜闻乐见的方式,结合真实案例,深入解读村规民约;开展走访活动,结合村委会成员"四百"活动的开展,在"走百家门"的同时,用通俗易懂的语言加深村民对村规民约的掌握。规范村民自治组织运行机制。规范红白理事会、道德评议会等村民自治组织的运行机制,完善章程或相关制度。促进红白理事会、道德评议会等村民自治组织在推进移风易俗、破除陈规陋习方面发挥评议、规劝、约束作用。

2. 积极推进积分试点,运行积分兑换超市

宝山区罗泾镇试行乡村治理积分制管理,将移风易俗纳入积分管理,开发"宝善治"乡村治理积分系统,设置镇级观察端、村委审核端、村民登录端三级端口。积分体系主要包含村民议事、平安建设、文明新风、美亮村宅四方面的积分内容。依托现有小卖部、村集体闲置用房和党群服务站点等建设积分兑换超市,推出"17+X"积分兑换组合。截至目前,超过97%的本地常住户籍家庭主动参与,1家镇级、3家村级积分兑换超市投入运行。罗泾镇各试点村成立"积分制"评议小组,公平审核各类事项,使得积分管理、兑换透明化。其他3个乡村振兴示范村先行试点积分制。

3. 围绕重点排摸调研,推进农村公益服务点建设

近年来,宝山区在农村建设中,积极引导各村整合闲置土地和房屋资源,优化公益服务设施。2022年上半年数据显示,北部五镇已建立可供村民举办婚丧宴席的25个村级公益服务点,约占全区有较完整形态的村比例为33%。在乡村振兴和美丽乡村示范建设中,注重完善公共服务体系,如月浦镇月狮村2家睦邻点和罗店镇毛家弄村旧屋改造项目。罗店镇更是创新性地将原罗店人民公社大礼堂改建成覆盖5万居民的睦邻共享中心。

4. 推进文明实践行动,宣传倡导文明新风

宝山区大力推进文明实践,通过"我们的节日"活动传播优秀传统文化,组织"文明健康迎新年""舌尖上的文明""清明祭忆""浓情端午云祝福 致敬抗疫志愿者"系列活动。此外,启动"深化移风易俗,建设文明乡风"新时代文明实践系列活动,发布倡议书、开展道德评议等,引导村民婚丧宴席简办新办,如罗泾镇花红村红白理事会章程修订。

三、对策建议

（一）注重在移风易俗工作中权衡好风俗与法律的关系

改革开放后，我国法治现代化与国家法、民间法关系紧密。民间法在基层社会是实际运行规则，影响行为、心理、价值观。尽管移风易俗长期推行，国家法与民间法仍冲突，反映传统与现代、文化与法治精神冲突。移风易俗问题，也是建立现代法治秩序的挑战。

一是将民间风俗习惯作为国家法律的重要渊源。法律主要指的是国家制定法，但其需要经过一定程序和过程，而民间风俗习惯则是自下而上形成的，能够弥补制定法的不足之处，维护社会或共同体的稳定和谐。

二是在现代化范式与本土资源范式间寻求平衡。我国目前针对移风易俗的法律和政策上的顶层设计，一方面坚持对风俗的现代化改造，另一方面，也尊重其中的良俗。例如，我国《民法典》对"适用习惯"合法性的承认；2012年修订《殡葬管理条例》对"强制平坟"的纠偏。

三是在移风易俗工作中，应提出更为明确的法治原则。一方面应当坚守法治底线，另一方面应当承认法治的限度。比如，某村委会规定若村民违反规定举办红白喜事，村里有权剥夺其子女转学、上户口等权利，这就属于违法规定。

（二）注重在移风易俗工作中权衡好"新"与"旧"的关系

一是尊重价值观念变迁的历史发展规律，避免一刀切。辛亥革命引入的新式婚俗、男女平等理念，开启了新纪元；民国时期将"礼义廉耻"融入"食衣住行"。然而，"新"与"旧"的更迭并不可能轻易地"一刀两断"，需要一个缓慢的更新过程。

二是注重发挥乡村干部与地方精英在移风易俗工作中的引领作用。正如著名的马克思主义理论家葛兰西所提出的"文化领导权"理论所述，乡村精英阶层领导应通过"文化领导权"领导乡村习俗构建，如明清时期成熟的乡约碑、宗祠与族谱。

三是要倡导文化多元化，不能简单地以精英文化替代草根文化。精英和草根文化各自内生于不同群体，不可简单评价高低。地方文化和风俗差异巨大，政府引导应充分考虑文化和政治因素，融入现代乡村文明。例如，西南苗族地区通过乡贤影响力，规范本地村庄的丰收祈祷活动，形成文旅习俗项目。

（三）**迈向文化治理：转变移风易俗工作模式**

长期以来，乡村治理主要有两条路径：一是行政化路径，强调政府管理职责；其二是产业化路径，以增加农民收入为主要目的。乡村振兴时代要对乡村文化进行"再发现"，看到乡村社会治理实践中常常被忽视的文化的力量。

一是树立文化治理理念。文化治理是一个综合性概念,旨在建立一个由各利益相关方组成的共同治理体系,以实现公共文化事务的"善治"[12]。吴理财等(2019)也认为,在乡村移风易俗方面,乡村文化治理体系可助力乡村振兴战略[13]。然而,需要注意的是,过去的移风易俗实践中存在一些问题,如文化资源不足、挖掘不够、滥用误用以及主体对象错位等[14]。因此,在以移风易俗为导向的文化治理中,需要强调现代化和文化适应性,深入挖掘文化内涵。

二是构建新型的多元治理主体关系。文化治理的核心理念之一即是强调政府、民众、各级各类社会组织的多元治理主体之间关系。这有助于推进乡村治理能力现代化,促进法治、德治、自治"三治融合",实现移风易俗[13]。移风易俗的核心是改变乡村生活秩序,需要多元主体的共同努力,而不仅仅依赖政府或村干部[14]。特别是乡贤的参与至关重要,他们可以引领精神文化、监督不良风俗、协调村务事项,丰富村民的精神生活,发挥重要作用[15]。

三是革新社会治理模式。当前大多数地方政府仍处于从"管制型"政府向"服务型"政府理念转变过程中。革新社会治理模式意味着,政府移风易俗行动必须在文化治理理念引导下,转变既往的文化管理方式[12]。例如,在浙江开展的由村民自编自演的乡村春晚是当代农民"自我创造、自我表现、自我服务"的一种文化形式。以媒介化路径进行乡村文化治理,不仅可以摆脱工具化还是对象化的无谓争论,而且是对在地化和历史性逻辑的一种遵循,更是一种中介和反思[16]。

(四)将文化风俗转变为乡村振兴的发展资源

把握好上海文化多元特征,将文化风俗转变为地方第三产业发展的动力源。上海受西方文化影响,形成了海派文化,同时有江南文化和革命文化传统。作为国际化大都市,上海的农村也经历了多元化、现代化的变迁。如何更好地将上海的民风民俗与乡村产业和文化振兴相结合,是需要进一步考虑的问题。比如,可以借鉴日本的造乡运动,通过强化农产品流通、农民教育和农村文化建设等方式,发挥农耕民俗文化多样性,推动地方第三产业的发展。

参考文献

[1]艾萍.国民政府时期移风易俗特点探析——以上海为个案[J].郑州大学学报(哲学社会科学版),2014,47(3):167—171.

[2]伍野春,阮荣.民国时期的移风易俗[J].民俗研究,2000(2):59—70.

[3]吴效马.民国时期社会风俗现代转型的二重性特征[J].教学与研究,2004(12):57—62.

[4]中国中共党史学会编.中国共产党历史系列辞典[M].中共党史出版社、党建读物出版社,

2019:197.

[5]上海市新生活运动促进会编.上海市新运辑要[M].上海:上海市新生活运动促进会,1937:97.

[6]王欣.移风易俗中的政府作用[D].上海师范大学,2014.

[7]王颖.建国初期毛泽东移风易俗的经验和启示[J].现代哲学,2013(6):59-64.

[8]杨诗羽.新中国成立初期中国共产党移风易俗的实践探索与经验启示研究[D].西南科技大学,2021.

[9]蔡彬艳.延安时期党风廉政建设及其当代启示[D].西北师范大学,2021.

[10]周少玲.中国共产党移风易俗的历史进程与基本经验[J].党史文苑,2014(6):4-8.

[11]刘欢,韩广富.中国共产党推进农村精神文明建设的百年历程、经验与展望[J].兰州学刊,2022(1):15-26.

[12]唐钱华.乡村文化振兴中的移风易俗主题与政府角色转换[J].深圳大学学报(人文社会科学版),2019,36(6):18.

[13]吴理财,解胜利.文化治理视角下的乡村文化振兴:价值耦合与体系建构[J].华中农业大学学报(社会科学版),2019(1):16-23+162-163.

[14]杨旭东.利用农村优秀传统文化推动移风易俗的路径探索[J].河池学院学报,2021,41(6):20-28.

[15]李永萍.村庄公共性再造:乡村文化治理的实践逻辑——基于福建省晋江市S村移风易俗的实证分析[J].中国农业大学学报(社会科学版),2021,38(3):72-82.

[16]李敏,刘淑兰.移风易俗中新乡贤文化的时代价值及实现路径[J].辽宁行政学院学报,2020(2):80-85.

关于本市农村基层干群对乡村振兴工作评价及意见建议的调研报告

(王珏 刘旭辉)

农村基层干群是实施乡村振兴战略的主体之一,也是乡村振兴工作成效主要的见证者与受益者,了解基层干群对乡村振兴工作的评价及意见建议对于乡村振兴战略的深入推进有重要意义。为此,上海市乡村振兴研究中心改革发展部和规划项目部合力形成调研团队,在中心领导带领下,于2021年10月11—22日先后赴9个涉农区,选取10个镇、18个村[①]进行实地调研,共召开镇级座谈会10次、村级座谈会18次,线上线下共收集调查问卷660份(村民问卷301份,村干部问卷219份,经营主体问卷140份),形成近200万字的调研记录。现将调研有关情况汇报如下:

一、基层干群对乡村振兴工作认可度较高

(一)环境风貌持续改善

调研发现,农村基层干群对于环境风貌相关工作的推进与成效均给予了较高评价。一是村内干净整洁,人居环境质量明显提升。座谈会上,镇干部普遍表示"这几年真的是天蓝了水清了,农村变美了,总体变化还是很大的"。问卷调查显示,村干部对人居环境整治工作评价的平均分达到9.53分(满分10分,见图1),80%以上的被访村民对人居环境整治相关工作表示满意。各调研镇村积极推进河道治理、生活垃圾分类处置、农村生活污水处理、村庄绿化等工作,农村环境"脏乱差"现象消除,呈现出村庄整洁有序、水清岸绿景美的乡村景观。二是乡村基础设施逐渐完善,乡村生活更加便捷。调研显示,被访村民对养老睦邻互助点、体育锻炼设施与场所、乡村医疗卫生场所、村级活动中心的满意度都达到了85%以上。通过四好农村公路建设,调研

---

① 由于在本市乡村振兴工作推进中,乡村振兴示范村在重点任务落实方面资源投入更大、涉及内容相对更多、示范引领作用更强,本次调研的18个村中包含了10个乡村振兴示范村(腰路村、革新村、周泾村、天平村、吴房村、李窑村、水库村、新义村、东庄村、虹桥村)、1个美丽乡村示范村(富安村)、7个一般行政村(季桥村、永丰村、葛隆村、远景村、朱定村、曙光村、联农村)。

村基本消除了断头路,路灯、红绿灯配备齐全的平整硬化道路通到了村民家门口。革新村、天平村、吴房村等示范村对集中居住点实施天然气入户工程,获得村民一致好评。

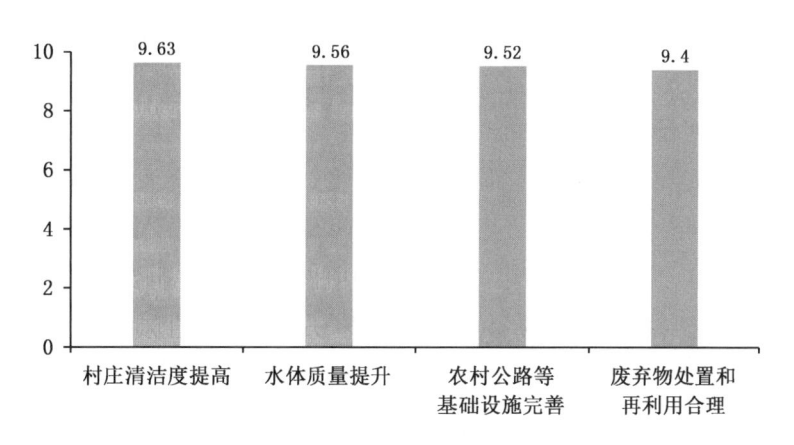

评价项目	评分
村庄清洁度提高	9.63
水体质量提升	9.56
农村公路等基础设施完善	9.52
废弃物处置和再利用合理	9.4

图1　村干部对人居环境改善工作的评分

(二)发展能级逐渐提升

座谈交流中发现,部分调研镇村基本形成了以都市现代绿色农业为代表的乡村产业体系,新产业、新业态不断出现,产业类型更加丰富。一是产业发展品质有提升。吴房村的漫也民宿、虹桥村的也山民宿、东庄村的衡山民宿等,同类型房间的价格可与部分市区五星级大酒店相媲美,周末高达2 000元一晚的标间甚至一房难求。清美、新然等农业生产经营主体加快数字化转型,通过数字赋能延长产业链,有效增加了农业附加值。二是经营模式有创新。浦江镇、泖港镇通过构建稻米产业化联合体,创建区域公用品牌,规范生产管理,实现产销对接,有效带动了从"卖稻谷"向"卖大米"的转变。外冈镇的新然农业发展有限公司通过流转方式将全镇土地集中起来开展经营,探索建设数字化无人农场产业片区。

(三)资源要素不断集聚

在座谈交流中,镇村干部对推进乡村振兴工作过程中市、区、镇三级资源投入力度,均给予较高评价。一是乡村建设资源投入大。镇村干部普遍表示乡村振兴相关工作的财政投入力度较大,例如,外冈镇分管领导表示仅示范村建设一项,镇里年投入就达到5 000多万元。问卷调查显示,被访村干部对各级政府加大乡村振兴资源投入力度的评分平均达9.51分。二是乡村人气、商业气、烟火气有所复苏。调研过程中,不少村民说,"年轻人现在愿意回来了"。很多调研村出现了网红打卡点,咖啡馆、露营地、民宿、农家乐等吸引了越来越多的游客前来参观游玩,给村里带来了人气。

如2021年国庆节期间,吴房村日均游客量达5 000人次,水库村日均游客量近3 000人次。

(四)乡村治理更加有效

座谈会上,镇村干部普遍反映对乡村治理工作投入了较大的精力,表示该项工作很有意义。乡村治理工作获得了广大村民的认可,被访村民对此项工作的满意度达到91%。一是村级治理组织架构日趋完善。各调研镇村积极加强农村基层党组织带头人和党员干部队伍建设,采取轮岗、挂职和选派干部驻村等形式,优化基层干部队伍结构。此外,社会各界人士积极参与乡村治理,如崇明区建设镇富安村由退休干部组建了"瀛佳夕阳红快乐群"和"富安瀛佳百户联盟",共同参与乡村振兴。二是乡村治理透明化。被访村民普遍反映,村干部"下楼"办公,拉近了与村民的距离。72.4%的被访村民表示村干部经常与其交流,宣传各种政策。村民对村干部信任度高,91%的被访村民表示,在遇到困难时会选择去村委会寻求帮助。

(五)公共服务日趋完善

座谈会上,镇干部一致认为农村的公共服务设施日臻完善,村干部提到的"城市的配套、农村的生活"这一目标触手可及。调研村均配备了养老睦邻互助点、体育锻炼设施与场所、乡村卫生室、村级活动中心等公共服务设施,88%的被访村民表示可以在15分钟内到达上述场所。15分钟社区生活圈的概念从城市走向乡村,村民们不用出村,就能享受部分城市社区的公共服务。

二、基层干群反映相对集中的问题

(一)乡村产业发展有障碍

一是在产业用地保障方面。调研中镇村干部普遍反映,虽然相关文件要求低效建设用地减量化形成的建设用地指标,以不低于5%的比例向休闲农旅等乡村产业项目倾斜,但实际操作过程中,一些地方在供地环节碰到了相关部门以工业项目产出标准来评估乡村产业项目的情况,用地需求往往得不到满足。例如,青村镇相关负责人告诉我们,"原想引入一个电竞项目,已经洽谈了八个多月,合同修改了十几稿,项目规划也都做好了,但是因为用地没有落实到位,项目就这样被搁置了"。二是在人才、劳动力方面。调研中发现,农村基层具备经营头脑、乐于奉献、事业心强的年轻干部相对不足。例如,崇明区建设镇有干部反映,"现在不要说挑个年轻的村支部书记了,我们连年轻的党员都没有,甚至连年轻人都没有"。究其原因,村干部们表示主要还是因为工作压力大、薪酬待遇低、上升空间小。此外,有近三分之一的受访经营主体谈到了劳动力成本过高和技术人才匮乏的问题。如何引进有想法、有知识的年轻人,成了镇村干部、经营主体共同面临的难题。三是在农业生产成本方面。被访经营主体普遍反映,土地、农资、人工等要素价格逐年攀升,农业生产成本越来越高。以水稻种植为例,劳动力成本已经占到总成本(不考虑地租成本)的60%。水库村某水稻合作社负责人给我们算了一笔账,"水稻亩产在1100斤左右,按1.5元/斤算,每亩产值1650元,扣除850元/亩的地租,再加上人工、化肥、农机服务等成本,基本没有利润空间,如果水稻没有补贴的话,基本上就是亏的"。

(二)乡村可持续发展有瓶颈

一是在长效维护机制方面。调研镇村普遍反映,示范村建设后,保洁、保绿、安保等长效维护支出压力大,各村每年增加了几十万到几百万元不等的开支。浦江镇的条线干部以革新村为例给我们算了笔账,"村里每年总支出接近300万元,其中绿化养护50万元,物业管理200万元,环境整治20万元,河道养护10万元"。由于"五违四必"整治与减量化工作的推进,集体经济造血能力普遍减弱,难以持续承担高昂的维护费用,有待建立稳定的长效维护机制。二是在乡村建设标准方面。座谈会上,镇村干部普遍反映目前乡村集中居住点基础设施配套、乡村产业引入等均参照城市标准,难以契合乡村建设实际需求。不少镇村干部表示,平移集中居住点供电等配套设施参照别墅区标准,远超实际需求。三是在规划衔接方面。部分调研镇村反映,"土地有红线,水务有蓝线",郊野单元规划和村庄布局规划及各专项规划间,存在相互"打架"的现象。

(三)农民获得感有待提升

一是在农民住房方面。被访村干部和村民普遍反映农民建房问题,由于规划空间限制,非保留保护村成了建房政策覆盖的"盲点",在短期内这部分村民的住房改善需求难以得到满足。保留保护村也存在一定问题,例如曙光村平移集中居住点建设处于"二调三调"过渡期,碰到了涉嫌占用永久基本农田的问题,房子建到一半被迫停工。对村民而言,则更为关心建房资格问题,认为16号令关于要求同时具备农业户籍和集体经济组织成员身份的建房资格规定不合理,导致很多村民因此丧失了建房资格权。此外,通过平移集中方式住上新房子的村民,迫切希望颁发产权证。二是在社保水平方面。部分被访村民认为养老金水平低,原农保转城居保村民的养老金收入约1300元/月,原镇保转职保村民的养老金收入接近3000元/月,而2020年本市城镇职工养老金平均水平为4779元/月,差距明显。访谈中,还有不少村民提到看病贵的问题,虽然新农合的报销比例与范围正逐渐向城居保靠拢,但对家庭经济条件一般又患重病的村民来说,扣除医保补偿部分后的剩余治疗费用仍然难以承受。

三、基层干群对乡村振兴工作的有关建议

(一)要减轻农村发展束缚,吸引人才,提升能级,推动产业发展

一是适当放宽乡村产业发展用地的用途管制。座谈会上,镇村干部普遍希望在用地方面能让镇村两级有一定的自主权,可以对土地指标进行统筹与调整,为农业向二三产业延伸创造条件。大部分被访镇村干部提到了设施农用地的用途管制问题,希望设施农用地可以在生产过程中用作临时性居住,方便耕种采收,减轻农民负担。崇明区建设镇虹桥村村干部建议,"对于乡村振兴示范村建设,在不违背法律规定的前提下,是否可以在调规、建设用地审批等方面增设绿色通道"。二是促进多元主体和更多人才参与乡村振兴。部分被访主体建议通过制度建设、政策保障等措施,吸引更多优秀的年轻干部参与到乡村振兴中来,继续推行驻村指导员制度,为乡村导入更多资源;要进一步培养引导乡村带头人、乡村职业经理人和乡村新型产业的专业创业者进驻乡村,引导各类人才投入乡村建设。嘉定区外冈镇某干部建议探索村干部转事业编的具体实施办法,"人在编在,人走编留";青浦区练塘镇东庄村村干部建议,"继续实行'三支一扶'等人才引进政策,引进人才要向农村倾斜,对我们少走弯路肯定能起到很好的作用"。崇明区建设镇虹桥村村干部建议通过直接落户或者增加落户积分方式来吸引人才投身乡村建设。三是要促进农业生产规模化、专业化、智能化。上海郊区的土地流转率已经达到90%,调研对象普遍认为需要对谁来种地进行制约。建议在土地流转环节设置准入门槛,明确转入主体的资质、转入规模、设施装备水平等条件,保证规模化、专业化的经营主体可以获得土地经营权。此外,还应通过引入龙头企业,打通乡村产业链的各个环节,创建区域公用品牌,打造集"产品、物流、销售"为一体的乡村产业体系。

(二)要加大财政转移支付力度,建立适宜的生态补偿机制、利益联结机制,推动乡村可持续发展

一是应加大城市反哺乡村的力度。在座谈会上,有镇村干部提到乡村为城市发展提供了支撑,建议城市发展在使用乡村低效建设用地减量化指标时,指标交易费按照一定比例补偿提供指标的镇村。此外,被访镇村干部普遍建议应落实党中央、国务院有关决策部署,从土地出让收益中拿出一定比例用于乡村基础设施建设和乡村产业发展,并将占比逐步提升到50%以上。二是要加大财政转移支付力度。被访镇村干部建议继续完善财政转移支付制度,优化转移支付结构,市级财政应进一步加大对中远郊地区的转移支付力度;区镇两级财政应加大对农村基础设施建设和公共设施维护的投入。例如,李窑村村干部说,"因为我们村是窄长形的,而窄长形的布局是不

利于乡村发展的,需要交通网络的支持"。永丰村村干部提出,"一些处于区镇边远地区的行政村在道路、污水纳管、天然气供应等方面存在一系列问题,希望公共服务和基础设施能够扩大服务半径"。三是要建立生态价值补偿机制。座谈会上,一些镇村干部认为社会资本在利用乡村自然资源和生态环境创造经济价值的同时,要为其利用的生态价值和美学价值买单。部分镇村干部建议村集体在引入社会资本时,以村庄人居环境、自然禀赋等作为生态产品入股,参与企业分红,切实增加村集体经济收入。四是要建立利益联结机制。针对示范村人居环境和基础设施维护成本高的问题,有镇村干部建议,"在引入主体负责乡村'投、建、管、用'一体化的运营管理时,要与村集体、村民间形成利益联结机制,村集体能参与它的分红,从而形成一个利益共同体"。还有部分镇村干部提议,在开展党建联建的同时,可以采用员工培训、定点消费、食堂采购等方式,带动乡村产业发展,促进集体增收。

(三)要关注农民住房权益,提高农民养老、医疗水平,提升农民幸福感和获得感

一是要改善住房条件。调研显示,郊区农民翻建住房意愿强烈,但目前仅有保留保护村的农户拥有建房资格,部分村干部建议适当放宽针对非农户口和非保留村村民的建房限制。部分村干部建议允许有翻建、修缮需求的村民,在保持面积不变的前提下自行操作。对于参加原镇保(现并为"职保")的村民,外冈镇干部说,"一些村民以他的集体土地承包经营权换了一个镇保待遇,可实际上他还是村集体成员,建议不要剥夺此类人建房的权利"。枫泾镇干部建议,"非保留村如果长期看不到撤并动迁的希望,又要让他们被动承受,这本身就是一种不公平,所以是不是能有一些政策的出口,允许非保留村里确实有翻建需求的村民翻建住房,这样可以带动我们整个村庄面貌的提升"。二是要提高农村基本养老保险和大病医疗补助待遇。大部分镇村干部建议城乡社保并轨,以缩小城乡退休居民收入差距。罗店镇有干部提出,"现在讲的共同富裕是农村自己的共同富裕,不是城乡之间的共同富裕,如果市政府能把新农合大病医疗补助标准提高到跟城市居民一样,才是真正的共同富裕"。三是要完善老年服务配套设施。部分被访村民认为目前的公共服务设施还不够健全,周泾村村民吴阿姨提议,"集中居住完成以后能建造新的老年活动中心,离集中居住点要近一点"。革新村村民刘阿姨则希望可以增加跳广场舞的室内场地。

四、我们的思考和建议

通过本次调研,我们认为本市乡村振兴工作的目标、思路、举措都是务实的,符合实际,具有很强的可操作性,相关工作的推进也获得了基层的一致认可和好评,老百姓均表现出较高的认可度和满意度。对于乡村振兴工作已经取得的成效,要加强跟踪、保持底色、防止退步;对于基层干群反映的问题及意见建议,要高度重视、及时研究、合理解决。调研团队针对相关问题多次深入讨论,认为基层干群反映的一部分问题是发展过程中的问题,随着乡村振兴战略的推进,可以得到有效的解决。另一部分问题需要引起重视,积极研究相关措施,确保乡村振兴工作稳步扎实推进,如共同富裕背景下农民增收的问题、乡村建设管理标准针对性的问题、乡村发展能级提升的问题等,需要深入研究。为此,我们提出以下三点建议:

(一)要多措并举,促进农民增收

调研过程中,几乎每个镇村都会提到农村集体经济发展的瓶颈和农民增收问题。如表1所示,2011年以来,本市城乡居民家庭人均可支配收入比虽然从2.32缩小到2.19,但收入差从20 586元增加到41 526元,绝对差值不断拉大。由此可见,在现有体制机制下,预计难以扭转城乡居民收入差距不断扩大的趋势。因此,在共同富裕背景下,我们建议市级层面须采取非常规措施,找到农村居民的新收入增长点,实现农民较快速度增收。

表1　　　　　　　　2011—2020年上海城乡居民家庭人均可支配收入

类型＼年份	2011	2012	2013	2014	2015	2016	2017	2018	2019	2020
城市居民家庭人均可支配收入(元)	36 230	40 188	43 851	47 710	52 962	57 692	62 596	68 034	73 615	76 437
农村居民家庭人均可支配收入(元)	15 644	17 401	19 208	21 192	23 205	25 520	27 825	30 375	33 195	34 911
城乡收入差(元)	20 586	22 787	24 643	26 518	29 757	34 487	34 771	37 659	40 420	41 526
城乡收入比	2.32	2.31	2.28	2.25	2.28	2.26	2.25	2.24	2.22	2.19

一是要摸清农民底数。建议相关处室对郊区农民进行精准分类,区分老年农民[①]、新型职业农民以及非农就业农民,摸清具体数量和各类农民的真实收入水平。可采用分层抽样调查的方式,于近郊、中郊、远郊分别选择样本点,摸清上海农村户籍人口、农民收入、第一产业从业人数等数据的真实状况,为上海三农工作决策提供切实可靠的依据。二是注重分类施策。针对老年农民和新型职业农民宜采取差异化的政策。建议给予老年农民额外的养老、医疗补贴,例如从土地出让收益中拿出一定比例用于补充城居保基础养老金账户,提升城居保基础养老金发放水平。对于新型职

---

① 老年农民为60周岁以上的本市农业户籍人员。

业农民,建议采取适当激励措施鼓励参与市场竞争,提高其经营性收入。另外,建议九个涉农区以区为单位设立共同富裕基金,每年从土地出让收益中提取一定比例来充实基金账户,同时积极引导包括国有企业在内的各类市场主体、社会团体弘扬公益精神,以现金方式投入共同富裕基金,参与乡村振兴。三是壮大集体经济。突破现有体制机制,放活农村发展权,促进乡村产业发展,增加非农就业岗位,增强农村集体经济的造血机制,在集体经济稳步发展的前提下,适当提高农村集体经济收益的分配比例,增加农民的财产性收入和工资性收入。例如,以镇为单位搭建集体经济增收平台,村级集体经济利用闲散资金入股,抱团发展,增强集体经济实力,参与项目投资,每年给予村集体一定比例的股息分红。

(二)要建立乡村建设的技术标准和管理体系

调研中,镇村干部普遍表示不清楚乡村建设标准,"民宿要按照金茂大厦的标准进行消防验收","集中安置点电力设施要按照别墅区的供电标准收费",如此一来,镇村建设压力很大。乡村建设有别于城市建设,在乡村振兴过程中不能直接套用城市的规范标准与管理方法,需要因地制宜,探索符合乡村实际的制度体系。一是增强技术规范与标准的针对性。针对民宿建设、基础设施配套等方面,宜根据乡村实际情况与发展需求,综合考虑区位、人口承载力等因素,研究建立专门的建设标准体系。二是研究制定精细化与灵活性相结合的乡村建设管理方法。针对现有政策法规,制定相应实施细则。同时给予乡村一定的管理弹性,在合法合规的前提下,对特殊情况一事一议。

(三)要进一步促进乡村发展的能级提升

调研发现部分村缺乏造血机制,主要是由于乡村产业缺失,发展能级较低。提升乡村发展能级,需要多措并举。一是探索多村联动发展模式,坚持资源共享、优势互补、抱团发展。建议乡村发展以镇为主体,镇级统筹,多村联动,资源整合,协调发展。镇级政府与各村村委会合力成立管理平台,管理人员由镇级干部与各村村干部组成。多村联动发展涉及的土地指标统筹、资金投入、效益分配、村庄管理、配套设施完善、可持续发展等问题由该管理平台统筹协调。探索从郊野单元(村庄)规划调整为联动发展区域规划,根据区位优势,确定各点位发展重点,协调产业布局,形成互补优势。二是打破体制机制,消除村际行政壁垒。联动发展区域内各村委会在镇政府的带领下,加强协作配合,推动建立多元化的跨越行政管辖边界的网络型关系。建立联动发展绿色通道制度,方便镇村之间、村村之间更高效地进行资源调配、任务分工、职能协调、信息共享。

附件：

1. 调研对象对乡村振兴工作成效的评价清单
2. 调研镇村乡村振兴工作存在的问题清单
3. 调研对象对乡村振兴工作的意见建议清单

附件1

调研对象对乡村振兴工作成效的评价清单

序号	评价内容	具体评价
1	美丽家园呈现新面貌	调研镇村道路干净整洁,人居环境大幅提升
		调研镇村基础设施逐渐完善,道路平整,部分村进行了污水纳管、天然气入户、停车场、便民服务点、路灯等基础设施逐渐健全,乡村生活更加便捷有序
		部分调研镇村推动相对集中居住,村民住房换新颜
2	绿色田园获得新发展	部分调研镇村农业产业高质量发展,设施装备、技术提升
		部分调研镇村农业产业绿色发展,绿色认证率提升,品牌效应凸显
		部分调研镇村农业产业抱团发展,经营体系逐渐完善
3	幸福乐园体验新感受	部分调研镇村注重传承历史文化,弘扬乡风文明
		部分调研镇搭建镇级增收平台,促进了集体经济抱团发展。调研村通过合资或合作的方式引入主体,促进集体经济发展;有的调研村通过发展总部经济增强集体经济实力
		部分调研村形成"薪金＋租金＋股金"的农民增收模式,收入增加,公共服务不断完善,农民的幸福感和获得感提升
		部分调研镇村通过搭建平台、联盟,促进三产融合发展
4	体制机制共建新方式	调研镇党建引领,成立工作专班,多部门共同协作,共同推进乡村振兴
		调研镇乡村振兴工作的重视程度提升,人力、物力、财力投入增多
		调研村村内自治趋于完善,村内井然有序

附件2

调研镇村乡村振兴工作存在的问题清单

序号	问题内容	具体问题
1	农业农村优先发展有待加强	农业农村为城市发展提供支撑,调研镇村减量化产生了大量建设用地指标,但用于乡村产业发展的不多
		调研镇村普遍存在集体经营性建设用地缺失、设施农用地备案难、民宿办证难等问题,农村发展受到诸多限制

续表

序号	问题内容	具体问题
2	发展不平衡问题突出	乡村和城市在养老收入、公共服务等多个方面存在差距,城乡发展不平衡
		近郊和远郊的调研镇村之间、调研镇村内部不同区域在资源投入、政策扶持等诸多方面存在差异,发展不平衡
		调研镇示范村建设资源投入倾向核心区,核心区与非核心区间发展不平衡
3	乡村可持续发展难	调研镇村农村面貌提升进行的各项建设成本支出高,后期需要大量维护费用
		调研镇村部分乡村建设与城市趋同,乡村特色价值有待保护
		调研镇村乡村老龄化严重,乡村发展受到人才和劳动力限制
4	农业生产缺乏竞争力	调研镇村农业生产存在"小散弱"问题,生产成本逐年升高,缺乏质量效益和竞争力
		调研镇村农业经营主体数字化、智能化设施装备普及率低,农业设施装备水平有待提高
5	农民获得感有待提升	规划空间限制导致非保留保护村成为建房政策覆盖的"盲点";保留保护村的农民建房资格限制严格,房屋翻建困难
		农村劳动力就业能力相对较低,养老、医疗水平偏低

附件3

调研对象对乡村振兴工作的意见建议清单

序号	针对问题	具体意见建议
1	农村发展权问题	建议产业项目引入综合考虑经济效益、生态效益、社会效益
		建议给予基层一定的政策空间,鼓励基层改革创新
		建议将农村产业引进等权力下放到村,让村集体掌握主动权
2	发展不平衡问题	建议城市发展使用乡村低效建设用地减量化指标时,指标交易费按照一定比例补偿提供指标的镇村,土地出让金中一定比例用于乡村基础设施建设和乡村产业发展。增强新片区、新城政策红利的外溢效应,对处于五大新城、临港新片区等辐射范围的乡村地区,允许享受新城、新片区的保税、人才、信贷等政策支持
		建议完善财政转移支付制度,优化转移支付结构,市级财政加大对中远郊地区的转移支付力度,区镇两级财政加大对农村基础设施建设和公共服务经费投入
3	乡村可持续发展问题	建议建立生态价值补偿机制,鼓励村集体在引入社会资本时,以村庄人居环境、自然禀赋等作为生态产品入股,参与企业分红,切实增加村级集体经济收入
		建议示范村建设建立"村集体+企业"的利益联结机制,投建管用采用相同主体,一二三产融合发展,实现示范村的可持续发展。党建联建的同时,向乡村进行资源倾斜,输入人才,给村民带来切实利益

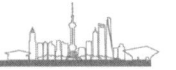

续表

序号	针对问题	具体意见建议
4	农业生产缺乏竞争力问题	建议设置经营主体准入门槛,招标时明确农地转入主体资质、转入规模、设施装备水平等。鼓励经营主体发展现代种养业,延伸产业链,发展农产品加工流通和休闲农业,提升农业质量效益
4	农业生产缺乏竞争力问题	鼓励邻近镇村经营主体抱团,片区化、集团化发展,创建区域公用品牌,标准化管理,发挥示范引领作用
5	农民获得感问题	建议适当放宽针对非农户口和非保留村村民的建房限制,允许拥有承包地的职保(原镇保)居民翻建房屋。对于严重损坏的房屋,允许在保持面积不变的基础上进行原址修缮、翻建。建议相关部门加快推进宅基地确权登记工作,颁发不动产证
5	农民获得感问题	建议提高农村基本养老保险、大病医疗补贴等福利待遇,将存量农民纳入城市社保范畴,提升农民养老待遇。深化收入分配改革,完善配套服务

示范引领　提升能级
上海积极探索多村联动发展新路径

(章慧　周洲　郑培泉)

自乡村振兴战略实施以来,上海大力推进乡村振兴示范村建设,有效促进了本市农村环境风貌全面提升,村集体经济快速发展,农民满意度不断提高。为进一步提升发展能级,发挥示范引领作用,部分地区积极开展多村联动发展的新路径探索。为摸清本市多村联动发展现状、总结经验做法、探索难题破解之策,市农村经济学会联合市乡村振兴研究中心、市农业科学院农业科技信息研究所先后赴宝山区罗泾镇、松江区叶榭镇和闵行区浦江镇开展了实地调研。

一、发展现状

按照不同区域联动发展的推进进度,多村联动主要分为三种类型:一是产业融合推动型,宝山区罗泾镇北部五村(塘湾村、海星村、花红村、新陆村和洋桥村)联动,以"一村一品"为切入点,以小体量、精品化、组团式的乡村产业发展为路径,整合邻近各村资源,形成"大生态、大健康、泛教育"的示范片区。二是集中居住牵引型,松江区叶榭镇三村(东石—兴达村、东勤村和堰泾村)联动,以农民相对集中居住为切入点,打破村域界线,全镇统筹资源,腾挪土地空间,规划构建生态文旅示范区。三是规划引领型,闵行区浦江镇六村(汇东村、汇南村、汇中村、正义村、光继村和永丰村)联动,规划打破各村行政边界,利用大治河沿岸生态绿廊,串联起六村产业、公服、文化和生态节点。

(一)产业融合推动型——宝山区罗泾镇五村联动发展现状

宝山区罗泾镇五村联动探索起步较早,汇集了塘湾、海星、花红、新陆、洋桥5个保留保护村,覆盖面积13平方公里,现已基本完成规划布局和基础设施建设,并已成为全市乡村振兴集中连片示范标杆区域之一。

(1)围绕康养、研学、农旅三大主产业,形成组团式产业发展格局。一是康养产业,引入盛大集团旗下馨月汇母婴专护服务(上海)有限公司,以塘湾村母婴康养产为龙头,以海星渔村＋运动森林基地、花红绿色米食基地、新陆绿色蔬菜基地和洋桥瓜果飘香的乡肴基地为支撑,依托原水生态环境,做强母婴康养和绿色农产品上下游产业链。目前塘湾村的母婴康养作为示范片主产业开始运营;海星村凭借特色养殖跻身全国"一村一品"示范村;花红村精品稻米获得中国绿博会金奖,收购价高出市场20%。二是研学产业,以新陆泾彩营地为核心,整合五村慈孝教育、农耕教育、渔事体验、爱国主义教育、萤火虫生态抚育科普、在地民俗体验等丰富研学内容,通过"1＋N"(1个营地＋N个基地)模式培育研学教育新业态。三是农旅产业,依托大都市近郊优势,按照"资源共享、利益分成、五村受益"的思路,以合作联村、宝锦农业统筹五村稻田产销加工,以正大景瑞农业统筹五村蔬菜产业链,以沪宝水产统筹五村水产养殖研发、生产、销售,以镇级平台公司统筹五村蟹逅馆、涵养林、星空营地、耕织园、十恩林、椿萱圃、芋见田园等新业态及庭院经济、四旁经济、林下经济等管理运营,发展全域农旅文新产业体系。

(2)聚焦资源集约共享,实现了空间联通互动。一是全面串联起了片区内各资源点。通过梳理片区内外交通,片区内实现了主路联村、支路成网,衔接、拓宽、修缮断头路,兼顾产业需求增设停车场和公交站点,在千亩涵养林、塘湾村生态停车场、集宁东路生态停车场等设置主要集散空间。二是统筹配置公共服务基础设施。塘湾建设了五村大型公共服务中心,新陆建设了五村研学教育接待中心,洋桥建设了五村及太仓农业的农机服务、米制品加工中心,同时以塘湾、洋桥为重点,结合三大产业,布局农家乐、休闲农庄、特色民宿等农旅相关公共服务基础设施。

(二)集中居住牵引型——松江区叶榭镇三村联动发展现状

松江区叶榭镇东石—兴达村、东勤村和堰泾村均位于上海西南的黄浦江中上游南面地区,靠近奉贤,由叶新—叶大公路串联,覆盖面积约19平方公里,目前已启动探索三村联动发展。一是推进跨村农民相对集中居住,分期将三村村民集中安置于叶新公路两侧,待农民搬进新房后,再拆除旧宅,复垦土地,并将节约的土地发展产业、建设公共基础设施等。目前,叶榭镇已完成东石—兴达村一期150户村民平移,二期150户村民已完成签约,房屋正在施工建设中。通过实施集中居住,减量低效建设用地,节地率均达到40%以上,同时也将原位于生活配套不完善地区的分散居住农户迁入主干道两侧的保留居民点,让村民享受与城市小区同样的市政设施、集中一体的公共服务,村民居住环境条件大大改善,满意度也大大提升。二是规划三村联创"一轴三片",发展叶榭镇东部生态文旅区,"一轴"即叶新—大叶公路城乡联动发展轴,"三片"包括:(1)大叶公路以南东石村片区,围绕松林智能化种猪场发展养殖产业;(2)兴达村片区,依托松丰蔬果专业合作社、中稔农业、八十八亩田、稻香森林发展农旅结合相关产业;(3)大叶公路东勤村北侧片区,将依托"东方童梦奇缘"亲子主题乐园,打造一个集亲子游乐+乡村休闲+科普教育+文化体验于一体的互动式乡村亲子主题旅游度假目的地。

(三)规划引领型——闵行区浦江镇六村联动发展情况

闵行区浦江镇汇东村、汇南村、汇中村、正义村、光继村和永丰村六村具有良好的联动基础,一是区域优势明显,六村西起黄浦江,北枕大治河,空间距离相近,乡土风情相似,距全市各个重点区域距离较近,是上海近郊唯一连片的原生乡居聚落;二是资源丰富,产业基础良好,六村村域面积14.83平方公里,含5 107亩林地、2 324亩河道、7 437亩耕地和6 356亩永久基本农田,农业企业、合作社共计38家;三是六村发展方向相近,郊野单元规划一致,且均为保留保护村,发展要求、土地规划相近。因此,浦江镇聚焦"产业优先、风貌协调、集群创建"理念,规划通过打破各村行政边界,由大治河沿岸生态绿廊串联起六村产业、文化和生态节点,建设"一带六村"发展格局,使得区域内田成块、林成网、水成系、路成环、宅成景。

闵行区浦江镇六村联动的总体实施策略为"一次规划、分步实施、先易后难、以点带面"。一是聚焦动迁、上楼、修缮,改善农民居住环境,腾出发展空间。二是发挥重大项目引领作用,统筹安排公共服务设施新建或提升,均匀布局公共服务配套设施,加快南部一体化发展。三是利用现有生态资源,提升景观风貌,体现浦江特色。四是统筹谋划"一带六村"产业发展,探索集体建设用地与社会资本合作路径,打造农业全产业链的同时实现村级收入多元化。同时,浦江镇计划将汇中村作为一带六村示范创建,包括新建1处公共服务中心,改造2处存量资产并对外招商,推进村域内道路、智能安防设备、绿化提升,强化"美丽庭院"和"小三园"建设,完成村域内现有合作社提升以及产业项目导入等。现已启动公共基础设施布局,为六村联动发展打基础。

二、经验做法

虽然三种不同类型的多村联动模式不一,推进进度不同,且均处于发展初期或过程中,但仍探索出了一些值得借鉴的经验做法,主要有以下四个方面:

(一)创新运营机制,强化体制建设

宝山区罗泾镇五村联动起步最早,已探索出一套有效的区域联动运营管理机制。一是统筹片区运营,在示范片区层面组建联村党委,设立第一书记,并建立联席会议制度和决策共商机制,实现片区内重大事务共商、项目共建、设施共享。二是注重村民参与,将不宜干预的村级治理难题通过民主程序纳入村规民约进行规范。如在示范片区推行"一事一约",各村将守约情况与享受村级福利、各级奖励相挂钩。三是强

化治理保障,优先将"一网统管"向示范片延伸,通过网格化管理、信息化支撑、社会化服务、积分制细化,增强村级治理效能。

(二)坚持全域一体,注重规划策划

三个联动发展片区均由区级层面整合各条线资源聚焦片区建设,镇级层面将"一村一规"改为成片的镇域郊野单元规划,整合各村资源禀赋,统筹把握功能定位、空间结构、产业布局,推动全域生态与产业融合发展。另外,三个片区均坚持先策划规划、后设计施工的思路,宝山区塘湾镇五村联动在建设之初即引入后期意向运营方,将发展需求融入乡村建设,片区按照康养产业项目落地需求,政府投入建设针对性的配套设施;松江叶榭镇以农民集中居住为抓手,优化空间格局,重构乡村生产、生活、生态空间,为产村融合与发展创造条件;闵行浦江镇计划以打破各村行政边界为抓手,均匀布局公共基础设施,为六村联动发展奠定坚实资源基础。

(三)注重产业培育,功能错位布局

产业兴旺是实现乡村振兴的首要任务,三个联动发展片区均十分重视重构乡村产业,激发乡村活力。宝山长江口五村联动由于达不到远郊乡村产业的规模化程度,整合邻近各村资源,围绕康养、研学、农旅三大主产业进行功能布局,以小体量、精品化、组团式的乡村产业发展为路径,形成了"大生态、大健康、泛教育"的示范片区。松江叶榭镇三村联动以农民相对集中居住为抓手,为打造"一轴三片"的生态文旅区腾挪土地空间。闵行浦江镇六村联动规划"一带六村"产业发展,探索结合当地资源禀赋和产业基础,打造出食贸村、生态村、数智农业村、农旅融合村、田园康养村、现代渔业村,最终实现"一村一品"。

(四)统筹公共服务基础设施配置,资源高效利用

三个联动发展片区均由区级或镇级政府统筹协调公共服务基础设施配置,发挥规模效应,提高资源利用效率,降低设施运维成本,促进乡村可持续发展。宝山罗泾镇五村在全面联通片区内各资源点交通的基础上,围绕产业发展需求布局公共服务基础设施,实现了跨村协同发展。松江叶榭镇三村规划在集中居住区集中配置建设水、电、气等市政公共基础设施,及养老、医疗等公共服务设施,可大大降低投入成本和后期运维费用。闵行浦江镇六村通过区级协调跨区道路连通问题,通过镇级协调跨镇的河道问题,并将光继村原来的村卫生室提升改造为社区服务中心,服务周边三个村村民,聘请全科医生坐诊,增设了中医门诊和康复理疗,集聚效应显著。

三、存在的问题分析

通过示范村引领,多村联动开展乡村振兴示范片建设,不仅能突破资源禀赋局限,实现集约发展,降低建设成本,还能提高基础和公共服务设施利用效能,提升产业发展能级。但通过调研,我们发现在多村联动发展实际工作推进过程中,以下五个方面的问题值得关注和深思。

(一)片区发展规划的科学性、前瞻性和有效性还有待进一步提高

多村联动发展涉及的区域广、主体多,发展的瓶颈制约更多、难度更大,启动建设前须充分研究,加强顶层设计和总体规划,并将基础设施建设规划、公共服务设施建设规划、产业发展和布局规划、土地利用总体规划、村庄特色风貌规划以及后期运营维护规划等有机融合、相互衔接,提高规划的科学性、前瞻性和有效性。此次调研的三个联动片区均做了前期规划,但规划的深度和广度不一。部分统筹功能定位、空间结构、产业布局,进行了统一规划,部分开展了基础和公共服务设施建设规划,目前建设多将生产、生活和生态区域进行了明确划分,但未形成优势互补产业联动发展规划,三生空间的系统性考虑也有待加强。另外,三个联动片区的规划多以满足土地约束和土地需求为导向编制,产业发展和村民需求导向未得到充分体现。

(二)产业发展能级及其与村集体和村民的利益联结还有待进一步提升

多村联动必须有特色产业支撑。能否形成产业兴旺的发展格局,是多村联动成功与否的重要一环。调研中我们发现,多村联动发展中通常都导入了产业,但产业能级普遍不高,主要表现为:一是引入主体竞争力不太强,大型企业资本导入少,村集体缺少引入企业集团的资源渠道和话语权;二是乡村产业以休闲旅游业为主,产业同质化现象较为凸显,周末经济特征比较明显;三是产业带动能力较为有限,乡村联动发展更多聚焦在乡村治理的联动,当前阶段还未实现区域内多村产业的长远谋划、统一规划、精细设计,同时引入的产业主体与村集体和村民之间的利益联结方式多为租赁,未形成紧密的利益共同体,乡村产业联动对村集体和村民就业增收的带动能力有待提升。

(三)空间布局调整过程中,多方利益的平衡和保障机制还有待进一步探索

多村联动过程中势必涉及空间布局调整,一是如松江区叶榭镇以农民相对集中居住为抓手,空间布局调整较大,老百姓们呼声强烈,配合意愿度较高,但无论"上楼"还是"平移"归并,未来能否解决好村集体之间或村民之间的利益冲突,在腾挪出发展空间的同时保障好农民权益是该模式能否成功的关键。二是如宝山区罗泾镇五村联动和闵行区浦江镇六村联动,虽然当地80%的农民住房已经翻建,规划中不用对农民住房进行大范围调整,但剩余20%的农民住房多位于"三高两区"沿线,规划中如何预留出合理空间,解决其住房问题也是该类模式未来需要重点考虑的问题。三是对于2000年1月1日后出生的农村家庭子女全部为非农户籍,根据市政府《上海市农村村

民住房建设管理办法》(市政府(2019)16号令),其不享有建房资格,但目前这一群体已陆续成年,结婚分户建房等需求迫切,发展过程中如何解决其住房问题也是未来关注的重点。

(四)村集体和村民在多村联动中的参与度和积极性均有待进一步加强

一是在目前的多村联动发展模式中,村集体在前期策划、规划和建设环节中参与较少,而后期则要承担或参与运维管理和养护等工作,不仅易增加村集体经济负担,还易导致建设成果得不到有效维护,浪费资金、资源。二是除松江区叶榭镇参与跨村平移集中居住的村民对此项目有较高的参与意愿外,对于该片区其他方面项目如产业发展项目、公建配套项目等,村民的参与度均有待提升。同时,由于信息不对称,多村联动发展的核心区村民参与度高于周边被带动的村庄,目前财政投入及公建配套设施的建设主要还是在核心村开展,非核心区域的村民对区域联动的了解和可能对自己生活带来的改善认知不足,也不知晓如何在多村联动发展中发挥积极主动作用。三是建成后片区的运营维护和利益衔接机制还未考虑成熟。多村联动发展中财政投入对基础设施、环境绿化等进行了一次性的高标准建设后,后续的维护多通过采购服务的方式完成,未充分考虑建成后的后期运营维护机制,缺乏促进村民共建的有效机制。

(五)农民相对集中居住后的治理工作还有待进一步研究

多村联动中,无论是通过"上楼"还是"平移"的方式实现农民相对集中居住,村民户籍未转性,集体经济组织成员身份未改变,仍然享有集体经济权益,而农民相对集中居住后,原有居住格局、生活方式、邻里关系发生变化,对农村社区管理提出了新的挑战与要求。若简单复制城市社区管理手段,委托服务费用往往会让村集体经济不堪重负,难以为继;若单纯沿用农村管理模式的集中居住社区,会出现管理品质不高、社区环境不佳的情况。围绕全新居住方式、多样的居住主体,各村或村与村之间如何协调并提升管理服务能力,如何推动既有管理模式转型,又切实提高公共服务设施运营效率等,都是未来值得关注的新情况、新问题。

四、对策建议

通过调研,我们感觉到,以示范村为核心,多村联动发展可能会成为未来本市乡村振兴的普遍模式,该模式有利于发挥出示范村的示范引领作用,优化资源配置效率,提升发展能级,但各区在实际推进的过程也遇到了许多新情况、新问题。综合此次调研情况,对多村联动发展提出以下五点建议。

(一)打破区划限制,确保多规合一,提高发展能级

乡村建设、产业发展等,均需要优势互补、错位竞争,形成联动发展合力,打造出自身核心竞争力。因此多村联动发展规划必须由区级政府统筹,打破原有行政区划和管理体制,提高统筹发展能级。一是要按照"资源共享、收益共享"的思路,在区域空间内,增强土地空间管理弹性,统筹盘活闲置或低效土地资源,支持乡村产业发展。二是在综合考虑上位规划要求、村庄发展条件和镇村意愿的基础上,做好基础设施建设规划、产业发展规划和土地利用规划等专项规划,并做到多规合一、布局科学,弹性空间预留合理,确保各项规划能落地生效。三是坚持投建管用一体化,按照建管并举思路,统筹确定投建管用各环节主体,做深做细建设方案,将联动建设后区域内的运营管理方式、管养资金筹措计划等纳入实施方案,避免前期投建与后期管用出现脱节。

(二)坚持产业优先,培育乡村经济发展新动能

多村联动发展中最核心的是要做大做强乡村产业,以产业带动发展,为乡村注入强劲的动力。一是要加快构建现代农业产业体系、生产体系和经营体系,围绕现代农业发展方向深化改革,盘活乡村各类资产资源,大力推进农村一二三产业融合发展,因地制宜发展绿色农业、品牌农业、休闲农业、体验农业、健康农业等新产业新业态。二是紧扣产业发展需求,根据本地资源禀赋条件,辅以政策扶持,充分发挥自身资源优势的功能角色定位,做大做强产业链,比如宝山罗泾五村联动,以康养产业为抓手,做强产业支撑。三是坚持科技创新助力产业振兴,用科技和装备引领农业高质量发展,综合利用高新农业技术、高端农业设备、现代管理经验,提升先进技术装备、现代生物技术、精准化信息技术等的产业支撑水平。

(三)建立多方共享的利益联结机制,充分保障村集体和村民发展权益

在多村联动发展中,应以农民利益为出发点,以实现共同富裕为基本目标,充分保障集体经济组织和村民权益,激发村民参与乡村建设的内生动力。一是在腾挪空间、调整土地指标过程中平衡好村集体之间和村民之间的利益关系,实施农民相对集中后,还需进一步解决确权颁证等问题,保障好村民权益。二是引进项目、发展产业的过程中,在涉及土地流转、资源占用、基础配套的设施建设等事项中,要把村民利益作为首要考虑的对象,形成与村集体和农民利益联结机制,保障村集体和村民能分享项目运营、产业发展增值收益,保障农民从集体经营收入中公平获得收益分配的权利。三是要以尊重村民意愿、方便群众生产生活、保持乡村功能和特色为原则,切实保障村民的知情权、决策权、参与权和监督权,充分发挥村民的主体地位,调动广大村民的积极性、主动性、创造性,注重满足村民不同利益诉求,让他们在多村联动发展中获得更多荣誉感、归属感、获得感和幸福感。

（四）注重要素保障，加大人财物优化配置和支持力度，调动村民的参与积极性

一是坚持政府主导、市场主体和村民共同参与，三方合力形成共建、共管、共享的长效运营模式，其中政府主要做好基础和公共服务设施建设和投入，打好发展基础；市场主体作为主要承担者，发挥在资源配置中的决定性作用，运营好产业；村民作为主人翁，参与乡村治理与长效维护，营造文明乡风。二是强化"钱地人"等要素支持，整合资金优先投向联动发展片区，支撑乡村建设；加强用地供给，新增建设用地指标向联动片区产业发展倾斜，保障乡村发展；配套政策，促进人才集聚，建设乡贤文化，用优秀的人才带动乡村焕发活力。三是坚持以民为本，一方面发挥好村两委联系群众、服务群众的功能，把广大村民的思想统一起来，增强村民自治力量，加大民主决策力度，建立村民参与的监督和考核机制，调动村民参与示范片建设的积极性，另一方面以方便村民生产生活为原则，充分听取广大村民的意见，在近期规划中解决村民最关心、最急切、最有可能实现的问题，使村民短期内能看到成果，提高其参与积极性和对规划落地的支持力度。

（五）坚持党建引领，以民为本，做细做实联动区域内农民相对集中居住后的社区治理工作

多村联动区域内的农民相对集中居住后，经济地域、生活方式、邻里关系均发生"质"变，农村公共服务设施集中配置、标准普遍提升，乡村治理面临新挑战。建议一是坚持党建引领，成立"村居联盟"或施行"多村管理联席会议"，共同组成村居委党组织，搭建联席会议平台，增强党组织统筹社区资源能力。二是深化居村委会规范化建设。完善基层组织建设，厘清相对集中居住社区居村委会职责权限。协商制定完善村规民约，通过设立红黑榜、积分制、开展评比等活动，调动村民积极性，推动自治条款落实到位。三是提升基层干部队伍能力。选优配强基层队伍，夯实党小组长、村民小组长、妇女小组长"三支队伍"，以提升胜任力为核心，加强专项培训。

（原载于《上海农村经济》2022 年第 11 期）

农民相对集中居住社区的治理问题及其对策

——以上海市为例

（章慧　胡晓滨　单金　张乐钰）

随着乡村振兴和新型城镇化战略向纵深推进，推进农民相对集中居住成为保护耕地资源、实现集约发展、优化镇村布局结构、改善农民生活条件的重大民生工程。而农民集中居住打破了传统农村居住格局和社会结构，农民集中居住新型农村社区应运而生，给基层治理带来了巨大的挑战。本文以上海市嘉定区、金山区、松江区等地为例，着力厘清在农民相对集中居住背景下农村社区治理现状，探索难题破解之策。

一、治理现状

上海市农民相对集中居住社区可分为进城镇集中居住社区（"上楼"社区）、向规划保留村平移社区（"平移"社区）两类。

"上楼"社区，以嘉定区外冈镇、金山区廊下镇为代表，基本采用城市社区管理模式。社区治理方面，村居委、物业公司、村民三方协作共治。集中居住社区存在村委会和居委会共存情况。村委会对所属村集体的居民负有物业管理经济责任、助困帮扶责任，村民仍然享有参与村委会选举、相关村级事务决策权利。物业费构成方面，政府、村集体、村民三方共筹共担。其中，远郊地区物业费用以政府补助、村集体经济筹措为主，村民自付比例较低。

"平移"社区受经济发展水平、村民习惯、治理基础等因素影响，管理模式各有不同。公共基础设施长效管理可分为三类：一是村民自管型，以金山廊下镇特色民居为代表。该村为跨村平移，共涉及6个行政村，农户698户，成立特色民居管理委员会，形成"6+3+N"自治管理模式。"6"，即6村联席会议。"3"，即网格长、志愿者、能人"三支"队伍。"N"，即多家区域化党建结对单位。村内保洁、保安事务由本村村民承担，经费在上级转移支付中安排。二是村民与第三方共管型，以松江黄桥村为代表。该村整村平移，涉及农户470户。村委会计划聘请专业公司开展保洁、保绿、保修和综合治理,村民负责宅前屋后清洁、垃圾分类。相关管理费用由村集体与村民共担,其中,"大头"由村集体经济承担,引导村民出"小头"。三是全委托服务型,以闵行同心村为代表。该村"上楼""平移"齐步走,新建"平移"居住区共计44户,社区设施及保洁、保安等管理全部委托第三方公司,服务内容与城市小区基本一致,年服务费用由村集体经济组织承担,村民不支付相关费用。

就农民集中居住社区为老服务情况而言。全市镇(街)有"院"、片区(村)有"所"、村(组)有"点"的农村养老设施网络已建成。从调研情况来看,"上楼"社区公共服务设施由城镇公共服务体系承担,小区内部设施按标准配齐。"平移"社区公共服务设施,通过集中布设中心枢纽型服务中心、提升原有设施功能等方式,满足村民需求。"平移"社区一些大型为老服务设施、红白喜事设施一般具有区域共享功能。

二、治理问题分析

农民相对集中居住后,农村公共服务设施集中配置标准普遍提升,农民居住环境发生"质"变。但是,农民相对集中居住后,原有居住格局、生活方式、邻里关系发生变化,对农村社区管理提出了新的挑战与要求。围绕全新居住方式、多样的居住主体,如何提升管理服务能力,推动既有管理模式转型,切实提高为老服务设施运营效率,是值得深思的问题。

社区现代化程度提升,人口结构多元,对社区管理服务提出了更高要求。以"平移"社区为例,公共基础设施按城乡融合标准配置,智能化、信息化设施及绿化美化景观增加,原有保洁力量已不完全具备管理新设施的技术和能力。跨村"平移"社区,农村"熟人社会"规则一定程度上被打破,各村风俗习惯不同,遇到矛盾"互不买账"的情况时有发生。

村民适应新生活需要过程,转变与完善农民集中居住社区管理模式是一项长期的任务。农民长期以来形成的固有观念和习惯,认为集体经济是公共支出主要来源,缺乏"花钱买服务"意识,第一轮宅基地置换试点小区经过十余年努力,村民才逐步接受物业费缴纳。农民有堆物、晾晒、种菜、饲养家禽等习惯,相对集中居住后,环境脏乱问题易显。此外,探索城乡融合、农村特色、经济可持续的农村房屋及设施设备管理机制是一项新课题,缺乏成熟路径,行业指导等方面还有空白。

围绕精准提供符合农村老人需求的服务,农村养老设施的适配性还需要加强。乡村为老服务设施建设虽已实现"从无到有",但如何体现"从有到优"还需深化。调研中发现,一些集中居住社区为老服务设施一应俱全,但还未能充分契合老年人实际需求,对于照护床位、助餐室等设施,村民需求并不迫切,老人更需要的是医疗服务、就近社交空间,村干部定期上门关怀,给予日常照料。

总的来看,基层管理人员、村民对集中居住产生的变化都存在调试和适应过程,集中居住社区治理需要因村而异。简单复制城市小区管理,服务费用往往不堪重负,单纯沿用农村管理方式,易出现管理品质不高等情况。嘉定外冈、金山廊下等相对成熟的集中居住社区,虽积累了不少有益经验,但对照社会化、法治化、智能化、专业化、精细化要求仍有差距。

三、治理的对策和措施

推进农民相对集中居住是上海实施乡村振兴战略的"牛鼻子"工程,承载着广大农民对改善生活居住条件的期盼。随着项目深入实施,更多的农民集中居住社区将建成并投入使用,如何创新管理模式,建立健全全民覆盖、普惠共享、城乡一体的基本公共服务体系,在现代化管理方式、管理手段赋能乡村的同时,保留和传承睦邻友善、守望相助的传统文化和浓浓温情,具有重要的现实意义。综合此次调研的情况,对优化集中居住社区治理提出如下建议:

坚持党建引领,将党的领导作为做好集中居住社区治理的根本保证。将党的建设贯穿治理全过程,增强党组织统筹社区资源能力。深化居村委会规范化建设,厘清居村委会职责权限。选优配强干部队伍,夯实党小组长、村民小组长、妇女小组长"三支队伍"。开展党建联建,推广"红色物业",加大国有企业、集体企业物业服务支撑。推进资源下沉,支持村居通过奖补、奖励方式开展公共基础设施长效管理。

坚持统筹谋划,建管并举推进农民相对集中居住。统筹安置房源,充分利用商品住房配建等优质房源,为村民融入城市生活提供条件。优化"平移"集中居住区选址、合理确定规模,提高规模效应。做实做细村民工作,充分尊重农民意愿,提前宣传、共同谋划管理方式,达成共识。深化社区规划,尊重乡村习惯、传统空间需求,合理设计公共景观,降低运维管护成本。为村集体留存管理用房,统筹集中居住和乡村产业发展,建立社区"造血"机制。

坚持分类施策,探索构建有特色、有活力的社区管理方式。"上楼"社区逐步向城市社区管理模式过渡,"平移"社区因地制宜制定购买服务清单。将城市网格化管理延伸拓展至乡村,加大集中居住社区"数字"赋能。更多发挥村民自治力量,通过民主决策确定服务单位和内容,通过红黑榜、积分制等,推动自治条款落实到位。注重激活农村劳动力资源,加强本土物业专业人才培养,身体健康、有就业意愿的老年农民可纳入保安、保洁、保绿队伍。

坚持以民为本,建设满足老年人需求的养老服务设施。深化农村养老服务供给侧改革,立足老年群体服务需求,精准提供养老服务和资源配置。丰富社区医疗服务形式和配药种类,布局老人社交活动小微空间,发展邻里照护。推进枢纽型"养老服务"资源区域共享和市场化运营,统筹养老资源。推广奉贤"青春里"养老社区"时间银行"等做法,推进集中居住后闲置农房盘活和利用,探索"以房养老"模式。

(原载于《农村工作通讯》2022 年第 12 期)

突发公共卫生事件下上海乡村治理的经验、问题及建议

(张乐钰 单金 章慧 詹志敏)

2022年春夏之际,大规模暴发的新冠疫情是对上海市乡村治理体系和治理能力的一次"大考",乡村地区在市委、市政府的统一领导下,切实做到疫情防控和农业生产"两手抓""两手硬""两不误",在稳住抗疫"大后方"的同时,全力保障"米袋子""菜篮子"等产品有效供给,为打赢大上海"保卫战"作出了重要贡献。但疫情也是一面镜子,同时反映了当前本市乡村治理中的短板。为进一步提升本市乡村应急处置能力,健全常态化管理与应急管理动态衔接的基层治理机制,提高本市乡村治理体系和治理能力现代化水平,课题组以上海72个行政村(覆盖9个涉农区,含乡村振兴示范村、美丽乡村示范村、经济相对薄弱村等不同类型)为样本村,分别对村干部、村民和经营主体进行了疫情防控期间工作生活情况、抗疫工作满意度及疫情后发展趋势研判等方面的问卷调查,共收回村干部有效问卷87份、村民480份、经营主体177份。此外,还对部分样本村开展了实地调研。

一、上海乡村地区应对突发疫情的经验做法

(一)党建引领夯实疫情防控组织基础

面对此次疫情,各级党组织和广大党员冲锋在前,为有效遏制疫情传播扩散、夺取疫情防控的全面胜利,织密织牢了防护网。一是下沉力量迅速夯实一线。为充实基层抗疫力量,广大党员果断下沉,帮助解决群众急愁难盼问题,70%的被调研村有下沉干部参与支持抗疫,宝山区罗泾镇建立点对点联络机制,每位分管领导结对2个村,结对村如有物资保障等方面的困难可以直接联系镇领导,由镇领导协调解决。二是党员干部带头奉献。被调研村干部和党员平均每天的工作时间在16小时以上,有86.25%的村干部超过60天没回家,在宣传防疫知识、政策,解决物资保供,就医配药,组织核酸检测等方面发挥出先锋模范作用。但调研中村干部们均表示"作为党员,这都不算事儿"。三是组织保障打通保供堵点。上级党组织充分发挥组织优势,

凝聚疫情防控"红色力量",做好稳产保供,盘活因疫情阻断的农产品供销渠道,为"两新组织"办实事、解难题。有89.3%的被调研经营主体在疫情防控期间获得过村党组织或政府在防疫物资、生产资料、物流运输等方面的支持和帮助。疫情防控期间,奉贤区委组织部牵头成立"红色帮帮团",一方面由170名村书记与165名居民区书记形成合力,通过村书记"上单"、居民区书记"晒单"、居民自愿"下单"的形式,打通农产品从田间送到社区的快速通道。另一方面区委组织部与区工商联和区经委联合组建"云上"供需对接平台,助力企业复工复产、提速增效。被调研村民对疫情防控期间村内治理工作的满意度达98%,被调研经营主体对疫情防控期间治理工作的满意度达96%。

(二)多元共治筑牢疫情防控社区防线

在大力推行乡村振兴战略的背景下,部分村已建立较好的共治基础,在此次疫情防控期间,可以快速组织、凝聚并调动多元共治力量,形成政府主导,基层党组织引领,本村村民带头,流动人口、社会组织和社会力量协同参与的抗疫新机制。一是村民"主人翁"意识有效发挥。此次疫情防控期间,部分村村民在党组织的号召带领下,不计报酬,义无反顾地投身于志愿活动中,有78.3%的被调研村民参与了本村的志愿者服务活动中,其中,79%的村民协助了核酸或抗原检测、采样,68%的村民参与了村内巡逻和防疫工作,67%的村民参与了运送、分配物资。奉贤区迎龙村的"迎龙公益服务社"在应急状态下,快速转化成一支有组织、有纪律、高效运转的志愿者队伍,协助开展防疫宣传、卫生清洁等工作。二是流动人口治理活力有力激发。部分村委会积极调动流动人口的治理力量,建立相应的志愿者队伍,有71%的被调研村内疫情防控期间志愿者队伍中有外来务工人员力量。闵行区芦胜村在日常志愿活动中成立了"客家人"队伍,此次疫情防控期间,原住民与"客家人"团结合作,实现"1+1>2"协同效应。三是社会组织和社会力量积极参与。部分与村级建立良好沟通交流机制的经营主体,在疫情防控期间都主动"给人、给钱、给物",全力保障应急条件下的民生需求,有36%的被调研村疫情防控期间的食品和日用品来自社会组织捐赠,21%来自本村经营主体捐赠。有87%的被调研经营主体参与了所在地的抗疫活动。金山区待泾村与蓝城集团开发了"花开海上生态园"产业项目,此次疫情防控期间,集团工作人员不仅安排公司员工参与村内志愿服务活动,还免费提供观光车给医务人员作为流动核酸点。

(三)网格治理织密疫情防控"安全网"

网格化治理是提升基层治理精细化水平的主要手段,是国家治理重心下移的重要载体。上海乡村地域较广,农户居住相对分散,道口较多,把控较难。基层干部均表示,"网格管理做得好的村,这次疫情就控制得好"。部分村通过"网格"实现了村内人员管理全面覆盖,信息在网格中即时响应、服务在网格中精准送达。问卷调查显示,98%的被调研村都已建立网格化管理体系。将近80%的被调研村在网格化管理体系中实现了组织全覆盖,并将党建网格、管理网格、服务网格统筹整合运行。嘉定区华亭镇从镇域统筹划分网格,凝聚各方合力共同抗疫,不定期组织网格联络员召开视频例会,做到了上情下达、下情上报。同时,建立通报机制,与职能部门保持沟通联系,督促相关网格化工作得到有效落实。闵行区汇红村建立了"1215"户联网自治模式,即1个村干部包联2个村组、1名党员包联5户村民,结合"红黑榜"制度,将村民自治表现计分"上墙",激发了村民的自治动力。在疫情防控期间,依托成熟运行的自治模式,村民自觉遵守防疫要求,相互监督执行情况。

(四)数字技术提升疫情防控工作效能

数字化治理既能为乡村治理科学性、时效性提供科技支撑,又能为乡村治理现代化提供新的方法路径。疫情防控期间,通过采用二维码、微信群等数字化手段,基层干部在消息传达、信息登记等方面,摆脱了纸笔的烦琐,提升了工作效率,也大大降低了近距离接触而产生的交叉感染风险。100%的被调研村都利用微信、有线电视等宣传政策、发布通知。有84%的被调研村利用信息平台进行人口管理、疫情信息统计。80%的村民享受到村内数字化平台或设施带来的便利服务,实地调研中,部分村在疫情防控期间对数字化治理开展了创新和探索,实现了"花小钱、办大事",为应急状态下的乡村治理赋能增效。宝山区毛桥村在抗疫初期就联合周边村建立了"配药群",将附近村镇的药店负责人加到一个微信群里,高效沟通配药信息,减少了不必要的时间精力浪费。宝山区罗泾镇工作人员开发了小程序,解决了村内要重复批量帮老年人打印核酸码的难题。复工复产阶段,闵行区彭渡村在"彭渡村社区综合服务平台"中新增"出入申请"模块,提供了"复工出入申请"和"外出就医申请"两种在线服务,实现了"线上申请""线下放行",动态掌握辖区企业和村内人员的变化数量。

(五)积分制推动疫情防控提质增效

部分村通过引入积分制,为无形的乡村治理赋予了看得见、摸得着的价值,将疫情防控相关要求标准化、具象化,让防疫工作可量化、有抓手,将乡村基层疫情防控由"村里事"变成"家家事",由"任务命令"转为"激励引导"。崇明区横沙乡创设了"五福生态基金"(即帮扶金、助学金、自治金、共享金、风尚金)管理制度,增强了村民的获得感和自觉性,激发了乡村自治动能。此次疫情防控期间,横沙乡动态调整积分的项目内容,把"不扎堆、不聚集""坚持防疫'三件套'""牢记防护'五还要'"等内容融入积分制,将积分奖励与村民配合度相结合,取得了较好的抗疫成效。

二、突发公共卫生事件下乡村治理存在的问题与短板

总的来看,上海乡村治理基础较为牢固,但对标建设具有世界影响力的与社会主义现代化国际大都市地位相匹配的乡村治理现代化体系,还存在一些短板需要进一步提升。

(一)流动人口管理有待做细做深

随着乡村开放性不断增强,流动人口占比不断增加,40.7%的被调研村流动人口与本地人口数量出现倒挂。被调研村均已建立流动人口管理机制,但是大部分基层干部反映,流动人口管理仍是此次疫情防控期间工作的难点和重点。一是流动到乡村居住的人口大部分收入较低,稳定性较差,在乡村地区多群租或租用非民房类房屋,易引起安全问题。二是对于不办居住证的流动人口,只能靠增加协管员的走访频率来掌握人口信息,效率低,容易遗漏,不准确。三是对大多数流动人口而言,对居住地缺少归属感、认同感,与"原住村民"之间缺乏信任感,同时,居住地与流动人口还缺乏主动的联系与沟通,较少建立流动人口常态化参与村级事务的机制,疫情防控期间难以调动流动人口力量共同参与。

(二)应急意识及管理科学性有待加强

虽然被调研村均已建立应对自然灾害和突发公共卫生事件的应急预案,70%的被调研村还将突发公共卫生事件应急处置规范的相关内容纳入村规民约中,但面对此次突发疫情,大部分村还是难以快速有效地反应及应对。一是应急意识亟待增强。部分村存在危机意识和应急意识缺乏(有20%的被调研村反映引导村民遵守防疫举措有难度),日常危机处置演练活动不足,应急预案不够具体完善、实践性不强等问题。在应急管理实践中,应急物资准备不充分,危机信息收集、判断和处置的主动性与自觉性不足。二是应急管理科学性不足。乡村以农业生产活动为基础,应对突发公共卫生事件应协调好农业生产与危机处置的关系,但实践中部分村应急管理未能充分考虑乡村自身特点,应急措施缺乏科学性与合理性。

(三)乡村公共卫生服务短板有待补齐

近年来,乡村公共服务建设虽取得了显著成效,但与乡村振兴和共同富裕的要求相比,与广大农民群众的期盼相比,仍有不小差距。调研发现,虽然被调研村普遍有村卫生室,但在应对突发疫情的人员配备、药物储备等方面均明显不足。一是应急情况下医务人员数量不足、素质偏低。被调研村日常都配备了村医,在突发疫情下,部分村医由镇级统一统筹安排,由于公共卫生服务人员紧缺,因此,部分村内无村医支援抗疫。繁重的疫情防控工作尤其是一些专业性较强的工作如隔离、症状甄别、健康

教育等要靠乡镇和村干部完成,部分村干部表示"(疫情)刚开始时,只说要隔离,怎么隔离?怎么做抗原?我也不是很清楚,还是很紧张的"。同时,村卫生室从业人员整体年龄结构偏大、学历偏低、知识结构老化、诊疗水平不高,不具备传染病早期发现能力,难以满足日益增长的乡村居民健康需求。二是村卫生室药物储备不足,乡村医疗卫生资源短缺,常用药物、防疫物资等储备有限,突发状况下应急能力一般。部分被调研村认为,村卫生室在疫情防控中并未发挥重要作用。

三、进一步提升乡村治理现代化水平的对策建议

经过此次大上海"保卫战",本市乡村治理队伍得到了有效锻炼,为今后应对重大挑战、抵御重大风险增强了底气和力量。为进一步提升本市乡村治理能力,聚力打造超大城市乡村治理现代化样板,做好全国乡村的排头兵、先行者,提出以下几点建议。

(一)建立常态化联络机制,走好新时代党的群众路线

随着乡村治理现代化进入新阶段,乡村居民的需求日益多样化、差异化,对走好新时代党的群众路线提出了更高要求。要加强党建引领,调动一切可以依靠的力量,激发一切可以激发的活力,加强常态化沟通交流,促进形成各类社会主体多元化协同治理体制。一是加强党建引领,严密组织体系。在深化市、区、镇、村"四级联动"中实现"同频共振",进一步坚持和固化党员报到、干部下沉、领导包保机制。在深化"两个覆盖"中进一步打通基层治理"最后一公里",深入抓好基层党的组织覆盖和工作覆盖,进一步做实网格党建,把党的领导传导到基层治理的"神经末梢",把党的工作触角延伸到千家万户。二是加强常态化联系服务。落实日常走访联系机制,在镇、村党员干部中开展"走百家门、知百家情、解百家难、暖百家心"活动,通过线上线下相结合等方式,定期走访群众,及时了解掌握社情民意。发挥资源共享和协同效应,引导村级组织、本村村民、流动人口、社会组织等参与乡村事务,形成多元主体间稳定的链接形式和紧密的利益联结机制,构建具有韧性、协同性、可修正性的乡村治理体制。三是分类施策,加强流动人口管理。对于外来人口流动性较强的地区,考虑增加协管员的走访频率,或利用数字哨兵同步外来人员信息。如宝山区人口办牵头建立"宝山区农村房屋租赁管理平台",以信息化平台建设结合二维码门牌等科技手段,助推乡村出租房屋精准管理。对于外来人口流动性不强,或大部分流动人口已属于常住人口的地区,以党建为抓手,在"村规民约"等村级事务中充分给予流动人口话语权,增强互动,提升流动人口的"主人翁"意识。

(二)构建平急高效衔接机制,提升乡村应急治理能力

当前,乡村应对突发公共卫生事件面临新形势,应急管理面临的复杂性和不确定

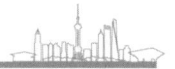

性因素同时增加,应急管理难度不断加大。从此次新冠肺炎疫情防控实践来看,需要进一步健全平急高效衔接机制,强化乡村应急预案建设,加强社会动员能力,使得乡村治理效能得以提升。一是健全快速应急响应机制。应针对不同类型突发事件的特点和诱发因素,扎实做好乡村应急预警预案、风险排查和安全防范工作。引导民众理性看待突发灾害事件,加强演练和演习,强化民众自救互救的意识和能力。做好应急物资储备和应急力量准备,强化应急状态下的经费保障。把平时强基固本与"战时"高效动员结合起来,强化"平战转化"机制,推动资源力量有效下沉支援、工作对象迅速变为工作力量。建立组织化和社会化相结合的动员机制,深化机关、企事业单位党组织与村党组织结对共建,推动党员干部深入基层、定点联系,形成上下联动、深度融合、多元参与的大协作格局。二是提升乡村应急管理措施科学性。应急措施的制定和执行需要充分考虑乡村地区的特点,结合乡村农业生产、人口结构、文化环境等多重因素,避免"一刀切",保证措施的科学化、合理化、精准化。如危机应对中应加强对乡村特殊人群的关注与保护、对正常农业生产的保障等。

(三)补齐乡村社会保障短板,扎实推进农民农村共同富裕

随着经济社会发展和社会结构变化,乡村社会保障需求也在不断丰富和变化。加快补齐乡村社会保障短板,应从城乡融合发展的角度一体化推进,健全城乡基本公共服务均等化的体制机制,推动公共服务、社会事业向乡村延伸覆盖。同时发挥政策稳定收入作用,增加农民就近就地就业创业机会,扎实推动共同富裕,促进乡村全面振兴。一是提升公共卫生服务能力。乡村公共服务是全面建成小康社会的弱项,在统筹疫情防控与经济社会发展中,应以提升乡村综合应急能力为重点,加快提高乡村公共服务质量。一方面对最贴近村民就医需求的村卫生室,可通过加强培训,着力发挥好"哨点"和"探头"作用,以村为单位,提高基层的疫情防控教育和早期识别能力。另一方面,因地制宜建立区镇村三级公共卫生应急物资储备制度,对常规的防控物资进行必要的"流动式"储备,包括药品、医疗设备、防护物资等。二是促进经营主体和农民持续增收。疫情冲击下已经形成的收入损失不可挽回,要确保农民持续增收,必须在稳定收入来源的基础上推动农民增收提速。对于外出务工农民,要帮助农民工尽快回到工作岗位或找到新的工作,加强农民工输出地与输入地对接,做好点对点、区对区、一站式输送返岗工作,消除不合理的流动限制;对于滞留在乡的农民,要提供更多就近就地就业机会,加快设立公益性岗位,重点安置低收入和贫困家庭、优抚对象的劳动力。加大新型职业农民、致富带头人培训,将有意愿返乡创业的农民工作为重点培育对象。对于经营主体,要为提高农业和非农产业经营效益提供支撑,在资金、涉农项目支持、规范化发展指导、提供市场信息或销售渠道、促进产销对接等方面提供帮助,带动小农户衔接现代农业、分享农业产业链增值收益,与村民之间构建紧密的利益联结机制,促进乡村经济增长和农民稳定增收。

(原载于《上海农村经济》2023年第2期)

浅谈金山区星火村"数字化治理"的实践路径

(陆健东 冯连芳 姚江 胡铭)

乡村治理是国家治理的基石,是乡村振兴的基础保障。乡村治理数字化能有效解决我国乡村治理长期以来存在的基层组织涣散、村民参与不足、服务效能不高、治理决策缺乏科学性等问题,促进基层治理现代化和精细化发展[1]。为加快推进乡村治理数字化,推进数字乡村建设,国家出台了一系列政策,例如,《数字农业农村发展规划(2019—2025年)》将"建设乡村数字治理体系"列为"推进管理服务数字化转型"的五大任务之一[2];2023年2月印发的《数字中国建设整体布局规划》指出,建设数字中国是数字时代推进中国式现代化的重要引擎,是构筑国家竞争新优势的有力支撑;《数字乡村发展战略纲要》《"十四五"全国农业农村信息化发展规划》《数字乡村发展行动计划(2022—2025年)》《数字乡村标准体系建设指南》等政策文件也将"推进乡村数字新基建、乡村治理数字化等"作为主要内容。

在相关政策的指导下,为有效整合各方资源、强化村域自治能力,上海市金山区星火村依托镇级"智慧村居(庄)"管理系统,深化了"微格治理"工作,把"科技+数字化"支撑作为完善社会治理体系的重要内容,促进了村庄治理精准化、精细化和便捷化[3][4]。同时,在金山区农业农村委员会的指导和帮助下,星火村实现了农村信息管理平台的建设和管理运营。在此背景下,为促进金山区乡村治理水平迈上新台阶,现笔者结合星火村的"数字化治理"实际情况,对星火村数字化治理模式和乡村数字基础设施建设情况进行了总结,以期为周边地区探索数字化赋能乡村基层治理提供参考。

一、星火村"数字化治理"案例分析

星火村地处金山区金山卫镇西北部,村域面积4.18平方公里,现有企业60余家,2021年底村民人均可支配收入在4.1万元左右,常住人口4 100余人,其中外来人口1 900余人,占常住人口的46.34%,基层社会治理难度较高。

新时期,星火村坚持以习近平新时代中国特色社会主义思想为指导,在上级政府的领导下,坚持党建引领,巩固乡村振兴建设成果,持续做好乡村治理的工作。在"数字乡村"建设的大背景下,星火村聚焦乡村治理"一网统管"新路子,引入了"智慧村庄"管理平台,实现了"每一寸土地精细管理、每一项事情精准解决、每一户家庭精心服务",全面提升了乡村治理"智治力",不断推动"全域感知、全时响应、全程协同"的"数治"理念深入人心。

(一)科学化治理,构建基层治理新格局

1. 坚持党建引领,发挥"多元"治理主体作用

星火村坚持把加强党建引领与严密组织体系结合起来,在充分发挥党组织先锋模范力量的同时,吸引活跃在乡村社会的多元治理主体参与乡村治理[5]。首先,将村"两委"班子、支部党员、报到党员、条线干部、三支队伍、群众骨干等工作力量和志愿力量化整为零。其次,分组分片配置到每个微格,成立"微格党群服务队",由微格长担任队长,确保每支服务队配备3~5名队员,并吸收一部分来沪党员。最后,积极开展党员示范网格、示范村埭等创建工作,落实包干责任,带动村民群众主动参与村域治理。

另外,星火村贯彻落实《乡村振兴规划师制度》,聘请村域企业家、"五老"、乡贤等带"智"入"格",组建特色服务小分队,让基层党建的红色触角和乡村振兴的发展理念深入宅基埭头。例如,在落实"美丽乡村—幸福家园"创建工作时,微格议事会将"内部求共识"作为破题关键,埭上每个家庭选1名家庭代表与村党总支共同前往邻近街镇实地参观,让村民从最初对打造"美丽一条埭"的不理解、不配合,逐渐转变为对建设美丽家园的共同期盼。

2. 理顺治理机制,创新"微格治理"体系

星火村的"微格治理"是将原来的大网格划精划准,进一步优化传统基层治理的管理服务模式,既确保各项政策措施能在最基层、最小微单元落地落实,又推动基层治理精准化、精细化和数字化。同时,星火村不断强化"格务议事会"制度("格"是第一时间知晓,"治"是第一时间介入,在自上而下传导工作和自下而上解决问题的工作闭环中,"格务议事会"制度发挥了"微格治理"最大效能),实现了乡村治理全民化参与,建立了科学完善的乡村治理"一张网"。

"微格治理"的架构和意义体现在以下方面:(1)形成金字塔型的"村—网—格—埭—户"五级架构。简单来说,即1个总网格、4个子网格、20个微网格,而每个微网格根据宅基分布情况,以5~15户家庭为单位,组成1条埭,设立更小规模的宅基网格,由家庭代表推选出1名埭长。埭长主要负责监管埭上外来人员流动、新增违建、乱堆乱放、突发事件、家庭困难等情况。此外,土地划分、矛盾调解、乡村建设等事宜

也由埭长、微格长组织村民在"星火驿站"商议决定。（2）"微格"缩短了村民交互的距离。"微格"让各类信息的传递不脱节走样，确保村委及时掌握村民思想动态，积极为群众解决身边的小事、难事，实现网格事务"事事有回应、件件有落实"。实践证实，"微格治理"工作法深入人心，充分发挥了埭长上情下达、下情上传的桥梁作用，把治理服务根植于最微单元之中，极大限度地提高了村民的民主自治意识。

（二）精细化治理，打造"数智"治理新模式

乡村治理涉及部门多、领域广、工作难度大，需要各部门相互协作。星火村依托镇级统一搭建的"智慧村居（庄）"管理系统，通过各方资源向乡村延伸和下沉，实现了数字化治理。

1. 深化治理数据支撑，守牢观管防一体化

2021年6月，星火村借助上海市乡村振兴示范村创建契机，打造了"智慧村庄"信息管理平台，并将其原有的社区云管理、云监控、信息采集等功能进行融合，结合村民的实际需求，开发了"总览""智慧党建""社会治理""新村民管理""河道管理""村务公开"六大主题版面。"智慧村庄"信息管理平台的开发，进一步为精细化治理赋能，切实为"微格治理"提供了"智慧大脑"。作为"智慧大脑"抓取数据的触手和神经，实时监控、人员管理、出租屋管理、应急处突等智能化功能发挥出了重要作用，实现了村域在人居环境、综治平安、疫情防控等方面的"一网统管"和"一屏统揽"的智能化管理目标。

2. 数据呈现双向治理，实现"共享交换"机制

根据金山区公共数据共享机制，星火村实现了疫情防控相关数据的互联互通。此外，与金山区大数据中心对接后，星火村探索将人口管理、用电、党员活动等数据接入，实时在"智慧村庄"信息管理平台上显示，"一屏"即掌握了全村各个微格内村民活动的实时动态。

（三）智能化治理，探索社会综合治理共享新场景

星火村依托上海市"一网通办""一网统管"体系，加强了对数字化治理平台和资源的统筹整合，实现了数字化治理应用场景的内容多样化、载体集约化、流程规范化。同时，星火村充分利用各方数据资源，在"智慧村庄"信息管理平台上线后，为发挥信息化工具的实时特点，星火村通过赋"码"扩展了应用新场景，即请房东监督外来人员扫码，并上报居住人员信息，这在一定程度上解决了农村治理中的耗时长、成本高、效率低的人口管理信息登记问题。

1."码"上赋能，治理数字化解锁新功能

星火村将"微格治理"与"智慧村庄"相结合，按照"村不漏房、房不漏人、不留死

角、不出盲点"的原则,借助系统生成的二维码,推动"一房一档""一户一档"落实落地,实现了流动人口管理"一屏知晓"新场景。该场景是在每户外来人员的房屋门口张贴一张二维码,入住时通过扫码进行人员信息登记,退租时扫描二维码进行注销,构建了"来时登记、走时注销"的"旅馆式"实时动态管理模式。同时,租户可以利用平台与房东签订电子租赁协议,避免了很多在退租时因没有租赁协议引起的矛盾纠纷。此外,村民可以随时扫码上传安全隐患、矛盾纠纷、环境卫生等问题及提出合理的村务建议和利益诉求,村委在收到请求后,按照"微格治理"调配人员,及时解决村民诉求,致力打造一支更具服务力的社会治理队伍。

2."多彩图斑",描绘乡村治理新图景

在"智慧村庄"管理平台的大屏上,对星火村村域地图实行"红、黄、绿"三色挂牌管理。其中,绿牌为符合条件,准予租赁;黄牌为边租边改,限期内完成整改;红牌为禁止租赁,整改到位后方可租赁。自实行出租屋"旅馆式管理"后,星火村对村域内所有出租屋进行了红、黄、绿三色标记,并根据宅基地出租房屋安全整治标准,定期组织安全委员、电工、综治社保队员、微网格长、微网格员一起上门对出租屋进行检查,从而进一步提升了星火村风险监测的预知能力,实现了更好的村务管理服务。

二、星火村"数字化治理"的经验与借鉴

星火村通过不断提升乡村治理数字化水平,推广了数字乡村"微格治理"新模式,努力拓展了乡村治理数字化应用场景(尤其是"微格治理"工作法及"智慧村庄"信息平台建设,是数字乡村发展的具体体现),用"数字化"办好了"大事情",以服务全程全时、管理高效有序实现了基层善治。

(一)星火村数字化治理模式

星火村在乡村治理数字化上因地制宜,主要采取了"三化",即科学化、精细化和智能化。其中,科学化治理机制和管理方式是应用数字技术,提高乡村治理的效率;精细化乡村治理工作是运用数字平台覆盖乡村治理工作方方面面,做到全面细致[6];智能化乡村治理平台实现了数字化治理应用场景的内容多样化、载体集约化、流程规范化,大幅度提高了乡村治理的效率。同时,星火村所运用的智能平台,涵盖了农村公共区域视频图像系统、疫情防控、防灾减灾、应急管理等领域,强大的智能平台为星火村的数字乡村治理提供了重要保障。

(二)星火村数字基础设施建设

数字基础设施建设是乡村治理数字化的基础,也是农村数字化发展的必要环节。由于数字基础设施建设需要大量的人力、物力、财力投入,星火村采取与上级单位合

作的方式推行乡村数字基础设施建设,由政府统一开发数字化治理平台,这不仅为平台治理提供了法治化、安全性保障,还有利于统筹管理和降本增效,更为未来规模化推行数字化治理平台提供了便利的基础。目前,很多农村尤其是西部、东北等地区的农村,乡村数字治理完全依靠上级财政支持或东部沿海地区帮扶,数字治理的内生动力不足,内生机制尚未建立,且村庄不足以负担数字治理的相关费用,导致数字治理进程缓慢[7]。星火村应用的"智慧村居(庄)"管理系统及数字治理方式,是乡村数字治理的创新式进步,为乡村数字基础设施建设提供了可行的路径和管理方案。

三、结束语

我国全面推进乡村振兴是实现民族复兴的重大任务。随着数字经济的快速发展,我国数字化趋势日益明显,推进数字化社会治理与乡村振兴的全面融合成为数字乡村建设的重要路径,也成为社会主义新时代实现乡村振兴的重要手段。因此,立足新的历史征程,以数字化发展推进乡村治理,对实现我国乡村振兴意义重大。随着数字化技术的发展,数字治理逐渐向社会治理各领域渗透[8],而乡村治理作为社会治理的重要组成部分,在数字乡村战略的落实中呈现了新的治理形态。星火村以数字化治理平台和资源的统筹整合方式推进乡村数字基础设施建设,构建了适应复杂基层治理工作的数字治理体系,充分发挥了信息化对乡村振兴的驱动赋能作用,迈出了数字乡村建设的新步伐,为全国其他乡村推进数字乡村治理提供了借鉴方案。

参考文献

[1]于水,区小兰. 基层治理中数字负担的生成与消解[J]. 南通大学学报:社会科学版,2023,39(1):75—83.

[2]刘津. 基层数字治理平台建设的方式与优化[J]. 经济研究参考,2023(2):49—56.

[3]唐京华. 数字技术驱动科层组织领域化运作的逻辑:基于浙江"基层治理四平台"的案例分析[J]. 治理研究,2023(1):40—52.

[4]何立军. 结构—过程—功能:基层治理数字化转型研究:基于浙江G镇实践的分析[D]. 长春:吉林大学,2022.

[5]孙会岩,王玉莹. 制度逻辑:基层社会治理中数字形式主义问题的反思与超越[J]. 电子政务,2023(2):107—114.

[6]吴新星. 数字技术赋能城市基层治理的行动障碍与突破策略:基于S市G区F街道数字治理创新实践的参与式观察[J]. 河南社会科学,2022,30(6):82—91.

[7]王廷勇,杨丽,郭江云. 数字乡村建设的相关问题及对策建议[J]. 西南金融,2021(12):43—55.

[8]邓念国. 整体智治:城市基层数字治理的理论逻辑与运行机制——基于杭州市S镇的考察[J].

理论与改革,2021(4):58-69.

[9]赵早. 乡村治理模式转型与数字乡村治理体系构建[J]. 领导科学,2020(14):45-48.

[10]冯献,李瑾,崔凯. 乡村治理数字化:现状、需求与对策研究[J]. 电子政务,2020(6):73-85.

[11]赵玉林,任莹,周悦. 指尖上的形式主义:压力型体制下的基层数字治理:基于30个案例的经验分析[J]. 电子政务,2020(03):100-109.

[12]门理想,王丛虎."互联网+基层治理":基层整体性治理的数字化实现路径[J]. 电子政务,2019(4):36-45.

(原载于《上海农业科技》2023年第5期)

第五部分

国际借鉴

国际农业现代化的特征、趋势及经验启示

(徐力 李卓 刘旭辉 姚江 贾晋璞)

农业现代化是建设社会主义现代化强国极其重要和不可或缺的一环。发达国家借助工业革命的先发优势,在农业领域采用了现代化的科学技术和经营管理模式,改造和发展传统农业,大大提高了农业的专业化、集约化和市场化水平,农业与农村面貌发生了根本性变化。为此,围绕发达国家现代农业发展模式、特征以及发展趋势,了解其发展经验,对上海推进中国式农业现代化建设大有裨益。

一、国际农业现代化的典型模式

农业现代化是一个世界范畴的、历史的和发展的概念,它随着人类社会和技术的发展而不断被赋予新的内容。世界农业现代化的演变可划分为三个阶段。第一阶段:传统农业与现代工业结合的农业现代化。第二阶段:现代科技和管理方法"武装"的农业与社会的有机融合,使农业生产成为社会生产的有机组成部分。第三阶段:农业生产、社会发展与自然生态环境保护的有机融合。同时,应注意农业现代化的发展阶段不同、目标不同,实施路径可灵活调整,没有定式,不同学者从不同角度对其进行了总结。

(一)以农业规模分类的发展模式

朱敏、黄庆华等学者按照经营规模大小分类。一是以美国为代表的大规模粗放经营型模式。美国地广人稀,可用耕地面积世界排名第一,人均土地资源丰富,以机械化推进农业现代化的路径最为有效,形成了以提高劳动生产率为主、提高土地生产率为辅的大农业模式。二是以日本、以色列为代表的小规模集约经营型模式。日本是一个多山的岛国,山地和丘陵占国土总面积的80%,可耕地仅占国土面积的12%,零散分布于沿海地区及峡谷地带,人均耕地面积仅是美国的1/25,主要通过生物手段提高作物产量,形成了资源节约、资本和技术密集、精耕细作的发展模式。三是以西欧国家为代表的中等规模均衡型模式。西欧国家不如美国土地资源丰富,人口稀少,也与日本的情况不同,属于土地资源和人口资源都比较中等的地区,主要通过农业生

产专业化和一体化实现农业现代化的发展。

(二)以资源禀赋分类的发展模式

张攀春、魏后凯等学者根据不同国家的自然资源禀赋分类。一是资源丰裕型国家:机械化主导模式。美国、加拿大、澳大利亚等国家,广袤的耕地面积、平坦的地势、较少的农业从业人员3个因素决定了其农业现代化必然是机械化耕作和规模化经营。二是资源均衡型国家:多轨道发展模式。以丹麦、法国为典型代表,在农业现代化过程中,把农业生产技术现代化和农业生产手段现代化放在同等重要的地位,实行"物力投资"和"智力投资"并举,既提高了土地产出率,也提高了劳动生产率。三是资源匮乏型国家:技术主导模式。日本、韩国、以色列等国,由于农业资源极度匮乏,土地高度紧张,主要依靠技术创新和大量的资本投入,提高有限资源的使用效率,实现农业的现代化。

(三)以技术进程分类的发展模式

包宗顺等学者从技术进程视角将其分为两类:一是以美、加、苏联和东欧国家等为代表,大量采用节约劳动的农业机械以替代繁重劳动的农业机械化模式;二是以日本和欧洲大陆国家为代表,通过大量增加施用化肥、采用优良品种以及精耕细作方法来提高农业产出的模式。

(四)以社会演进分类的发展模式

温铁军等学者从社会发展国家本质视角分类:一是以美国为代表的"盎格鲁—撒克逊模式",又被称作"石油农业",该模式是在殖民地形成的,原住民被赶跑,土地规模大,机械化水平高,更倾向于单一化种植、专门化生产、区域化布局;二是以德国、法国为代表的"莱茵模式",该模式则是在欧洲大陆的殖民宗主国本土形成的,由于欧盟实施相对统一的农业政策,所以此模式也在欧盟内部逐步推广;三是以中日韩为代表的"东亚模式",该模式是由世代生活在这块土地上的自耕农形成的小型生态系统的"精耕细作"模式。

(五)以农业强国分类的发展模式

魏后凯等学者以"四高一强"现代农业强国的标志分类:一是综合型农业强国,例如美国,不仅农产品产出水平高、品类丰富,且在世界农产品贸易中占主导地位;二是特色型农业强国,以农业中特定产业或部门的强势竞争力而闻名于世,加拿大、法国、德国、意大利、以色列、日本等国都结合自身农业资源,打造出有国际竞争力的农业产业。

二、先行国家农业现代化的经验

发达国家已基本实现了农业现代化,虽然不同先行国家的农业现代化发展模式不尽相同,但在培育市场主体、加强科技支撑、政策引导保护和重视绿色发展理念等方面具有共同特点。通过对先行国家农业现代化发展经验的归纳梳理,总结其共性特征,有利于我们立足上海农业资源现状,探索符合本市实际的农业现代化发展的最优路径,进而推动本市农业实现高质量发展。先行国家的现代化农业发展具有以下几个方面的共同特征:

(一)注重培育和壮大农业经营主体

强大的经营主体在国家或地区农业现代化过程中发挥着至关重要的带动引领作用。纵观世界农业现代化发展历程,先行国家均注重培育和壮大农业经营主体。欧美等发达国家在农业现代化过程中,其农业企业、家庭农场等规模经营主体在政策的支持下发展迅速,特别是一些跨国公司凭借其资金实力、技术垄断及市场控制能力,在全球农业现代化发展过程中扮演着重要角色。据统计,杜邦、孟山都、先正达三家跨国公司控制着世界50%以上的种子市场,六家生产农药的公司控制着全球76%的农药市场,十家大公司控制着41%的化肥市场,ABCD(ADM、邦吉、嘉吉、路易达孚)四大粮商控制着国际市场80%的粮食交易。

专栏一 拜耳助推农业现代化

总部位于德国勒沃库森的拜耳集团是一家有着150多年历史的跨国公司,在90多个国家拥有420多家子公司,在医疗保健和农业领域具有核心竞争力。目前拥有三个事业部——处方药事业部、健康消费品事业部和作物科学事业部。其中,作物科学事业部的产品覆盖面非常广,同时提供配套服务支持现代化可持续发展的农业与非农业应用技术。拜耳集团将一家提供植物健康诊断及病害感染警报服务的供应商proPlant公司收购后成立了拜耳数字农业公司。拜耳数字农业公司将为欧洲农业市场研发及推出数字解决方案,从而重塑农业生产模式。2018年6月,拜耳集团宣布完成对美国生物技术公司孟山都的收购。摩根士丹利估计,收购后的拜耳公司占据约28%的全球农用化学品市场、约36%的美国玉米种子市场和28%的大豆种子市场。

拜耳作物科学事业部注重将研发成果转化为交付到种植者手中的解决方案,从而提高生产率,创造新价值,优化农业投入品的使用。凭借在各技术平台的领先优势,拜耳能够充分发现、组合并定制农业解决方案,服务尚未被满足的需求,并构想崭新的途径和举措,使种植者、消费者和地球家园互惠共赢,共同发展。

(二)注重加大农业的科技支撑力度

发达国家现代农业的发展过程,实质上是先进科学技术在其农业领域广泛应用的过程,是用现代科技不断改造传统农业的过程。在现代农业科技革命的推动下,以生物技术为代表的农业高新技术广泛应用于育种、培苗、养殖、贮运等农业生产的各个环节,生物肥料、生物农药、基因工程疫苗、动物生长调节剂逐渐在农业中推广应用,推动了西方发达国家现代农业的持续快速发展。在新一轮世界科技革命中,农业科技成为科技革命中的重要一环。在欧美等发达国家,以科技为支撑的现代农业发展迅速,都很注重在转基因生物技术的研究以及转基因研究成果的推广应用方面加大投资力度,从而抢占现代农业技术的制高点。新加坡、韩国、印度、菲律宾等国家也在投入巨资开发这类新技术,并已经在培育高产、优质、抗病等动植物品种方面取得了一些突破性进展。

专栏二 法国在农业领域的科技支撑服务

建立国家、地方和农场三级科研体系。通过提升农业科研水平,推广新农作物品种和生物技术,为法国农业可持续发展打下良好的基础。2018年,法国农业公共机构和企业的研发投入约24亿欧元,其中包括公共机构(Irstea、CNRS、Inra、Inria、IRD、Cirad、Cnes和Ifremer)投入约12亿欧元、法国农业研究院(INRA)8.58亿欧元、农业相关学校(Agro ParisTech、AgroCampus Ouest、AgroSup Dijon、ENFA Toulouse、ENGEES、ENITA Bordeaux、ENSP Versailles-Marseille、ENV Alfort、ENV Toulouse、Montpellier SupAgro、ONIRIS、VetAgro Sup)1.05亿欧元、国家海洋开发研究院(Ifremer)9 100万欧元、农业科技研究院(IRSTEA)3 000万欧元和国家科学研究中心(CNRS)4 200万欧元。2020年,法国将已有的农业研究院(INRA)和国家环境与农业科技研究院(IRSTEA)合并为"法国国家农业、食品与环境研究院"(Institut National de Recherche Pour l'Agriculture, l'Alimentation et l'Environnement, INRAE)。该研究院成为法国集农业、食品和环境三大领域科研于一体的国家级公立研发机构,也是世界上规模最大的农业科研实体机构之一。

构建农业科技创新体系。法国农业科技创新体系从制度组织层面看主要分为两级:法国政府主导和欧盟主导。法国政府的创新计划主要支持三类创新和成果转化:竞争性创新、非竞争性创新、竞争性和非竞争性创新。2015年12月14日,法国宣布优先发展"融合研究"计划,该计划以未来投资计划(PIA)为框架,每个融合项目的受资助金额为1 000万欧元,五个获奖项目中有两个涉及2025农业创新任务。欧盟主导实施的科技创新对法国农业科技创新支持力度也非常大。农业与农村发展基金会(CASDAR)可以在欧洲研究与发展框架计划(PCRD)和地平线2020(H2020)框架下共同资助欧洲研究与创新项目。CASDAR将农场缴纳的流转税的85%作为农业和粮食主权部预算的一部分,为创新项目提供资金支持。

注重农业技术推广。法国农业技术协调协会(Association de Coordination Technique Agricole, ACTA)是法国农业科研和技术推广的上层监管机构。ACTA负责协调全法18个农业技术学院(Instituts Techniques Agricoles,ITA)。ITA是法国农业科研和技术推广的下游机构,代表法国农业研发体系应用研究的平均水平。ITA的目标是满足农民对农业技术应用研究的期望,以便给农民提供直接可用的技术方案。每个ITA都专注于一个或几个生产领域,而ACTA则进行横向和交叉创新主题的研究。ACTA与畜牧研究所DELE、ITAVI和IFIP合作开展农业技术项目的推广和应用。在这些合作项目中,ACTA负责协调法国对该项目的总体投入;IDELE与奶农合作,并负责创建实践社区;ITAVI与家禽部门合作;IFIP与生猪部门合作。

注重对颠覆性创新技术的支持。2022年4月,《法国农业科技20计划》(Le Programme French Tech Agri20)正式出台,旨在支持研发颠覆性创新技术的农业初创企业,从而使法国在第三次农业革命中脱颖而出。同时,企业的技术创新必须能够为《法国2030计划》(Plan d'Investissement France 2030)中提到的挑战提供具体解决方案。

(三)注重提升农产品品质和品牌影响力

农业品牌化是现代化农业的重要标志,依靠品牌带动农业转型升级,符合其自身发展规律,同时也顺应经济发展新形势。品牌是企业的一种无形资产,在产品优势、质量差异的基础上,通过商标、认证标志、包装等信息来传递产品的有效信息,从而使产品更具市场优势。消费者可以根据品牌影响力和美誉度进行选择,一定程度上促使现在的市场经济走向"品牌时代"。另外,农产品质量是品牌建设的基础,因此发达国家都很重视农产品的品质把控与品牌建设。美国、日本、荷兰等国较早进入了农业产业化和品牌化时代,这些国家都把品牌建设作为参与全球农业竞争的国家战略,并取得了突出成就。比如,美国的"新奇士"橙、加州巴旦木等品牌在国际市场广受好评;日本农产品品质位居世界前列;法国葡萄酒享誉世界;荷兰花卉畅销海内外。

专栏三 美国与日本的农业品牌化建设经验

美国在农业品牌化建设方面注重农业科技投入,从而提升农产品的品牌竞争力。1950年至2008年,美国农业科研经费从20多亿美元增至96亿美元,约占世界农业研发经费的20%。充裕的研发资金使得美国农业科技一直处于世界领先地位,从而为农产品的品牌建设提供了强有力的科技支撑。美国实施农产品生产、加工和销售阶段的强制规范,包括农业操作规范、生产操作规范和农产品供应可追溯制度。首先出台多部有关农产品产地环境安全的法规,规范土地中农药和污染物残留标准,保护国内土地资源。其次在加工和销售环节强制实行"农药残留监控计划",监测农药残留。通过实施严格的农产品质量监管制度,美国国内食品安全问题出现次数逐年减少,提高了消费者对美国农产品品牌的认可度。

日本在农产品品牌化建设方面注重质量监管体系建设,主要包括特别栽培农产品认证制度、有机农产品认证制度和原产地可追溯制度,从而保证日本农产品的高品质和比较优势。另外,日本品牌农业的成功,离不开政府的大力扶持。日本农业补贴高于农业生产总值,以此提高农民生产积极性。政府通过农业补贴,引导农业生产,其中高标准的农产品,可以申请更高的生产补贴,形成重视品质的良性循环。除了对农业的资金补贴,日本政府强化农业协会地位。农业协会提供产前、产中和产后咨询服务,协助农民生产和经营。农业协会定期举办品牌建设相关知识的培训,讨论品牌建设过程中的问题,提出解决方案,最大限度地宣传和推广农产品。

(四)注重农业绿色低碳循环发展

实现人与自然、经济与环境的协调发展,是现代农业发展追求的根本目标。"石油农业"在大幅度提高单位面积产量和农业经济效益的同时,也在大量消耗不可再生资源,同时带来日趋严重的生态环境问题,降低了农业的社会效益,为此各国纷纷采取措施,发展"低碳农业""循环农业"和"有机农业",实现农业的可持续发展。在发展循环农业方面,发达国家在农业现代化过程中已经探索出多种循环农业模式,如物质再利用模式、减少资源投入模式、废弃物资源化模式等,但不管何种模式,都是以实现农业资源的高效流动利用、节能减排与农民增收为目的的。发展低碳农业主要是通过合理且更有效率地施用化肥、节水灌溉、节能耕作等措施,达到节肥、节药、节水、节能的目的。

专栏四 英国绿色低碳农业发展案例

1. 碳中和马铃薯

2021年11月,英国首批经过碳中和认证的碳中和马铃薯在高端连锁超市Waitrose门店上架,这种马铃薯被种植商Puffin Produce公司称为"根零"(Root Zero)马铃薯。"根零"马铃薯从种植、储存、运输到被消费者烹饪的全程碳足迹都经过测量。"根零"马铃薯采用了一种"再生方法"种植,可以有效去除大气中的碳、使土壤再生并提高生物的多样性。同时,在销售过程中,使用可回收再利用或用于家庭堆肥的100%无塑料袋包装。

2. 碳中和鸡蛋

英国连锁超市莫里森(Morrisons)致力于在2022年成为第一家推出自有品牌碳中和鸡蛋的超市。为了在旗下10个自由放养蛋鸡农场中减少大豆饲料的使用,莫里森超市使用了一种"迷你农场"系统,并在饲料中适当补充英国本地生产的豆类、豌豆和葵花籽。"迷你农场"是由Better Origin公司开发的昆虫饲养系统,里面饲养着数百万只昆虫,这些昆虫以莫里森超市在约克郡自有的水果和蔬菜农场的废弃食物为食,可以在不到14天的时间内长到它们初始体重的5 000倍,以实现食物的循环利用。

(五)注重加强对农业的支持与保护

加强农业支持与保护是国际通行的做法,欧美日韩等发达国家为了提升本国农产品在国际市场的竞争力和保护本国农民的利益,在农业支持与保护方面的力度更甚。从欧美日韩等发达国家的农业支持政策的结构来看,这些农业现代化先行国家的农业支持政策主要集中在市场支持、直接补贴、政府公益服务、农业基础设施建设等方面,这些政策大大地促进了这些农业发达国家农业生产力的发展,特别是生产总量、贸易额、单产和劳动生产率水平都得到了大幅度提高。

近年来,在WTO框架下,世界各国不断调整完善本国农业支持保护做法。典型的如美国在2018年12月由特朗普政府签署出台了《2018年农业提升法案》,有效期为2019年至2023年,预计五年间将支出3 870亿美元。该法案中,农业补贴"黄箱"潜在额度增加("体积"变大),对农民保护程度更高("黄色"变深);对价格损失补贴中的参考价格设定了115%的上浮率。这两项措施从价格和单产上增加了农民潜在的补贴空间。

三、国际农业现代化未来的发展趋势

农业作为人类赖以生存的最基础产业,想要了解其未来的发展趋势,就必须看到我们所处的世界是一个什么样的现实环境。首先,我们面对的是基本生存与资源平衡的问题。全球238个国家,人口总数为78.98亿。其中,8.28亿人受饥饿影响(2021年),占全球总人口的1/10。同时,为维持如此庞大人口的消费,根据世界自然基金会(WWF)测算需要1.75个地球支持,才能持续发展下去。《2021年世界粮食和农业领域土地及水资源状况:系统濒临极限》报告认为,地球土壤、土地和水资源状况在过去10年急剧恶化,压力与日俱增,濒临极限,难以在2050年满足全球近100亿人口的粮食需求。其次,发展可持续化与人类面临的生态环境问题。气候风险、生物多样性丧失、臭氧耗竭、海洋环境恶化、水体污染加剧、土壤退化和沙漠化等问题如不能尽快得到有效解决,将直接危及农业生产,甚至人类的生存。再次,不确定的"黑天鹅"和可预知的"灰犀牛"事件。如,俄乌冲突、新冠疫情等,导致农业产业发展面临严重的粮食供应危机,以及粮食不安全趋势的加剧。

目前,要以全球大多数国家农业发展普遍存在的粗放型农业增长方式解决上述系列问题绝无可能,未来农业发展必须走资源节约、集约经营、持续发展、智慧科技的路径,并实现营养健康、绿色低碳、循环再生等多目标的统一。

(一)绿色低碳循环的可持续发展成为必然选择

为应对粮食安全、气候变化及环境恶化等多重挑战,联合国粮农组织发布《2030

年可持续发展议程》，在此议程的指导下建立健全绿色低碳循环发展经济体系，成为解决可持续发展的基础之策。欧盟在《欧洲绿色协议》框架下制定了《生物多样性战略》《森林战略》《循环经济行动计划》《化学品可持续发展战略》《从农场到餐桌战略》和《Fit for 55 计划》等法律，倡导基于自然绿色的解决方案，构建人类维持自身生存与自然利用的平衡，推动农业经济增长与资源消耗脱钩，建立一个公平、健康、环境友好以及有韧性的农食系统，实现碳中和农业或负碳农业的绿色发展目标。

（二）种业科技创新成为支撑农业发展的强力保障

基于诱致性技术变迁理论，科技已成为第一生产力，农业科技进步对农业发展起着关键作用。全球公共农业在研究发展（R&D）方面的投资不断增加，其中高收入国家一直占全球公共农业研发投资的主导地位（在全球份额中保持在50%以上）。其中，生物育种技术已成为全球各国抢占战略制高点与经济增长点的手段，不断引领现代农业实现新突破。并且，由美国领衔的发达国家的育种技术正进入育种4.0时代，即以"生物技术＋人工智能＋大数据"为特征的智能设计育种时代，该技术从种质资源中发掘优异等位变异、定向设计优异等位变异、设计新型优异功能生物元件，指导作物精准杂交和作物基因编辑育种，颠覆传统育种技术，引领现代生物种业创新发展，保障粮食系统韧性。

（三）智慧化决策支撑将为农业现代化发展增智赋能

全球农业信息化发展经历了从数字化到网络化再到智慧化的跃迁，现代信息技术将跨界通过互联网、物联网、大数据、人工智能和智能装备等与传统农业智慧融合，整合生物技术、信息技术、智能装备三大生产力要素，实现农业生产全过程的信息感知、定量决策、智能控制、精准投入、个性化服务的全新农业生产方式。例如，美国、英国、澳大利亚、法国、德国、日本等国家围绕智慧农业进行了广泛的布局，分别出台了NSTC"国家人工智能研发战略计划"、"农业和数字化"路线图、农业4.0手册、农业领域开放式数据API指导方针ver1.0等政策，将大力发展智能农业装备、智能传感器系统、智能无人机、智能机器人、软件等主要技术，在面对纷繁复杂和不断恶化的生产环境中，提供农事活动的智力支撑。

（四）高度组织化成为农业现代转型升级的重要支撑

全球经济发展乏力、地缘冲突、逆全球化加速演变，对产业链、供应链、价值链产生着深刻的影响，并且由于智能化和科学技术的更新，农业现代经营体系和劳动力素质将发生与之适应的改变。反观全球农业经营主体绝大多数是小农户，根据统计，全球72%的农户经营着不足1公顷的土地，超过5公顷的较大规模农户只占6%左右，据测算，小农户虽然只经营着全球12%的土地，但贡献了全球36%的粮食产出。在全球产业链分工中,小农户在整个过程中通常只参与了前端的生产过程,因而很难获得全球价值链的增值利益。因而,全球农业现代化发展已经对小农户与现代化经营主体(合作社、研究机构、企业、社会组织)进行紧密衔接的高度集群专业化分工改造,形成高度专业化分工下一体化的联合体,构建成高度组织化的现代产业体系。如荷兰实施"链战略计划行动",在提高农业土地生产率的同时,将农作物生产、保鲜环节与农产品的加工、仓储物流、销售环节融为一体,实现农业产前、产中、产后等产业链各环节有机结合,形成利益共享、风险共担的命运共同体,有效支撑其产业国际竞争力的提升。

四、国际经验启示及对上海推进农业现代化的建议

国际农业现代化先行国家的发展经验表明,实现农业现代化必须培育强大的农业经营主体,必须加强农业的科技装备支撑,必须重视农业的品牌化发展,必须秉持低碳绿色的可持续发展理念。基于当前上海农业的发展现状,对标国际发达国家的先进经验,未来上海要实现中国式农业现代化的发展目标,建议在以下四个方面发力:

(一)建立农业生产经营准入机制,培育壮大新型农业经营主体

纵观欧美、日等发达国家农业现代化的发展历程,其农业现代化的实现离不开新型农业经营主体的培育和发展。农业要实现现代化,基础因素是人。欧美、日等农业现代化先行国家都非常重视对农业经营主体的培训培育,尤其像德国、英国、法国、加拿大等国为了确保农业从业人员的职业素养,建立了农业从业准入制度,即一定要经过系统教育或严格的职业培训和进修后,最终通过考核并取得从事农业的资格证书后才能从事农业生产或经营农场。

建议本市建立农业生产经营准入机制,提高准入门槛。对于地方政府招商引资引入的市场主体,要对市场主体的行业背景进行审查,比如可以提出只有具备5年以上农业生产经营经验的企业才可以引入。对于家庭农场主或农民专业合作社等小型农业经营主体,必须要求家庭农场主或合作社负责人参加高素质农民培训并取得高素质农民证书后才有资格流转土地。

此外要加大政府引导和政策扶持力度,通过完善政策法规、放宽市场准入等措施,赋予新型农业经营主体平等的市场主体地位,创造公平的市场环境。引导各类经营主体加强联合与合作,推动农业经营主体多元化发展,完善新型农业经营主体与小农户的利益联结机制,实现多种经营形式共同发展。

(二)加强农业科技装备支撑,塑造农业竞争优势

农业现代化的关键是农业科技的现代化。国际农业现代化先行国家的发展经验表明,没有农业科技的现代化,就不会有农业的现代化。比如,美国通过发展转基因

技术,占领了全球现代农业技术的制高点,并引领着全球转基因作物的商业化进程,确定了美国大宗农产品在国际市场的竞争优势,成就了美国全球第一农业强国的超然地位。建议本市进一步整合农业科研力量,就农业"卡脖子"关键核心技术开展联合攻关研究,突破农业产业高质高效绿色发展的技术瓶颈;进一步围绕农业全产业链需求,聚焦主导农业产业,联合高校、科研院所、农业高新技术企业等科研力量开展农业全产业链技术攻关与集成示范,提高农业产业链科技水平与农业科技成果转化率。

(三)实施品牌强农战略,提升农业质量效益

随着我国消费结构的不断升级,消费者对农产品品质提出了更高要求,品牌农产品消费需求增长迅猛。农业品牌打造已成为引领农业供给侧结构性改革、推动农业高质量发展的关键举措,对全面推进乡村振兴、加快农业农村现代化具有重要意义。国际农业现代化先行国家的发展经验表明,培育农业品牌对延伸农业产业链、提升农业价值链意义非凡,而农业品牌培育的关键在于农产品的高品质。建议本市实施品牌强农战略,以技术创新需求为导向,整合本市科研力量,加快组建品牌农业技术创新联盟,重点开发具有高技术、高附加值的农产品和精深加工产品,强化科技对品牌价值的提升作用,延长品牌农业产业链条,促进产业转型升级;要鼓励本市农业龙头企业利用品牌资源进行扩张和延伸,建立农产品产业园区和原料基地,提高产业集中度;要完善品牌农业的政策支持体系,搭建农业品牌公共服务平台,设立品牌农业发展专项资金。

(四)实施农业绿色低碳行动,推动农业可持续发展

实现农业的可持续发展是现代农业发展追求的根本目标。美国、加拿大、澳大利亚等农业发达国家的农业现代化进程给了我们警示,这些国家由于长期大量地施用化肥、农药,引起了土壤的酸化退化、环境污染以及水土流失等生态问题。欧洲国家的整体环保意识较强,它们在推进农业现代化的过程中,早早地认识到了过量使用化肥、农药对土壤环境的危害,及时采取了应对措施,因此情况相对较好。建议本市实施农业绿色低碳行动,一方面应在保障粮食和重要农产品有效供给的前提下,实施化肥减量增效、畜禽低碳减排、秸秆还田综合利用等措施,以降低农业温室气体的排放强度,提高农田固碳增汇的能力;另一方面要实施农业机械新能源替代行动,出台农机补贴政策,引导农业经营主体淘汰传统汽柴油动力农机,逐步换装新能源动力农机,以降低农业生产过程中的碳排放。

发达国家或地区农业品牌发展现状研究

(乔越 王珏 张晔 倪子越)

推动农业品牌建设是加快推进农业现代化、实现高质量发展的关键环节,更是贯彻落实《中华人民共和国国民经济和社会发展第十四个五年规划和2035年远景目标纲要》及《上海市乡村振兴"十四五"规划》关于品牌建设的重要抓手。为此,乡研中心收集和分析美国、日本及中国台湾等典型发达国家或地区农业品牌建设历程和典型范例,总结归纳出打造优质农业品牌所必需的五大支撑体系,以期为上海农业品牌建设提供经验借鉴。

一、发达国家或地区建设农业品牌的模式

从全球范围来看,美国、日本、荷兰及中国台湾等发达国家或地区较早进入了农业产业化和品牌化时代,并将品牌建设作为参与全球农业竞争的国家(地区)战略,形成了自身的农业发展模式。一是建设农业生产主体、科研机构和社会服务体系互为依托的"三螺旋"模式,借助数字化手段创造最适合作物生长的自然条件,打造品质化农业品牌。这种模式更多存在于荷兰、德国等资源禀赋存在劣势的欧洲国家。荷兰积极致力于温室大棚智能化建设,通过调节降水、光照、温度等选择最佳的作物生长环境,打造了享誉世界的蔬菜和花卉品牌。德国的"农业4.0战略"借助室内计算机自动控制系统引导大型农业机械精准完成诸如播种、施肥、除草、采收、畜禽精准投料饲喂、奶牛数字化挤奶等多项功能,并运用作物生长模型监控农业品种的健康状况。在农业数字化实践过程中,荷兰和德国政府发挥三方面重要作用:一是加强农业技术人员与一线农场主和农民的对接,以农业经营主体作为新技术的"试验田";二是举办专项培训班,推动农业院校更多吸纳农业生产者和经营者;三是加强农业生产主体与物流、多媒体等社会服务主体的对接,协助设计遍布全球的分拨系统和冷链系统。二是通过打造"农业全产业链模式"提高品牌附加值,采用轮作和间作、无抗饲养、制定检测评价体系等举措,实现"从土地到餐桌"的全程生态化管控,以无害化和多样化获取品牌竞争优势。这种模式主要盛行于丹麦等欧盟国家。丹麦通过设立"绿色证书"

对农场主进行筛选,并出台了家庭农场必须配属农业深加工部门的规定;农业合作社中的每一个成员可以根据自己的意愿决定从事哪一类农产品加工过程,从而实现了农业生产高效化和农业品牌多样化。德国"农业4.0战略"严格践行了欧盟《土地整治法》,建有完善的农业全流程检测评价体系,通过设立原料使用目录、质量检测细则等方式控制低质农产品流入市场,并由政府农业部门牵头成立督导组检查执行情况。三是以公司化家庭农场为主干的发展模式,提高农户与经营主体之间在土地流转、经营决策、资金流转等方面的效率,带动农产品生产水平提高,推动农业品牌国际化。美国清晰界定了家庭农场的土地权属,确保所有权与经营权分离;将全国土地按照牧场、森林、耕地、特殊用地和城市用地进行"成片带状划分",并通过集合竞价方式寻找土地承包人;家庭农场可以自由发行股票、债券等金融工具,确保资金来源。四是通过打造区域性农业品牌竞争机制推动"小而精"的差异化发展模式,实现农业品牌高端化和精细化,并在农产品中嵌入文化基因以提高品牌知名度。日本着力打造"一村一品"运动,鼓励各地区推荐优质农产品。积极推动农业品牌专家委员会建设,搭建全国层面和区域层面的农产品内部竞争平台,依托层层推荐、层层选拔的方式,以专家委员会的打分为标准,遴选出最优秀的农业品牌,借助市场力量促进日本农产品迈向精细化、高端化。中国台湾利用悠久的文化底蕴,将产品名称与中国传统文化、家庭观念等相结合,融入亲民化的商标设计,增加了消费者的产品忠诚度。

二、不同发展模式孕育出的知名农业品牌

政府与市场的紧密配合孕育出了发达国家或地区领先世界的农业品牌培育模式,也诞生了诸多优质农业品牌。

(1)以"三螺旋"为核心的技术密集型成长模式是荷兰和德国打造农业品牌的精髓,孕育出了安莎(Enza Zaden)、格兰特(GRANDOS)咖啡等知名农业精品。安莎拥有强大的地区组织和物流体系,在政府财政和科研院所的支持下建立了安莎学院。安莎每年将营业额的30%投资于研发,平均每周向全球市场推出两个新的蔬菜品种。格兰特秉持德国"农业4.0战略"的发展理念,按照农业全流程检测评价体系严选优质原材料,从品尝的超过1 000份咖啡烘焙样品中精心挑选品质上乘的咖啡豆。格兰特与维恩斯特凡-特里斯多夫应用科学大学合作开发了独特的"二次造粒法"工艺,用喷雾塔加湿咖啡粉,保障了咖啡的浓郁口感。

(2)以生态化为基础的农业全产业链发展模式是丹麦打造农业品牌的精髓,孕育出了哥本哈根皮草等知名农业精品。哥本哈根皮草以确保动物福利为最高标准,用于生产哥本哈根皮草的皮毛都将通过WelFur认证,皮草公司需要承担生态复原等成本以做到"生产与环保的共存"。哥本哈根皮草充分发挥农业产业链的延伸效应,在全球范围内每年与超过50位设计师、艺术家合作,不断突破皮草面料运用的边界,逐步构建了包括天然皮草、加工皮草和时髦新品在内的产品体系,充分实现了品牌多元化。

(3)以公司化家庭农场为导向的农产品规模化经营模式是美国打造农业品牌的精髓,孕育出了"新奇士"等知名农业精品。"新奇士"借助成熟的土地交易市场大范围整合农业资源,以产值最大化为目标,采用品牌授权、加盟种植等手段鼓励散户农民参与,并通过长期合作契约、股份转让等形式调动个体农户积极性。"新奇士"运用集团化管理手段和操作规章约束生产者行为,在光照、施肥、灌溉等环节制定标准化操作规则,有效保障了生产的循环性。

(4)以"精细化+文创化"为宗旨的农业差异化竞争模式是日本和中国台湾打造农业品牌的精髓,孕育出了松阪牛、旺旺等知名农业精品。松阪牛的培育必须通过"松阪牛个体识别管理系统"进行全程监控和严格管理。牛犊从买入开始就要进行编号、拍照、采取牛鼻纹,并将数据录入管理系统。饲养员通过数字化和可视化的手段关注牛的饮食、消化、体型等健康状况,并通过喂食啤酒、播放音乐、按摩、电扇吹风等手段改善其身体状况,以获得更好的肉质。旺旺通过设计"拟人化"的商标图案实现了趣味化品牌营销,品牌logo模拟了消费者日常的生活碎片,树立了更真实、更立体的品牌人物形象。旺旺品牌打造的"旺仔""浪味仙"等形象,也大多以喜庆、欢乐为基本情感基调。各个子产品的名称,如旺仔、仙贝等也迎合了春节等节假日的喜庆氛围,有效提高了消费者的购买意愿。

三、发达国家或地区农业品牌建设的经验借鉴

基于以上分析,发达国家或地区的农业品牌建设给上海提供了如下经验:

一是发达国家或地区注重建立行之有效的产业政策体系。荷兰和德国农业品牌成功的关键在于其政策体系能够充分调动科研院所和人才梯队,为农业生产提供技术支持,并协助建立起智慧化的生产方式和标准化质量评价体系。上海需要充分吸纳发达国家或地区在构建农业品牌政策支持体系方面的经验,制定专门针对农业品牌的扶持政策和细则,加大对违反食品质量安全的经营主体的处罚力度。

二是发达国家或地区注重建立灵活多样的农业经营主体运作体系。美国农业品牌成功的关键在于其灵活的经营主体运作体系助力了生产的规模化,土地使用权交易、人口流动和融资的便利性促进了农业资源禀赋的集聚效应,家庭农场的股份制、集团化运作手段不仅充分调动了农民积极性,还使其享有"基本收入"。上海需要充

分借鉴发达国家或地区在培育新型农业经营主体方面的经验,适当加快农地承包经营权转让,完善农村经营性土地入市,降低资金使用成本,鼓励现有经营主体向精细化、规模化方向转型,鼓励各村镇经营主体之间通过兼并等方式进行整合,努力打通采摘、加工、配送和销售的农村产业链,建立农业经营主体名录,深入发掘和支持深耕农村地区的、富有情怀的本地企业。

三是发达国家或地区注重建立高度发达的农产品市场体系。日本、荷兰和中国台湾农业克服资源禀赋劣势的关键在于其完善的内外部市场。日本通过村村之间的良性竞争实现品牌高端化,荷兰通过发达的全球物流体系和冷藏式长途运输技术实现品牌国际化,中国台湾通过拟人化和文创化的产品设计开辟营销新模式。上海需要充分汲取发达国家或地区在实施农业品牌推广方面的经验,依托自媒体等高科技手段,大力推动推荐会、拍卖会等活动的举办,将海派文化融入农产品,增加品牌吸引力。

四是发达国家或地区注重建立功能完善的农业现代化社会服务体系。全方位调动社会服务体系的积极性是美国农业实现全球化的秘诀。美国农民可以直接接触到不同机构编制的资金、技术、市场状况等最新信息,极大便利了其生产经营决策。上海需要充分吸收发达国家或地区在加强农业品牌社会化服务方面的经验,依靠顶层设计,建立起融技术、物流、金融等职能于一体的社会化综合服务体系,通过推动设立新型农村协会代表农民与供应商和客户谈判,以便为散户农民争取更多利益。五是发达国家或地区注重建立绿色可持续的生态农业生产体系。丹麦等欧盟国家严格执行生态化农业生产流程,建立了生态修复专项资金,为农业品牌刻上了"绿色+健康"的烙印。上海需要充分吸取发达国家或地区在提高农业品牌可持续性方面的经验,推行绿色无公害的生产方式,充分利用农业生产过程中的废物、废水等,加大新型化肥的研发利用,通过翻种、生物防治、推出解磷产品等方法保护土壤,使土壤保持有机化。

上海都市现代农业与发达国家的对标分析与建议

(单金)

近年来,围绕党中央关于实施乡村振兴战略的系列重要指示精神,上海坚持以新发展理念引领高质量发展,充分利用科技、人才、资金、市场等方面的优势,提高农业综合效益和竞争力,在保障农产品稳定供应和质量安全、提升农业产业化水平、加强农业科技创新能力、改善农业生态环境等方面都取得了突出成绩,已初步探索出具有上海特色的都市现代农业发展模式,发展水平处于全国领先。尽管如此,上海农业依然面临着一些瓶颈和问题,距离国际化大都市农村的目标定位还有一定的差距,与日本、荷兰、以色列等发达国家的都市现代农业发展水平相比较,存在较大的提升空间。为找准上海都市现代农业的发展方向,本研究将上海与发达国家进行全面对标,分析与世界先进水平之间的差距以及发达国家的经验做法,并提出有针对性的决策建议。

一、上海都市现代农业发展特点与功能定位

(一)发展特点

上海农业是典型的都市现代农业,与城市经济、文化、科学、生态等系统高度融合,虽然总量规模小,直接经济贡献率低,但在全市的功能地位已不能用一般产业或普通农业的标准来衡量,而是拓展至多个维度及领域。乡村也将成为上海超大城市的稀缺资源、城市核心功能的重要承载地以及提升城市能级和核心竞争力的重要战略空间。上海农业的发展具有鲜明优势:一是市场优势,乡村背靠国际化大都市、大市场,具有广阔的市场环境和高端的消费需求;二是要素优势,具备较为完善的资金、人才、科技等现代生产要素,而且一批高水平的功能平台和新型研发组织也为农业科技创新与乡村产业发展提供了坚实基础;三是重大战略优势,目前上海承担着"长三角一体化发展"等国家重大战略,对于上海农业发展有着巨大的溢出效应,进一步增强了上海农业的发展动力,加速推进城乡融合发展。与此同时,上海农业也面临着先天条件的不足,包括市域的面积较小,人口密度、产业密度和土地开发强度较大,农业资源禀赋不足,环境压力较大等。

（二）功能定位

根据《上海市乡村振兴"十四五"规划》《上海市推进农业高质量发展行动方案（2021—2025年）》等重要政策文件，上海都市现代农业既要发挥传统功能优势，也要结合自身特点和优势，融入超大型城市农村的独特元素。总体上，上海都市现代农业的功能定位涵盖了三项基本功能和两项提升功能。基本功能包括：一是保障供给。上海农业要提高生产效益，保障主要的农产品供应，为超大城市提供难以由外省市提供的优质时鲜农产品，满足个性化、高端化、品牌化的需要。二是生态涵养。上海农业必须坚持绿色低碳发展，有效降低能源消耗和面源污染，提升农业废弃物资源化利用水平。三是文化传承。上海农业应当充分挖掘和传承乡村地区所蕴含的传统乡土文化、民俗风情和农耕文明，因地制宜发展乡村休闲旅游等产业项目。提升功能包括：一是成为高科技农业的引领者，上海农业要突破现有瓶颈，就必须进一步提升农业科技和装备水平，重点支持种源农业、生态农业、智慧农业等技术创新和推广应用，强化科技创新驱动发展；二是提升产业化经营水平，成为优质产业发展的重要承载地。产业振兴是上海都市现代农业发展的关键要义，必须进一步提升农业产业化经营水平，壮大农业经营主体和人才队伍，加快农业市场化、品牌化，推进全产业链发展和一二三产业融合发展，提高社会化服务水平等。

二、上海与发达国家的对标分析

本研究从上海乡村振兴战略实施的视角出发，紧扣"十四五"新形势下的发展特色和功能定位，围绕上海"两个面向"和"两个对标"的要求，将上海都市现代农业与发达国家进行全面对标分析，涵盖经济、生态、社会、文化等各个方面，充分体现都市现代农业功能多样性的典型特征。

（一）选取对标的发达国家

本研究选取日本、荷兰、以色列为主要对标对象。这三个发达国家一是与上海农业发展的先天条件较为接近，土地资源、农业资源禀赋都相对稀缺，人均耕地较少，但劳动力要素较为充裕；二是与上海城乡区域结合的发展现状较为吻合，因而更具有对标和借鉴的价值。过去也有研究聚焦美国、德国、法国等欧美发达国家的都市现代农业，本研究中只作为部分指标的对标参考，不详细讨论分析。

（二）对标框架与内容

结合对标发达国家的都市现代农业发展情况，采取定量与定性比较相结合的方式，主要从以下5个方面开展对标。

(1)生产能力：农业生产能力不仅直接关系到农业的保障供给能力，同时也体现了农业的经济价值,可供比较的指标包括农业劳动生产率、土地产出率、劳均耕地面积等。

(2)生态涵养:反映绿色低碳农业发展水平,体现在减少面源污染、降低能源消耗等方面,可供比较的指标包括化肥和农药使用强度、农业用水效率等。

(3)科技发展:反映农业科技发展水平,包括机械化与智能化水平、种源农业发展水平、农业科技推广水平等,可供比较的指标有农业科技进步贡献率。

(4)经营水平:反映现代农业产业化经营水平,包括农业经营主体发展情况、农民职业化水平、农业市场化与品牌化水平、产业融合水平等。其中,在产业融合发展方面,结合上海的发展现状,重点关注休闲观光和乡村旅游业。

(5)文化传承:反映乡村文化价值的保护、开发和传承水平等。

(三)对标情况分析

1. 生产能力

一是粮食供给保障。近年来,上海粮食年总产量整体呈下降趋势,2019年总产量(95.90万吨)较2015年(125.41万吨)下降了约24%,粮食自给率不高,更多需要依赖进口[1]。但此类情况在荷兰、日本、以色列等发达国家中也同样存在。根据联合国粮农组织(FAO)数据库,通过本国自产量、出口量、进口量三项指标换算粮食自给率[2]可得,2019年日本的粮食自给率约35%,荷兰约10%,以色列只有约5%,而中国超过了95%。由此可见,日本、荷兰、以色列三个发达国家受限于资源禀赋等因素,在粮食方面都明显更依赖进口。

二是劳动生产率[3]与土地产出率[4]。这是衡量农业生产效率的重要指标,也是都市农业经济价值的重要体现,在这两项指标中上海与发达国家差距巨大。在农业劳动生产率上,日本、荷兰、以色列分别约是上海的6倍、22倍和25倍,在土地产出率方面,分别约是上海的1.3~1.5倍(见表1)。劳均耕地面积[5]有限是制约上海劳均产出的重要因素。与日本、荷兰、以色列等发达国家相比,上海"人多地少"的土地稀缺情况更加突出,农业劳均耕地面积仅0.41公顷/人,只有日本的1/4,荷兰的1/14,以色列的1/18,更是远远低于美国、法国、德国等农业自然禀赋相对优越的国家。上海农业的产业结构也制约了上海劳动生产率与土地产出率的提升。上海农业种植业与

---

[1] 数据来源于《上海农村统计年鉴(2020)》。
[2] 粮食自给率=本国生产量/(本国生产量+进口量-出口量)
[3] 劳动生产率(劳均农业增加值)=农业增加值/农业劳动人口。
[4] 土地产出率=农业增加值/耕地总面积。
[5] 劳均耕地面积=耕地总面积/农业劳动人口。

畜牧业的总产值之比超过了3∶1,远高于其他发达国家(绝大部分低于1∶1)。从种植业内部结构来看,上海粮食作物产值占种植业产值的比重为16.1%,日本为33.1%,荷兰、以色列均低于5%。可以看到,荷兰、以色列两国在粮食方面更多依赖进口,在产业结构中明显侧重于高附加值的经济作物与畜牧业,日本虽然相对重视粮食生产与自给,但畜牧业的比重也远高于上海。

表1 生产能力比较

	农业劳均耕地面积(公顷/人)	农业劳动生产率(美元/人)	土地产出率(美元/公顷)	农业种植与畜牧业的总产值之比	粮食作物产值占种植业产值的比重(%)
上海	0.41	3 795	9 102	3.02∶1	16.0
日本	1.8	24 268	13 552	0.78∶1	33.1
荷兰	5.8	84 844	12 360	0.32∶1	4.3
以色列	7.4	93 565	11 877	0.77∶1	4.5
美国	68.1	85 987	1 206	0.79∶1	55.2
法国	25.9	51 257	2 402	1.01∶1	22.0
德国	20.8	47 249	1 623	0.42∶1	33.2

注:①上海的数据均为2019年数据,农业劳动生产率和土地产出率数据均按当年美元对人民币的平均汇率换算,数据来源于《上海农村统计年鉴(2020)》。
②其他国家的数据中,劳动生产率数据为2016年数据,其余数据为2017年数据,数据来源于FAO数据库、世界银行数据库。

2. 生态涵养

一是化肥农药施用强度[①]。近年来,上海化肥农药减量化取得明显成效,2016年至2019年单位耕地面积的化肥用量降低了23%,农药用量降低了32%。但化肥施用强度依然是日本的1.8倍、以色列的1.7倍,荷兰的1.6倍,农药施用强度是日本的1.3倍、荷兰的1.6倍,低于以色列的水平(见表2)。这在一定程度表明上海农业发展仍较为依赖化肥农药的投入,科技、装备等现代要素投入的贡献率还有待提升。

表2 化肥农药施用强度比较

	单位耕地面积的化肥用量(千克/公顷)	单位耕地面积的农药用量(千克/公顷)
上海(2016)	532.0	22.5
上海(2019)	410.0	15.3

---

① 化肥(农药)施用强度=化肥(农药)总用量/耕地总面积。

续表

	单位耕地面积的化肥用量（千克/公顷）	单位耕地面积的农药用量（千克/公顷）
日本	222.8	12.1
荷兰	258.2	9.7
以色列	240.2	20.4
美国	137.0	2.7
法国	168.7	3.9
德国	202.2	4.0

注：①上海的数据来源于《上海农村统计年鉴（2020）》。
②其他国家的数据均为2017年，数据来源于FAO数据库。

二是农业用水效率。2017年上海农业用水占总用水量的比例为15.9%，远低于日本、以色列，高于荷兰。在单位农业用水的增加值上，上海与日本持平，远低于以色列以及荷兰（见表3）。总体来看，上海农业用水得到较好控制，但在单位用水产生的效益上与以色列、荷兰相比仍有差距。

以色列农业最显著的特征就是其高效的灌溉体系。自1948年建国至今，在耕地面积仅提升至2.6倍的情况下，农田灌溉面积提升至7.7倍，并且实现高达95%的水资源利用率。微滴灌管道系统遍布全国主要农业生产地区，通过运用水肥一体化、循环用水等设施园艺技术，比普通设施种植平均节省30%～40%的水和化肥，同时微滴灌精准施肥也让农产品单产显著提升[①]。

表3　　　　　　　　　　　　　农业用水情况比较

	农业用水占总用水量的比例（%）	单位农业用水的农业增加值（美元/立方米）
上海	15.9	1.0
日本	66.8	1.0
荷兰	0.56	212.7
以色列	55.8	4.5
美国	30.1	1.5
法国	10.4	14.3
德国	0.64	91.1

注：数据均为2017年，上海的数据来源于《2018年度上海市国家现代农业示范区建设水平监测评价报告》（上海市农业农村委员会、上海交通大学新农村发展研究院合作撰写），其他国家的数据来源于FAO数据库、世界银行数据库。

---

① 邓妙嫦，刘艺卓. 以色列农业生产和贸易发展研究[J]. 世界农业，2015，438(10)：181-184.

三是绿色低碳农业发展。近年来,上海越来越重视节能减排,新出台了《关于持续创新生态环保举措精准服务经济高质量发展的若干措施》《上海市低碳示范创建工作方案》等政策文件,支持绿色低碳产业的发展。在农业上,上海也积极推进绿色生产方式,目标到2025年绿色生产基地覆盖率达到60%,绿色农产品认证率达到30%以上,同时积极开展化肥农药减量增效行动,提升农业资源循环利用水平,取得一定成效[①]。

荷兰在绿色低碳农业发展方面有着较为成功的经验,其曾在20世纪80年代面临严重的农业环境污染问题,此后积极调整农业政策导向,从严格控制畜禽养殖量,到严格控制肥料和农药施用,再到实行农业资源全面管理三个阶段,成功实现了绿色低碳转型,2003年的平均能耗只有1980年的一半。其主要经验值得上海借鉴:一是坚持种养结合的可持续发展模式,既优化产品结构,又根据不同区域的土壤结构特征,全面优化生猪、奶牛、家禽养殖区域布局。二是强化绿色低碳技术的研发和应用。在无土栽培、精准施肥、雨水收集、水资源和营养液的循环利用等方面进行了大量的技术创新。三是坚持"绿色标签"的评定管理,民间独立组织环境选择基金会与政府部门合作,针对温室种植业实行严格的"绿色标签"发放制度,根据用水量、能源消耗量、营养成分、农药施用量、光污染等指标进行积分和评定,得到"绿色标签"的种植户可根据积分高低向政府申请减税或得到银行优先贷款。

3. 科技发展

"十三五"时期,上海农业科技发展取得重大成效,目前农业科技进步贡献率已提升至79.1%,但依然明显低于荷兰、以色列的水平,两国农业科技进步贡献率均超过了90%,农业科技含量极高。

一是农业机械化水平。上海主要农作物综合机械化率已达到95%以上,目前正积极推动粮食作物生产全程机械化,并加快蔬菜生产"机器换人"的步伐。但在林果、花卉等经济作物机械化生产方面依然存在短板,高性能农业机械的品种还不多,农机装备自动化、智能化的程度还有待提升,农机社会化服务还有待加强。

发达国家在农业机械化的探索起步更早。日本早在2003年就开始执行"下一代农业机械紧急发展计划",根据山地多、水田多、耕田小而散等特点,因地制宜地发展小型农业机械,涵盖了从种植到收获的各个环节。同时推广农机社会化服务,针对农户小而全的农业经营形式建立了"农业机械银行",农户之间统一集中、协调使用各类

---

① 出自《上海市推进农业高质量发展行动方案(2021—2025年)》。

农业机械设备,在全国已成立了上千个这样的互助组织①。

二是智慧农业发展。上海农业数字化转型初见成效,如建立了上海农业农村大数据共享服务平台等信息系统,实现食品安全追溯信息化,进一步搭建农村电商平台等,农业信息化覆盖率已超过90%。但与发达国家相比,特别是在农业生产环节,智慧农业的发展依然远远落后。

日本非常重视智慧农业的发展,早在2013年底就设立了"面向智慧农业研究会",主要职能是绘制智慧农业发展的路线图并提出针对性的政策措施。另外,给予了专项财政扶持,并搭建了智慧农业产学研平台,形成连接农业法人、ICT企业、大学、公立研究机构的开放式创新型产学研网络②。以色列运用大数据、物联网等技术手段,通过先进的传感器设备,对土壤品质及作物生长过程开展智能化监测,在此基础上发展水肥一体化技术,实现了节水、灌溉与平衡施肥的统一化、精准化以及资源利用的最大化③。荷兰温室实现了智慧农业设施与技术的高度集成,涵盖了人工补光、无土栽培、水肥一体化、生物防治、能源管理、工业自动化、温室内物流、包装及加工、冷链物流、产品品质检测、劳动力管理和物联网软硬件等各个领域,生产全流程几乎无需人工,全部由智慧化系统完成④。

三是种源农业发展。近年来,上海的育种能力不断提高,节水抗旱稻获国家科技发明二等奖,先后育成"沪油16"、申鸿七彩雉等各类新品种。目前全市共有种子企业54家,其中3 000万元以上的规模企业11家,1亿元以上的2家,年销售额近10亿元。另外,上海已建有我国南方地区最大的农业基因资源库,共保存了22.6万余份种质资源,并实现了全社会共享⑤。虽然上海种源农业有了较大发展,但与荷兰、以色列等发达国家还存在明显差距,存在种业产业规模不大,种业企业综合竞争力不强,种业发展缺乏规划、资金、政策支持等问题。

荷兰的现代种源农业十分发达,约有350家种子公司,植物种子种苗年销售额超过25亿欧元,占全球出口总额的25%,其发展的主要特征有"三高":高强度的资本投入、高比例的研发人员以及高附加值的产品收益。以番茄为例,1粒番茄种子的市场售价1欧元,1千克种子的市场售价可高达30万欧元。以色列的育种技术同样处于世界领先水平,可以精确、快速地改善对农业生产力和农产品质量有重要影响的生物

---

① 代贵金,王彦荣,宫殿凯. 日本农业现代化及其对中国的启示[J]. 中国农学通报,2019,35(3):158—164.
② 苏杭,马晓蕾. 日本智慧农业的发展及启示[J]. 日本问题研究,2020,34(3):29—36.
③ 宗会来. 以色列发展现代农业的经验[J]. 世界农业,2016,451(11):136—143.
④ 詹嘉放,宋治文,李凤菊,王晓蓉. 日本、荷兰和以色列发展设施农业对中国的启示[J]. 天津农业科学,2011,17(6):97—101.
⑤ 王东荣,顾吾浩. 加快发展上海种源农业的若干建议[J]. 上海农村经济,2021(5):12—14.

性状,从而开发出高效、无公害、抗病虫害的农作物种子,有效降低对农药和化肥的依赖,并能适应干旱缺水的自然条件。以色列每年向世界市场出口达3 000万美元的种子,棉花、柑橘等作物几乎都是优质高产[1]。

四是农业科技推广。近年来,上海农业技术推广普及规模不断扩大,郊区奶牛、生猪良种率达到100%,水稻和蔬菜良种覆盖率也达到95%以上。另外,不断完善科技成果转化服务,推进"绿叶蔬菜病虫害绿色防控"等农业主推技术示范推广。但上海依然存在农技推广与农民需求不对称、农技推广队伍素质结构需要优化、农业科技成果转化力度不强等问题。

日本农业科研及技术推广体系特点可总结为"三位一体式"机构设置,政府主要把控方针政策制定,农协分布在全国各地农村区域促进技术推广普及,产学官协作体制推动各领域农业科研工作和成果转化,三者交叉并行,相辅相成。早在1952年,日本就设立了专门的普及职员进行农技推广和普及,2020年全国农业普及职员数为7 768人,普及指导中心有482所,覆盖面广[2]。

4. 经营水平

上海目前农业增加值占GDP的比重仅为0.3%,而日本、荷兰、以色列均能达到1%～2%的水平。与发达国家相比,上海农业产业化经营水平依然相对落后,产业能级还不够高,需要在经营主体壮大,农民职业化,一二三产业融合,农产品市场化、品牌化等多方面继续发力。

一是农业经营主体发展。近年来,上海积极推进农业龙头企业、农民专业合作社、家庭农场等各类经营主体的发展。2018年,上海农民参加农业合作社(或其他形式经营主体)比例为52.68%,农业产业化组织带动农户户数达69.12万户。但目前在全市层面依然存在一定数量的小散农户,不利于产业集约化、规模化发展。

近年来,日本积极提升经营组织的平均流转耕地面积,提升规模化程度,未满1公顷的经营组织数量减少约10%,逐渐脱离破碎化、小面积的情况。另外,通过各种政策和法律推进农业经营组织法人化,实现更专业化和规范化的管理,减少账目不清、分配不均的问题,更有利于政府和金融机构给予优惠和支持[3]。

荷兰农业的根基是数量众多的家庭农场和在此基础上联合发展的合作社,以全

---

① 李晓俐. 国外农作物种业的发展方式及对我国农作物种业的启示[J]. 园艺与种苗,2015(4):26—29.
② 李娜. 日本农业产业融合的新进展及启示——以"知识聚集和活用场所"为中心[J]. 亚太经济,2020(4),89—99+150—151.
③ 顾艳阳. 日本农业经营体系构建及发展对我国农业规模经营的启示[J]. 农村经济与科技,2019,30(11):32—33.

产业链发展、全过程利益分享为特点,并且能高水平地吸纳和集成各种先进农业技术与装备。农民不仅在技术服务、生产资料供给和农产品销售方面能够直接获益,而且可以通过与合作社的交易量挂钩的利润返还,分享仓储、加工、包装等产业环节的价值增值[1]。

二是农民职业化。上海已全面建立新型职业农民培养体制,全市累计培育农业经理人 200 余名,新型职业农民 2 万余名,到 2025 年,计划累计培育农业经理人 500 名,累计培育新型职业农民 2.5 万名,2018 年上海农村劳动力人均受教育年限为 11.18 年。但农业对于高学历、高素质人才的吸引力还不是很强,优质农业人才供不应求,人才的素质结构、行业结构、年龄结构急需优化,新兴业态人才较为紧缺。

以色列十分重视农民的职业化发展,成立了专门从事农业教育的培训机构,如魏兹曼科学研究院、希伯来大学农学院等,重视农民文化程度的提升,以色列农民大学及以上文化程度的占近 50%[2]。日本的农民教育培训由国家统筹规划,农民受过专门教育和培训的比例较高。应届毕业生直接从事农业或转职农业的经营者中,分别有 77% 和 39% 曾在学校接受过农业专门教育,务农人员中在农业改良中心和农协进修培训的比例分别为 43% 和 38%[3]。荷兰推行"OVO"模式,农业科研、教育和推广系统共同发力,建立全方面的农业知识创新体系。政府定期对职业农民进行免费教育培训,并借此将"OVO"所研发的各类农业技术进行运用实践。另外,坚持高投入、高产出的理念,通过在农民职业教育、科研等领域的巨额投入,克服其在农业方面资源少、环境恶劣等短板[4]。

三是产业融合发展。"十三五"期间,上海休闲农业、乡村旅游、文化体验、电子商务、创新创业等新产业新业态发展迅猛,其中休闲农业和乡村旅游业最为突出,目前全市已建立乡村旅游点 315 个,2020 年接待游客达 1 500 万人次,旅游直接收入达到 12 亿元。但与此同时,休闲农业和乡村旅游产业也暴露出同质化现象严重、设施配套不足等问题。

日本是最早提出"六次产业发展"概念的国家,并于 2010 年以法律的形式明确大力推进六次产业,促进地产地销,强调将农业"增值"留在农村。通过地方农协主导发展、农户依托于农协进行产业集聚和整合的发展模式,充分挖掘地方特色,将第二、三

---

[1] 郭晓鸣. 合作社是创造荷兰农业奇迹最有力的制度支撑[J]. 当代农机,2020(2):61-62.
[2] 宗会来. 以色列发展现代农业的经验[J]. 世界农业,2016,451(11):136-143.
[3] 李瑶,万蕾. 职业农民培育:日本的经验及对我国的启示[J]. 农民科技培训,2019(3):42-44.
[4] 盛宁. 荷兰农民职业教育对我国新型职业农民培育的启示[J]. 现代化农业,2019(8):45-46.

产业的加工、销售、观光旅游等与第一产业充分融合,实现了农业提质增效、农户增收[1]。荷兰在产业融合方面也独具特色,在先进的设施农业基础上,延伸出高附加值的农业设施作物,并进一步形成以科技产业发展模式为主的休闲旅游业态,比如著名的风车村,风车农舍和郁金香产业的结合形成了与众不同的休闲农业特色。此外还有类似于体验式农园的乡村工艺项目,如木鞋制作工艺、奶酪制作工艺等[2]。

四是农业品牌化、市场化发展。目前上海依然缺少打得出、叫得响,具有全国乃至世界影响力的地产"拳头产品"和"知名品牌",农业企业的竞争力也不够突出。目前,上海仅有松江大米、崇明大米、南汇水蜜桃、马陆葡萄 4 个地产农产品品牌入选中国农业品牌名录农产品区域公用品牌。在由农民日报社组织评定的"2020 中国农业企业 500 强"名单中,前 100 名中上海仅有 4 家入选,排名最高的上海蔬菜(集团)有限公司仅位列第 15 名。

荷兰的品牌农业发展成熟,种子研发能力突出,品牌种子生产高度专业化,全球十大种子公司有 3 家是荷兰的家族企业。其温室企业生产的产品都有产品品牌、注册商标等信息,便于消费者按照品牌购买满意的产品。另外,得益于地理优势以及强大的物流和贸易能力,荷兰的农产品出口率世界第一,2019 年农业出口总额达 945 亿欧元,其中园艺产品占比最大[3]。日本大力推进"一村一品"运动,推动特色农产品发展,其关键经验在于面向市场,选择最能体现当地优势、最能占领消费市场的农产品,并通过不惜成本地追求"高品质"实现品牌的高附加值效应。同时建立了广泛健全的品牌认证制度,在全日本范围内实施"本地本物"认证制度,还注重为品牌农产品打造可视化的符号标志,为品牌传播和推广打好基础[4]。

5. 文化传承

近年来,上海在发展农业的同时,逐渐重视对乡村传统文化与特色价值的保护与开发,特色沪剧、江南风情水乡、上海本帮菜等文化魅力愈加彰显,但在具体操作中,依然缺乏立法、规划、政策等方面的明确指引和支持。

日本为了应对传统乡村文化的衰退采取了多种措施,一是在 2004 年对《文化遗产保护法》修正时引入了"文化景观"概念,进一步落实了对乡村文化景观的保护,在乡村规划中也强调通过传承生活和生产方式来保护可持续发展的乡村文化;二是注

---

[1] 严瑾. 日本的六次产业发展及其对我国乡村振兴的启示[J]. 华中农业大学学报(社会科学版),2021(5):128—137+197—198.
[2] 雷鸣,陆彦. 中外休闲农业模式的比较与发展建议[J]. 市场周刊,2021(9):1—4.
[3] 汪琳,窦树龙,于书敏,米政实. 2019 年荷兰农产品进出口贸易分析[J]. 中国口岸科学技术,2020(2):25—31.
[4] 张姮. 日本"品牌农业"的农产品品牌建设研究[J]. 现代商业,2012(7):98—99.

重以村民为主体的多种保护力量,发挥民间各类社会组织的作用;三是借助乡村旅游促进乡村文化的发展,利用好传统建筑,重视展示文化传统、民俗民风以及旅游者的文化参与、生活体验等[①]。荷兰也十分重视在乡村文化保护方面的投入,自2000年以来先后实施了三个7年期《乡村发展规划》,将75%的预算用于建立自然保护区和公园等项目。

三、上海都市现代农业的发展建议

通过上海与日本、荷兰、以色列全方面的对标分析,可以看到上海都市现代农业与发达国家相比依然存在差距,发达国家的一些经验做法值得借鉴和学习。围绕上海可向发达国家学习借鉴的几个重要方面,提出如下建议:

(一)优化产业结构,提升产出效益

发达国家的经验表明,严格控制养殖规模是必需的,但适度发展畜牧业有利于优化农业生态环境,并且能够提高土地产出效益。从构建科学合理的农业生态系统的角度来看,规范适度、达标排放、粪污还田的畜禽养殖,不仅不能视为污染,而且具有减量施用化肥、减少农业面源污染、改善土壤微生物系统的生态环境维护正面效应。目前,上海农业产业结构性萎缩问题较为突出,鉴于环保督察、综合环境整治和生态建设的压力,近年来畜牧业受到较大冲击,畜牧业的萎缩也导致一些循环型的农业经营模式无法延续,生产和生态效益都难以提升。因此,上海应进一步优化产业结构,坚持种养结合。根据不同区域的土壤结构特征,优化畜牧养殖区域布局,科学区划种养结合单元,每个种养结合单元由农田、养殖场和废弃物处理设施组成,实现每个单元内的封闭循环,消除环境污染的隐患。

(二)发展低碳循环技术,建立评定管理机制

上海需要进一步提升绿色低碳循环农业发展水平,在减少面源污染、降低能源消耗、减少碳排放等方面向荷兰等世界先进水平靠拢。一是探索多样化的低碳循环农业模式。建设一批农业绿色低碳发展实践区,以打造生态农业循环链为目标,推进新技术、新模式的探索与应用,深化对水肥一体化智能灌溉技术、自动化喷滴灌系统等先进技术和设备的研究,形成可复制可推广的典型经验。二是建立对低碳企业的评定管理和政策扶持。参考荷兰"绿色标签"制度的经验,建立科学、完善的"绿色低碳"评定机制和积分体系,对致力于低碳循环农业的企业进行严格的评定和监督,并相应

---

① 王洁,王丝申,杨若涵,浦欣成.文化景观保护:日本传统乡村的活态传承[J].建筑与文化,2019(3):40-42.

地在设施采购、税收、贷款等方面给予充分的支持。

(三) 攻坚精准育种技术，做强种业企业

种业是农业产业链的源头和高附加值的重要环节，也是农产品品牌化发展的关键起点。上海应抓住建设全球科创中心的战略优势，将发展现代种源农业作为重要战略举措。一是加快突破精准育种前沿技术，通过将基因编辑技术和精准育种方法纳入常规育种和选育，有针对性地进行遗传改良，提高农业生产力、抗病抗旱能力，降低对化肥农药的依赖，提升农产品营养价值。二是要做大做强本市种业企业，建立发展现代种源农业的专项基金，鼓励大型国有企业和民营企业投资现代种业，为发展潜力大的种业企业开辟绿色通道，鼓励开展应用研究和产业化项目。

(四) 研发新一代传感器技术，搭建智慧农业产学研平台

上海的智慧农业离世界先进水平有一定差距，需要加快脚步，以农业设施装备智能化、生产过程控制精准化、农业资源管理数字化、农业信息服务网络化为努力目标。一是大力研发新一代传感器技术，进一步加强对高精度、可现场部署的传感器的开发和应用，提升对物理环境和生物性状的监测与整合能力。二是搭建智慧农业产学研平台，建立连接农业经营主体、ICT企业、高校、公立研究机构等的开放式创新型产学研网络，在政府的大力支持下，集中研究和创新一批关键技术和装备。同时紧密结合教育培训与研发应用，围绕智慧农业相关前沿领域提升教育培训质量，并借此将所研发的技术和装备进行运用实践，推动研发成果落到实处。

(五) 发展产业一体化经营，推进经营主体规范化

上海应逐步改变当下农业经营主体"小、散、乱"的格局，提高农民组织化水平，发展壮大现代农业经营主体。一是大力发展农业产业一体化经营，以全产业链发展、全过程利益分享为目标，积极构建农业产业化联合体。努力打通从农业生产投入到消费者的各个环节，使农产品不断增值，并增强资金、技术、人才等关键要素的集约能力。同时形成企业、合作社与农户之间稳定的利益联结机制，从简单的买卖、租赁行为逐步向保底收购、股份合作等紧密关系转变。二是提高农业经营主体在生产、经营等管理方面的规范化水平，加强对合作社与家庭农场的规范化指导，建立数据化的监测与评估体系，全面推行农业经营主体积分制度，既能提升政府和金融机构给予政策和信贷支持的针对性和精准度，又有利于更好地吸引人力资源。

(六) 立足地方特色，提升农业品牌化水平

无论是农产品，还是乡村旅游等产业项目，都应在挖掘地方特色与文化符号上加大力度，在充分把握消费市场的基础上，发挥好当地的禀赋性、自生性和特色性资源。一是要转换片面追求高产的观念，突出特色化和高品质的导向，注重品牌的包装和标

识,真正把产品和项目做细做精,避免陷入同质化、低端化的陷阱中。二是实行区域品牌联动发展,由"一村一品"逐步向"一镇一品"演变,推动产业形态由"小特产"转变为"大产业",主体关系由"同质竞争"转变为"合作共赢",提升品牌的规模化水平。三是要健全品牌认证制度,在"两品一标"的基础上,加强对高科技农业品牌以及地方特色文化品牌的认证,进一步细化认证类型,规范认证标准,健全品牌农产品的目录清单。

(七)加强文化保护规范指引,打造乡村特色文化产业

在保护和开发乡村文化方面,一是要从立法、规划、政策等方面加强指引,特别是从乡村规划的角度,对于文化景观、传统生产与生活方式等物质文化和非物质文化应该如何保护和开发,需要给予更加明确的指导和规范。二是要积极开发乡村旅游、文物展览、文化创意等多种特色文化产业形式,带动文化传承,结合当地文化特色,吃透隐藏在乡村背后的历史,选择认同性强的文化符号开展项目设计,注重体验性项目的打造。三是文化产业项目要积极调动当地村民的参与,带动村民增收,进一步激发当地村民对地域的认同感和自豪感,培养村民关心自己身边的日常景观以及与地域的连带感,进而重视和培育地域固有的传统文化。

巴黎农业空间保护和价值提升的主要做法及经验借鉴

(刘旭辉 陈怡君 李璐璐)

一、巴黎的基本情况及与上海的比较

巴黎是法国的经济中心。长期以来,巴黎以其活跃的经济发展、超强的创新能力和深入的可持续发展居于欧洲城市前列,以其突出的文化、时尚等软实力享誉全球。在漫长的城市发展历程中,巴黎通过农业空间保护、农业功能持续优化、农业生产价值不断提升推动农业、工业以及服务业的相对平衡和相互促进,实现了城市和乡村的健康有序和协调发展。

从空间范围看,巴黎可以分为小巴黎和大巴黎(见图1、图2)。2020年,小巴黎(巴黎市区)面积为105.4平方公里,人口约224万;大巴黎(巴黎大区)又称法兰西岛,面积12 012平方公里,人口约为1 220万。2022年,巴黎大区面积仅占法国的2%,人口占法国的18.3%,GDP达7 420亿欧元,占法国的30.7%,居欧洲第一。

巴黎大区是一个高度多元化的经济体,是欧洲和全球贸易的枢纽地区,是欧洲最重要的科技研发中心之一,也是世界500强企业全球第三大聚集地。巴黎大区农业发达,盛产谷物、豆类和甜菜,是法国乃至欧洲重要的玉米产区和水果、蔬菜、鲜花产区,也是法国农产品加工业最为发达的地区。其葡萄酒产量居欧洲首位,农业食品加工业是外贸出口获取顺差的支柱产业之一;工业和制造业先进,在核电、航空、航天和铁路等方面具有领先地位;服务业实力明显,在文化、艺术、时尚等方面优势突出[①]。2018年,巴黎大区农业增加值占比约0.1%,工业和建筑业增加值占比为12.6%,第三产业增加值占比约为87.3%(见表1)。

---

① 法国巴黎大区概况,http://fad.zj.gov.cn/art/2020/12/25/art_1321201_44667599.html。

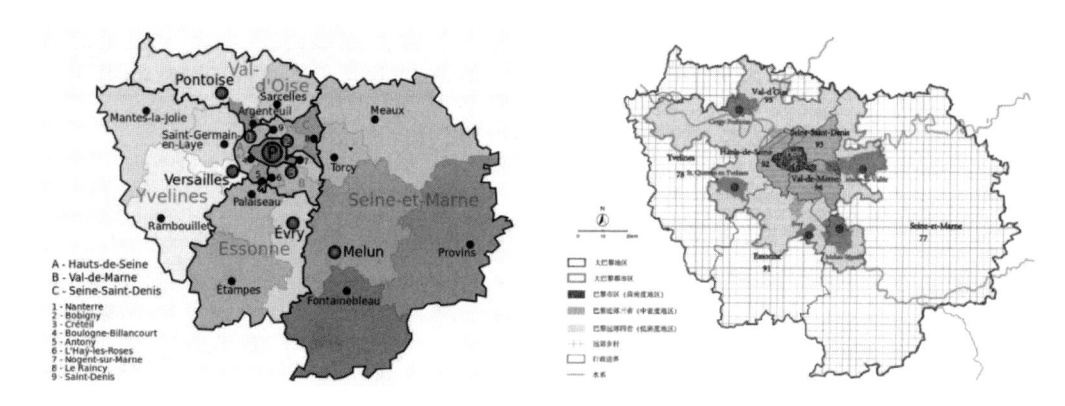

图 1　大巴黎地区行政区划图　　**图 2　大巴黎地区与大巴黎都市区空间范围界定**

图片来源：维基百科词条；彭程，李京生. 大巴黎地区都市农业空间分布的特征[C]//. 共享与品质——2018 中国城市规划年会论文集（18 乡村规划），2018：1997—2012。

表 1　　　　　　　　　　　　　　2018 年巴黎大区各行业的附加值

	法兰西岛	
	百万欧元	%
农业	569	0.1
工业	53 889	8.4
建筑业	27 378	4.2
第三产业（商业）	463 703	71.9
第三产业（非商业）	99 112	15.4
合　计	644 650	100.0

资料来源：L'INSTITUT PARI SREGION, Insee, CC PARIS ILE-DE-FRANCE, CHIFFRES-CLÉS DE LA RÉGION ÎLE-DE-FRANCE 2021.

以 2020 年主要数据对巴黎和上海进行比较，在规模上，巴黎大区面积约是上海的 1.89 倍，人口约为上海的 49.08%，而小巴黎面积约是上海中心城区的 15.71%；人口集聚度上，巴黎中心城区人口占比为 18.36%，上海为 26.84%；上海的 GDP 和平均薪资均远低于巴黎；企业总部数量上，巴黎是上海的 2 倍还多。在农业生产方面，上海的耕地面积约为巴黎的 28%，而农业增加值仅为巴黎的 4%、农业劳动生产率仅为巴黎的 1%；在绿地和设施建设方面，巴黎的人均绿地面积约为上海的 21 倍，博物馆和大型体育设施数量分别约为上海的 12 倍和 3 倍。由此可见，与巴黎相比，进一步提高农业生产水平、居民薪资水平，提升生态环境建设水平、公共设施服务水平仍是上海进一步努力的方向。

表 2　　　　　　　　　　巴黎与上海主要指标对比

	巴黎大区(2020)	上海(2020)
总面积(平方公里)	12 012	6 340
其中:中心城区面积(平方公里)	105.4	670.8
郊区面积(平方公里)	11 906.6	5 669.2
耕地面积(万亩)	889.65(2019)	243.00
人口(万人)	1 221(2018)	2 488.36
其中:中心城区人口(万人)	224	668
城区人口占比	18.35%(估算)	26.84%
第一产业从业人员(万人)	0.61(2018)	31.21
农业增加值(亿元)	56.66(2018)	103.57
农业劳动生产率(万元/人)	92.88(估算)	3.32
家庭人均可支配收入(元/人)	191 745(2017)	72 232
人均绿地面积(平方米)	24.7	1.15
博物馆(个)	206	17
大型体育设施(个)	39	12
高铁车站(个)	7	6
机场个数(个)	3	2
游客数(万人)	23 600	5 010
平均通勤时间(分钟)	44	50
欧洲《财富》世界500强全球企业总部最集中的区域	24	11

主要数据来源:L'INSTITUT PARI SREGION,Insee,CC PARIS ILE-DE-FRANCE,CHIFFRES-CLÉS DE LA RÉGION ÎLE-DE-FRANCE2021;2021维基百科;《上海统计年鉴(2021)》;《上海农村统计年鉴(2021)》及网络资料。

二、巴黎农业的主要特征

巴黎是法国农业最先进的地区。在城市化快速推进的过程中,巴黎一直保持农业的重要地位,持续发挥其重要作用。

(一)生产规模大

巴黎的农业生产规模普遍大于法国平均水平。巴黎大区50%以上的土地为农业用地,是法国第三大玉米产区和水果、蔬菜、鲜花的主要产区。2023年,巴黎大区拥有约57.1万公顷耕地,其中,大田作物面积约占农用地的90%,以谷物(小麦、大麦、玉米)和油菜为主,也包括甜菜、土豆等。巴黎大区谷物、油菜、纤维植物、甜菜等用地总面积约 50.6 万公顷,加上其他大田蔬菜和土豆,大田作物总面积约 51.1 万公顷[1]。除大田作物外,畜牧、蔬菜、水果、花卉等园艺等生产面积合计约占农业用地的 10%,虽然比重较小,但都是巴黎农业中多元发展的重要部分,为巴黎大区农产品的多样性提供了保障[2]。

（二）**多元功能强**

巴黎注重发展城市景观农业,强化农业多种功能。20 世纪 90 年代末期以来,巴黎的农业发展特别强调区域社会经济发展与生态环境保护的平衡、提高生活质量与减少环境污染的平衡、新城市化布局与农业和自然空间保护的平衡。巴黎城郊农业除具有生产经营功能外,还被视为一种文化和城市景观,向环境保护、观光体验、休闲健身、科普教育等多功能方向发展。巴黎政府提出要通过适度规模田园组团与适度规模地上建筑组团让市民进行田园体验,乡村农业观光度假已成为居民休闲的首选。城郊教育农业还为丰富城市孩子教育、农民职业培训和传播农业文化提供了机会。

（三）**注重农业宣传**

通过树立农业会展业典范,助推农业经济发展。巴黎国际农业博览会起源于 1964 年,有"巴黎最大的农场"之称。巴黎国际农业博览会的主要功能包括农产品宣传、农事教育、农产品质量评比等。巴黎国际农业博览会每年举办各类农产品、海产品等专项评比,引导消费,从而实现经济拉动效应。巴黎国际农业博览会已经成为巴黎市,乃至法国农业城市经济发展的助推器。

三、巴黎农业保护和价值提升的主要做法

（一）**以城乡规划确保农业空间的集约和有序**

20 世纪以来,巴黎进入城市扩张阶段,政府和城市建设者以城乡一体为原则,通过前沿创新的规划手段解决城市化进程中出现的环境污染、郊区扩散、经济增长乏力等问题,指导城市与乡村的协同发展。

通过城市总体规划限制中心区过度蔓延、加强交通联系、保护生态环境,保障了城乡的有序发展。1965 年出台的《巴黎大区国土开发与城市规划指导纲要(1965—2000)》在完善现有城市聚集区的同时,在其外围地区为新的城市化提供可能的发展

---

[1] Agreste—法兰西岛统计数据 2023。
[2] 巴黎版"田园型全球城市"：https://mp.weixin.qq.com/s?_biz=MzI5MzMzNDg2Nw==&mid=2247598099&idx=2&sn=76c9edb392fa2922ed2e3f33e896c077&chksm=ec70ba2fdb073339a8249fede492b526636462cd6c399908ec4b6-0d4c10b7ba69f3c60587649&scene=27。

空间;1976年颁布的《法兰西之岛地区国土开发与城市规划指导纲要(1975—2000)》重申了巴黎地区多中心的空间格局、综合性和多样化的发展原则,划定"乡村边界",沿南北两条轴线,形成多中心的空间格局。2014年,巴黎开始实施"巴黎大区战略规划"(SDRIF),着重应对社会团结、生态环境、经济发展三方面的挑战,以可持续发展为核心理念,提出了"紧凑、多核和绿色的大都市区"的空间战略,将农业空间融入城市整体,为乡村发展提供了空间保障,使巴黎农业形成较为完善的体系。

在整体空间布局的基础上,农业生产不断向大规模农场集中。巴黎的农业生产以私人农场为主,发展过程中,农场数量不断减少,但规模不断扩大。2004年,经营规模大于50公顷的大中型农场约为巴黎农场总数的80%[1]。2009年,巴黎大区5 300个农场平均每个农场面积106公顷,不同类型农场之间存在差异,粮食作物农场平均种植面积为153公顷,水果农场平均为25公顷,蔬菜农场平均为9公顷[2]。据统计,2000—2010年,仅法兰西岛西部地区的农场数量就减少了870个,而之前40年间农场数量共减少了3/4;排名前10%的农场贡献了40%的标准生产潜力,67%的农场专注于大型农作物生产。尽管农场数量在减少,但生产潜力超过10万欧元的大型农场越来越多,占农场总数的52%,承担了90%的生产潜力[3]。集约化生产在提高经济效益的同时,对生态、景观、休闲和教育等方面的功能更加显著。

(二)以立法确保农业景观保护的刚性要求

巴黎不断完善法律法规,保障农业空间的可持续发展。自20世纪80年代起,欧洲国家开始注重农业空间发展,法国率先开启了农业景观的"振兴之路"。自1906年起,法国陆续颁布了《历史文物建筑及具有艺术价值的自然景区保护法》《景观保护法》等法律法规,开始关注文化遗产本体的周边环境,使受城市威胁的乡村农业空间得到了有效的保护。此外,景观专项法以及《国家公园法》《农业指导法》《生物多样性法令》等陆续通过,与农业政策相结合,为农业景观的保护与开发提供了保障。自1990年起,法国将景观、可持续发展的概念纳入农业政策中,促进生态农业转型发展,激发农业景观综合功能的发挥。2006年《欧洲景观公约》正式生效,法国逐步形成了较为完善的景观体系,农业空间也因此得到长足保护。

引入生态学、景观学等工具,多学科融合促进农业发展。农业生产、生态和景观

---

[1] 高卢仁. 法国巴黎农产品市场模式[J]. 中国市场,2004(10):29.
[2] 巴黎版"田园型全球城市":https://mp.weixin.qq.com/s?__biz=MzI5MzMzNDg2Nw==&mid=2247598099&idx=2&sn=76c9edb392fa2922ed2e3f33e896c077&chksm=ec70ba2fdb073339a8249fede492b526636462-cd6c399908ec4b60d4c10b7ba69f3c60587649&scene=27。
[3] Île-de-France Ouest:Premières tendances. Agreste,2011,(111).

图 3　大巴黎地区农场分布情况

图片来源：彭程，李京生．大巴黎地区都市农业空间分布的特征[C]//共享与品质——2018 中国城市规划年会论文集(18 乡村规划)，2018：1997－2012．

之间具有协同和互补性。法国在农业法案制定、农业项目实施过程中始终坚持生态原则，并将景观问题置于核心[①②]。基于农业"生产功能"，引入生态观念，实现农业景观的"再创造"，使农业空间的多功能逐渐显现，并开始反哺农业空间[③]。

(三)加强城乡统筹，持续调整农业功能

大巴黎地区在农业发展的每一个阶段都赋予农业明确的定位，促使农业从单一功能逐渐走向多元和综合，在功能转化的过程中促进和提高农业价值转化。

表 3　　　　　　　　　大巴黎地区都市农业发展沿革

阶段	时间	相关规划	相关政策
城市供给	1851—1960	奥斯曼巴黎改造计划(1851) 大巴黎区域发展规划(1934)	—

---

① HERVÉ M E T，BOUDES P，CIESLIK C，et al. Perception et représentation de la complexité paysagère dans une région viticole avec l'appellation d'origine dans le Val de Loire (France)：unservice écosystémique culturel? [J]. Agriculture renouvelable et systèmes alimentaires，2020，35(1)：77－89．

② L'approche paysagère accélératrice de la transition agro-écologique[EB/OL]．[2021－07－01]. https://agriculture. gouv. fr/lapproche-paysagere-acceleratrice-de-la-transition-agro-ecologique－1. pdf．

③ OUIN A，ANDRIEU E，VIALATTE A，et al. Building a shared vision of the future for multifunctional agricultural landscapes. Lessons from a long term socio-ecological research site in south-western France[M] // BOHAN D，DUMBRELL. The Future of Agricultural Landscapes，Part III. Londres：Academic Press，2021，65：57－106．

续表

阶段	时间	相关规划	相关政策
理性农业	1960—1970	大巴黎城市发展规划(1965)	理性农业(1960) 共同农业(1960)
绿廊建设	1970—2007	大巴黎城市发展规划 (1976、1994、2008) 区域绿地规划(1995)	生态农业政策(1992—2002)
项目引导	2007年至今	大巴黎2030计划(2014)	都市农业操作引导手册(2016)

资料来源:彭程,李京生.大巴黎地区都市农业空间分布的特征[C]//共享与品质——2018中国城市规划年会论文集(18 乡村规划),2018:1997—2012.

(1)城市供给阶段。在工业革命之前,农业空间紧邻城市中心,用以直接供给城市。随着工业革命的进行,粮食供给型都市农业在空间上急剧缩减,为城市发展让位,供给型都市农业区逐步向远离市中心的方向移动。1934年,第一版"大巴黎城市发展规划"提出保留地势较高的农业用地,强调了农业供给城市的作用,确定了巴黎外围农地的保留与建设计划。

(2)理性农业阶段。"理性农业"强调规模效应,这一时期大巴黎地区的农业开始实行小型家庭农场的合并,并推行商业机构承包农场的经营形式。农场数目不断减少、规模不断扩大,并向巴黎的乡村地区迁移。

(3)绿廊建设阶段。1970年之后,生态环境成为大巴黎地区城市发展的核心议题。城市规划与环境规划开始主导巴黎城市供给型和生态结构型都市农业布局,以都市绿带项目为核心,强调城市建成空间、农业空间和自然空间之间的协调,保护城市郊区的农业空间以提供城市周边地景[①],这部分农业被命名为"都市农业区"。

(4)项目引导阶段。大巴黎地区的都市农业已经形成生产供给、生态结构和服务型三种类型并存的状态,且已步入以城市服务功能为主的项目型都市农业引导阶段。2016年,法国政府颁布了《都市农业引导手册》,从微观的视角对城市内部的农业项目建设进一步加强引导。

(四)增强农业生产的经济效益

提高生产效率,平衡生产结构。20世纪60年代,法国已经初步实现机械化。巴黎对农业种植、加工等行业的机械投入不断加大,农业机械不断向着智能化、高效化的方向发展,并逐步在巴黎大区内形成规模化经营的模式。巴黎农业生产效率很高,

---

① 邹欢.巴黎大区总体规划[J].国外城市规划,2000(4):17—20.

2007年固定农场工人1.01万人,平均每个农场不到2名工人[1]。2018年,巴黎大区从事农业、渔业和林业的经营者为102 013人,仅占所有从业人员的1.7%[2],现代化的生产体系助力了农业经济效益的提升。巴黎的农业开展多样化经营,生产结构以谷物种植为主、鲜活副食品生产为辅,高品质的农产品在满足国内需求的同时,还大量出口到其他国家。多样化的农业生产结构不仅满足了当地居民对食品的需求,也带来了更多的经济收益。

增强农业科技支撑,树立并提高巴黎农业知名度。巴黎农业在科技方面具有较高的水平,尤其是农业生物技术和农业信息技术在世界上处于领先地位,不仅提高了农业生产效率,也改善了农产品质量。巴黎具有成熟的初创企业和高效的科研机构,政府在5年内投资2亿欧元支持农业创新项目,帮助初创企业挖掘潜力,扫除发展障碍,成为各领域的世界领导者。巴黎每年都举行世界上最大、最重要的农业展——"巴黎国际农业展",向全球农业从业者展示最新的农业成果,如最先进的农业机械、种植技术、相关农产品等。

建立农产品流通市场,完善农产品流通体系。法国政府于1953年9月制定了批发市场法《为了国家公益,建设有组织的批发市场网络》,指定23家批发市场为国家公益市场,并设置了信息中心,建设了由9个大规模公益性批发市场和其他中小规模市场组成的农产品流通网络。其中,巴黎汉吉斯国际批发市场占地达232公顷,是世界上最大的批发市场,其销售额中,巴黎大区占60%,出口占10%;国际流通范围涵盖德、西、意、荷以及美国和日本等国家。

依托发达的交通网络,促进生产功能的实现。巴黎利用农田作为城市与城市之间的隔离带,达到兼顾农业生产、景观、生态作用的效果。以城乡一体的空间框架为基础,通过发达的高速公路网络紧密联系了城乡各个节点,保障了蔬菜、水果、肉类等农产品的供应和运输,有效保护了农业生产。

(五)发挥农业空间的多重价值

注重利用农业空间的自然景观和生态价值。巴黎农业发展着重强调了农业在调节城市气候、净化空气和营造自然景观等方面的生态功能,注重实现生态环境保护、优化生活质量并减少环境污染。农业用地对于维护土壤质量、保护水资源、防止水土流失等具有重要作用,同时有助于休闲旅游等产业的发展。这些自然和生态价值为当地带来了多种效益。

---

[1] 薛艳杰.建设"田园型全球城市":巴黎经验[J].国际城市观察,2017. https://mp.weixin.qq.com/s/33Ae87jRLqhDJuRjaxs5IQ.

[2] 数据来源:法国统计局,2020年数据。

注重利用农业空间的文化和教育价值。在城乡统筹发展的背景下,不断延展农业在文化展览、观光、休闲度假、艺术创作等方面的功能,为城市居民不断提供异质化的休闲产品,乡村农业观光度假已成为居民休闲的重要形式。同时,农业经营者与市政府开发出都市农业经营模式,通过田园体验、城郊农业教育让城市孩子了解农业,传播农业文化;结合教育农场的建设开展农业职业培训,收到了良好的效果。

四、对上海的启示

在党的战略方针指引下,上海乡村振兴已取得显著成效。为促进上海乡村振兴不断打开新局面、跨上新台阶,建议上海借鉴巴黎经验,坚持"三注重、一加强"。

一是注重维护好农业农村发展权。充分认识农业农村在城乡发展中的基础地位,以城乡统筹为基本思路,引导城市核心功能向郊区转移和合理布局。明确本市农业农村在现代化过程中的新定位、新功能,确定农业农村新格局、新业态,以政府引导和市场配置为手段,加强资源要素向农业农村倾斜,拓展农业农村发展机遇,激发农业农村发展活力和内生动力。在法律法规和政策制定中明确资源要素向农业农村倾斜的相关措施,为农业农村优先发展提供保障。

二是注重保护农业农村生产、发展和生活空间。加强"三生"[①]协同推进和融合发展。农业空间保护是城乡规划的刚性基本要求。除生产功能外,科学、系统地建立农业景观体系,形成评估和维护机制,确保农业景观和生态系统不断完善。确保农村生产生活需求,以城乡公共服务均等化、提高农村环境品质、促进农民生活现代化为目标,加强农村生活空间的支撑、保护和不断完善,提高土地利用效率,发挥土地使用复合功能。鼓励社会力量参与农业农村空间保护、更新,促进农业农村现代化与可持续发展。

三是注重发挥农业多重价值。进一步优化农业产业结构,促进农业产业联动,建立市场导向的农业科技创新体制机制,完善都市现代农业的多元化转型。加强农业技术创新,提高农业生产的智能化水平,提高农业生产效率和农业生产价值;打造农业生态景观和农业文化遗产景观,结合乡村传统风貌优化,进一步提升乡村美学价值;推动农业与旅游业相结合,发展农文旅产业、提供产学研服务等,创造多重经济收益;构建高效的农业社会化服务体系,提供技术、信息、销售等方面服务,不断提升农业的经济价值和社会价值。

四是加强农业会展和交流,发挥上海口岸城市全球资源配置能力,提高农业显示

---

① 即生产、生活、生态。

度。借鉴巴黎经验,大力做好上海农业会展品牌,为农业发展谋求新机遇,促进上海农业跨上新台阶。充分发挥上海口岸功能和资源调配能力,利用会展业优势,创办具有全国影响力的品牌;围绕现代都市农业,展示区域农业资源和优势特色;围绕科技创新,展示农业科技新成果;围绕农业发展新赛道,提高上海农业资源配置能力。促进国际交流和合作,加强农业产业与国际市场的联系,提升国际影响力。

荷兰农业的实践与演变及对上海的启示

(李卓 杜小强 徐力)

习近平总书记在上海工作期间,高度重视"三农"工作。在上海市委八届十二次全会结束时,他指出,"从现代农业发展本身看,上海的农业也大有可为",发展现代农业要学习借鉴"荷兰经验",将农业搞得很精致、很现代化,具有高附加值,使之成为一个亮点。上海农业部门深刻认知超大城市空间发展的变量因素和经济密度的势差,"三农"工作始终秉持"两个对标、两个面向"的理念。鉴于此,本文从动态演变和持续实践的视角,解析其战略规划和路径选择,提出可供上海农业发展参考的建议。

一、荷兰农业发展的基础

荷兰位于欧洲西北部,属温带海洋性气候,夏季平均气温为16~17℃,冬季为2~3℃,平均年日照1 600h。国土面积约4.15万平方公里(围垦约0.6万平方公里),其中,农业用地占44%,林地占8.22%。低平是荷兰地形的特点,其50%的国土海拔低于1米。

表1　　　　　　　　　　　　　基础指标

	荷兰	中国	上海
城镇化率(%)	91.52	63.89	89.3
农业就业比重(%)	1.99	23.62	2.96
人均耕地面积(亩/人)	0.86	1.32	0.10
劳动生产率(美元/人)	82 629	6 904	6 044
土地产出率(美元/公顷)	13 787	7 613	9 304
化肥施用强度(千克/公顷)	265.9	442.0	425.9

注:荷兰化肥施用强度为2018年数据,其他为2020年数据。

通过对比基础指标(见表1),可知荷兰在人多地少、高城镇化率的背景下,面对地势低洼、温度低、日照短等地域环境的局限,在较少肥料和劳动投入下,创造出极高的土地和劳动产出,足见其农业是知识密集型、科技密集型产业。另外,由于荷兰统治阶层是由商人构成的,社会整体表现出协商、妥协等包容性风气,农业的发展也深受此文化影响。

二、荷兰农业发展的运行体系

荷兰农业运行体系由政府、科研机构、企业结合的"金三角"构成,该体系以协商妥协的文化为基础,以市场需求为导向,政府发挥政策引导的角色,让技术研发、产业发展和商业贸易充分融合互为支撑。

(一)行政管理

荷兰农业起初由贸易与工业部负责。1935年成立了农业及渔业部,后改名农业、自然管理和渔业部,2003年改名农业、自然与食品质量部,2010年改名经济事务、农业和创新部,2017年改名农业、自然与食品质量部。农业部门名称变更始终秉持了协同合作的理念:一方面与市场紧密连接,弱化管理、强化监督和优化服务,建立研发、教育、推广、法律、金融等服务体系;另一方面,注重价值链、产业链与供应链的系统化塑造,建立了高效、灵活、响应及时、生产专业、产业集约、品质保障的产销一体化链系统。

(二)空间规划

荷兰乡村空间发展规划,笔者总结为三个阶段:第一阶段,土地规划整理。主要围绕提升农业机械化和生产水平,推动土地集中管理。第二阶段,土地开发利用。"二战"后荷兰采用非均衡区域发展战略,为控制城市无序蔓延、保护农业及优化人居环境,注重协调土地整理与空间规划的关系,规划原则更规范。第三阶段,多元综合利用。土地使用规划兼顾多功能性,城乡一体均衡发展。

(三)产业政策

荷兰知识密集型农业主要受欧盟共同农业政策的影响,该政策不仅使其农业实现了高效生产,还在减少农用化学品和农业污染、保护景观和生物多样性等方面取得了显著成效。荷兰农业产业政策变革以废除《谷物法》为标志。20世纪20—30年代,农业政策以提高土地生产率为导向。从《罗马条约》开始参与欧洲农业共同市场的建设。70—80年代,欧洲农产品严重过剩,其政策目标开始转向为有竞争力、安全和可持续的农业创造或改善条件。2000年,农业政策转向农业农村有计划的全面发展,补贴逐步与生产、市场脱钩,更关注自然保护、农业科研与教育、农村发展、知识创新、农地保护、青年农民计划等公共利益。在权衡人口规模、粮食消费模式、自然保护和土地资源等因素,发展趋向可持续集约化。2018年,提出循环农业的倡导。2021年,

《欧盟共同农业政策(2023—2027)》正式通过,荷兰的农业政策也围绕建设健康和环保的农食系统及生物多样性复苏的方向变化。

(四)科技创新

荷兰农业竞争力的背后是创新生态系统(见表2),其在实践中创造出集研究、教育和推广为一体的"OVO"模式,该模式使科技成果高效转化,是荷兰农业发展的引擎。2008年,受国际市场需求衰退等因素的影响,政府对"OVO"模式进行了改革,公立研究中心、瓦赫宁根大学、皇家菲仕兰公司合作建立全球创新研究中心,政府减少行政干预,企业被赋予更大的责任与权利,知识的供需关系转变为规范化的市场关系。同时,农业教育提倡"绿色教育"变革。2012年,政府成立了绿色知识合作联盟。2015年开始,逐步推出Green Table、Green Pact等优化方案。为适应发展,未来该体系将以科研和产业高度集群的"研究所+大学+产业"模式为引领。

表2　　荷兰农业创新体系

系统	功　能
创新孵化	以科创平台(Rockstart、Foodvalley等)为载体,汇集全球创新力量,形成开放的国际合作网
科技研究	形成战略(研究所)、基础(大学)、应用(企业)多层次的研究体系,分工与合作、专业与综合
教育培训	中等农业教育(综合中学和农业培训中心)和高等专业农业教育(瓦赫宁根大学和研究中心、应用科学大学),布局初中、高中、高等、成人4个层次
技术推广	中央农业部门和地方农业推广站(公益),整体规划、协调;各类协会(中央农民联合会等)负责技术和知识的交流、政策反馈;私营企业提供专业化操作及咨询服务;合作社关注技术的需求

(五)生产经营

荷兰农业生产经营体系是由家庭农场负责生产,合作社提供投入品、加工与销售、信贷等社会化服务,企业提高附加值和满足终端市场需求,建立的将市场、生产、服务紧密衔接的产业化合作体。20世纪80年代以前,荷兰以家庭经营的小型农户为主。为适应欧盟统一化的市场变革,农场数量减少,规模扩大(见图1),专业化、生态化、集约化程度提升。荷兰合作社是家庭农场自发组成民主化管理的联合体,通过建立农民合作经济组织的方式,既实现了集约化、规模化生产,增强了整体实力,又高度分工,保障了家庭农场的专业化

生产和农民在产业链中的地位,较好地处理了农业、农民的关系。荷兰企业有着世代传承的传统,在种业(瑞克斯旺、安莎、必久等)、设施农业与园艺(世界园艺中心、温室三角洲、骑士等)、乳制品(Friesland Campina、Nutricia等)、食品加工(Unilever

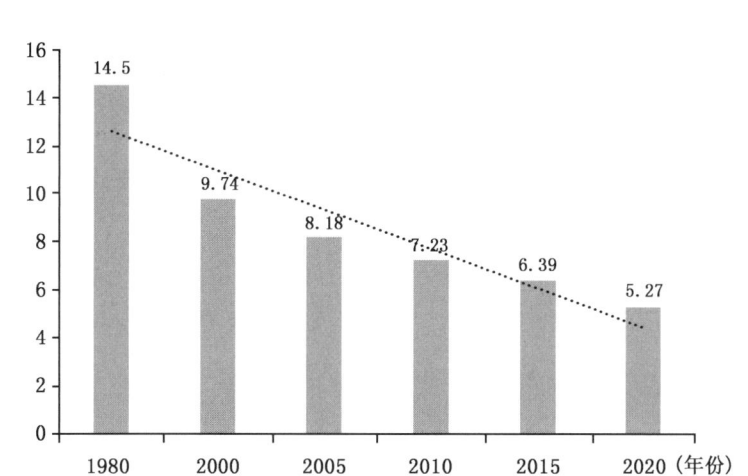

等)、食品机械和包装(Stork、Marel 等)等领域居世界领先地位。

图 1 荷兰农场数量变化(万家)

数据来源:CBS。

(六)金融保险

为促进农业健康发展,荷兰建立了结构完善的普惠性农业金融,包括农业贷款机构、农业贷款担保基金、农业发展和改组基金等。同时,设立互助保险社和巨灾风险管理(《灾害与极端事故法》《欧盟运行条约》)应对农业生产中自然灾害、逆向选择等风险。此外,荷兰制定研发促进法案引导和鼓励非公有部门研发投资。

三、荷兰农业的实践经验

荷兰农业基于紧张的资源和自由商贸的文化,成为全球第二大农业出口国,得益于其市场导向的政策、科技的高度普及、生产和服务既专业分工又高效联结,将比较优势、劳动生产率、土地产出率发挥到极致。

(一)强调部门联动,协商妥协合作,政府管理一体化

荷兰建立了强有力的农业行政机构,职能覆盖"田间到餐桌"的各环节,并延伸到资源循环和温室气体管理等方面。其施政理念是"自然包容",倡导服务型管理。通过打破部门和领域间的互动屏障,链接更多利益相关主体建立合作,横向上同基础设施与环境部、教育文化科学部、社会事务与就业部、经济事务和气候政策部等部门协同合作,纵向上建立政府、科研、企业、银行、社会组织等高度专业化分工的一体化联合体,通过相互影响、协商、妥协,达到步调一致,以此实现规划、政策、产业动态协调。

(二)发挥比较优势,优化产业结构,发展外向型经济

荷兰在中世纪就确立了以谋生为目的的外向型贸易形态,此后当欧洲农产品市场受到北美低价农产品冲击时,荷兰因势利导未启动保护政策,而是建立普惠型金融保险体系和积极的财政政策,放弃低价值的土地密集型口粮农产品,专注于园艺、畜禽等高附加值的知识密集型农产品,提高农业资源的利用效率,背靠欧洲市场,依托鹿特丹、阿姆斯特丹等港口资源,建立水陆空立体化的物流网,积极参与区域经济一体化建设,加强农产品竞争力,逐步形成了"大进、大出"农业发展格局。

(三)重视科技创新,政策动态适应,倡导循环可持续

荷兰农业注重科技引领,将绿色生态、机器人与自动化、大数据与人工智能、精准农业等前沿技术与传统农耕智慧结合,逐步实现"地少、高产、优产"的局面。在此过程中,农业政策协调适配,充分考虑了农业生产的季节性、农业认知、农民对土地的情感、社会稳定性、科技进步等因素。当下,面对气候风险的挑战,荷兰农食产业在理念和技术上迎来范式转移,正向健康、低碳、循环和可持续的方向转型;阻止生物多样性的下降,旨在成为全球循环农业的领导者,并履约《巴黎气候协定》。

(四)遵循市场导向,知识创新驱动,产业集群化发展

荷兰外向型经济导向,使其注重市场化体系的建设,通过知识创新推动农业科技的研发、推广及应用。如集政策实施、技术研发普及、人才培养、教育投入、企业孵化等多功能于一体,建设全产业链覆盖的知识创新平台"食谷";如政产学研用金等部门基于地域特色,以交通枢纽为依托共同打造贯通全产业链高度集中的空间集群"绿港";既实现一二三产在高度专业化分工下的集群发展,又实现社会关系及知识的交流,还可构建产业链各环节知识生产和分享的体系。

四、对上海农业发展的启示

当前,上海在实施乡村振兴战略的背景下,农业作为不可或缺的板块并且是短腿板块,结合前文有如下启示。

(一)强化开放共享理念,建立跨部门高度融合机制

上海是伟大建党精神的孕育地,进入新时期在落实乡村振兴战略,贯彻创新、协调、绿色、开放、共享的新发展理念上,上海应有勇毅引领、锐意创新和先行示范的勇气,农业发展应引入顶层部门科学分工、高效联动的共同体机制,强化部门间服务型政务理念,营造政务协同生态,形成有效的措施,从源头化解共建共治共享争议,助力跨部门的多规合一,提升行政资源效能,连接政产学研用金服等更多主体建立共同目标与高效协作机制,使超大城市的先进要素在农业领域精准有效配置。

(二)聚焦发挥比较优势,制定因势利导的农业政策

上海农业应学习荷兰农业产业发展经验,根据市场需求厘定匹配本市资源禀赋

和适度规模化发展的农场额定面积,以及合理区域尺度下的社会化服务体量,实现各主体高度专业化分工,优化产业结构,放大比较优势;以农业农村现代化排头兵和匹配卓越城市为目标,制定动态匹配的农业政策,着重考虑人与自然协调、国际竞争力、低碳循环的产业体系、精准农业、生物科技等方面;以期创新实践出新时代现代农业发展的"上海经验"。

(三)加强知识创新驱动,促进产业集群一体化发展

上海农业应借鉴荷兰农业知识创新体系,利用好社会主义现代化国际大都市制度优势,以技术创新为联结,一体化整合国际和本地优质的农业科技创新资源,在绿色生产优势的基础上,以市场需求为导向,使政产学研用金服等主体一体化发展,打造具有上海特色的"大学+科研+产业"知识创新平台,支撑产业升级,向知识、资金、技术密集方向转型,建立覆盖全产业链的一体化产业集群。同时,建立以农民为核心的农业科技创新与推广体系,提升训练有素的农民比例。

(四)注重可持续性发展,构造数字化低碳循环系统

当前,全球生产食物的方式越来越不均衡,面对自然资源的枯竭、生物多样性下降、公共卫生和环境健康以及全球气候变化的挑战,上海农业发展需要突破性的变革,提升"三个趋势"认识、协调"三个空间"布局、深化"三个价值"引领,利用好数字化转型的契机,借力数字双生、循环农业等先进理念,将全生命周期健康管理和生态文明建设统筹考虑,建立以食物链为核心,链接自然、农业、食品的数字化循环系统,创建气候友好型农业范式,引领全球绿色低碳循环农业发展。

(五)发展实用金融体系,实现三农问题人本化解决

基于上海农业产业经济密度的劣势,农业领域需建设适应超大城市市情和农情特点的支农金融体系,发挥金融在服务乡村振兴中的催化剂作用。学习荷兰农业金融深度关心农场发展的做法,践行长周期培育的理念,在陪伴成长方面进行探索。另外,还应把农村和农民纳入全盘考虑,通过金融产品链的创新对接生活与生产中的刚需,特别是在产业转型升级、经营性建设用地、土地流转、集中居住、养老就医等方面,开发出更能调动农民积极性的覆盖全生命周期的金融产品线。

参考文献

[1]中央农村工作领导小组办公室,上海市委农村工作办公室.习近平总书记在上海工作期间对推动"三农"发展的思考与实践[J].求是,2018(20).

[2]Spatial Planning Calendar[EB/OL]. Ministry of Infrastructure and the Environment,2013.

[3]杨玉浩.农业科学的社会适应与变革——以荷兰瓦赫宁根大学为例[J].农业经济,2021(3).

[4]唐珂.荷兰农业[M].北京:中国农业出版社,2015.

[5]厉为民.《荷兰的农业奇迹——一个中国经济学家眼中的荷兰农业》[M].北京:中国农业科学技术出版社,2003.

(原载于《农业经济》2023年第6期)